Markus Schauer

Der Gallische Krieg

Markus Schauer

Der Gallische Krieg

Geschichte und Täuschung in Caesars Meisterwerk

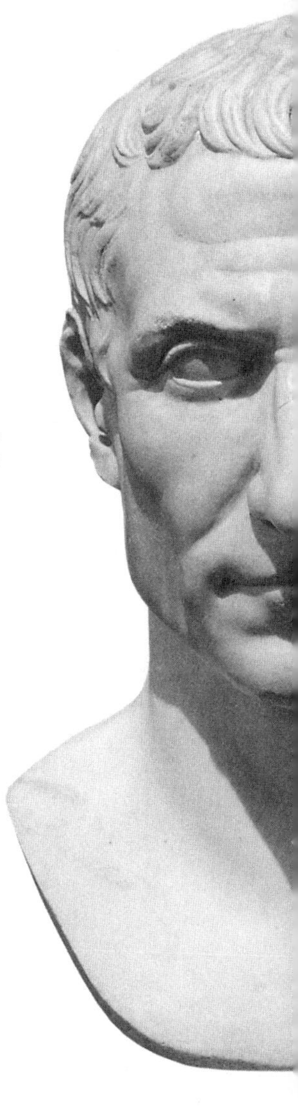

C.H.Beck

Mit vier Abbildungen und einer Karte

Frontispiz: Büste Caesars (sogenannter Caesar Chiaramonti), Vatikanische Museen, Rom

(Frontispiz: © akg-images, Berlin | S. 13, 79: © Lübke + Wiedemann, Leonberg | S. 233: © Numismatische Bilddatenbank, Eichstätt | Karte: © Peter Palm, Berlin)

Die erste Auflage dieses Buches erschien 2016.

2., durchgesehene Auflage. 2017

Satz: Janß GmbH, Pfungstadt
Druck und Bindung: CPI – Ebner & Spiegel, Ulm
Umschlaggestaltung: Rothfos & Gabler, Hamburg
Umschlagabbildung: Vercingetorix wirft seine Waffen zu Füßen Julius Caesars, Ölgemälde, 1899, von Lionel-Noël Royer, © Musée Crozatier, Le Puy-en-Velay, Frankreich, Bridgeman Images
Gedruckt auf säurefreiem, alterungsbeständigem Papier (hergestellt aus chlorfrei gebleichtem Zellstoff)
Printed in Germany
ISBN 978 3 406 68743 3

www.chbeck.de

Meiner Frau

Inhalt

Erster Teil
Historische Voraussetzungen

Zweiter Teil
Nachrichten aus dem Norden – Caesars *Commentarii*

Fazit

Vorwort

Wer ein Buch über Caesar schreibt, übernimmt eine große Verantwortung und eine schwierige Aufgabe. Die Verantwortung ist groß, weil man immer noch mit dem Lateinunterricht, vielleicht sogar mit dem Gymnasium überhaupt, vor allem die Caesarlektüre verbindet und danach – je nachdem, ob man sie als faszinierend oder unerträglich empfunden hat – die Berechtigung des Faches Latein oder gar der Schulform Gymnasium bemißt. Die Aufgabe ist schwierig, weil ein Verständnis Caesars nur aus seiner Zeit heraus möglich ist, und die Bewertung seiner skrupellosen Politik immer umstritten sein wird.

Außer Zweifel hingegen steht Caesars schriftstellerisches Talent. Er bewies es in seiner Darstellung des Gallischen Krieges, den er von 58 bis 50 v. Chr. führte, aber er nutzte es auch, um für sich und seine Politik Propaganda zu machen. Wo schreibt Caesar Geschichte, wo erfindet er sie – und macht das, wenn Worte Tatsachen schaffen, überhaupt einen Unterschied? Diese Fragen stehen stets im Hintergrund, wenn im vorliegenden Buch Caesars Schrift über den Gallischen Krieg, die als ein Stück Weltliteratur gelten muß, vorgestellt und in ihrer raffinierten Machart vor Augen geführt wird.

Auch wenn im Zentrum der Text stehen soll, wurde mir beim Schreiben des Buches immer klarer, daß man am Beispiel Caesars und seiner ‹Propaganda-Schrift› überhaupt die Welt Roms kennen- und verstehen lernen kann, zumindest die revolutionäre Zeit der untergehenden Republik. Daher ist der eigentlichen Auseinandersetzung mit Caesars Text ein Abschnitt vorangestellt, der in die römische Gesellschaft und Politik einführt, ohne deren Eigenheiten die römische Literatur allgemein – und die Schriften Caesars im besonderen – kaum denkbar wären.

Es war mir ein Anliegen, in ausgewählten (und übersetzten) Textausschnitten Caesar möglichst oft selbst zu Wort kommen zu lassen, um zu zeigen, wie reichhaltig und vielschichtig sein Meisterwerk über den Gallischen Krieg in Wirklichkeit ist – entgegen aller Erinnerung, die manch einer an die mühsame Schullektüre behalten haben mag. Das Buch bietet nicht nur für Studierende und für Lehrerinnen und Lehrer des Faches Latein eine umfassende Einführung in Caesars Werk, sondern es will darüber hinaus allen Interessierten die Möglichkeit geben, endlich zu erfahren, worum es bei der Caesarlektüre in der Schule wirklich ging – und was ihnen alles vorenthalten wurde. Wer weiß schon, daß bei Caesar Kannibalismus, Einhörner, ja sogar barbusige Frauen mit aufgelöstem Haar vorkommen – alles im Dienste politischer Propaganda, die vor Fehlinformation und Täuschung des Lesers nicht zurückschreckt. «Man darf eben nicht alles glauben, was man liest» – mit diesen Worten zieht Obelix im neuen Asterix-Heft «Der Papyrus des Cäsar» ein Fazit über Caesars Schrift. Was man Caesar glauben darf und wo Zweifel angebracht sind, darauf versucht unser Buch eine Antwort zu geben.

Die Forschungsliteratur zu Caesar ist kaum zu überblicken – ich habe daher im Anhang zu einzelnen Themen Hinweise gegeben, ohne aber Vollständigkeit anzustreben. Natürlich konnte ich die verschiedenen Forschungsmeinungen nicht im einzelnen diskutieren, so daß sich im Literaturverzeichnis durchaus Titel finden, die andere Positionen vertreten oder weiterführende Problemstellungen behandeln. Im übrigen habe ich die eigene intensive Lektüre des Caesartextes in den Mittelpunkt gestellt und dabei viele Beobachtungen machen können, die nur eine zusammenhängende Lektüre zeitigt. Bisweilen kam mir der Verdacht, daß nicht nur an der Schule Caesar selten ‹ganz› gelesen wird ... Jedenfalls finden sich in diesem Buch – zumindest in literaturwissenschaftlicher Hinsicht – viele eigene Akzente und neue Deutungsansätze. Viele Erkenntnisse sind außerdem aus meinen Caesar-Vorlesungen in Hamburg, Köln und Bamberg hervorgegangen und durch die fruchtbaren Diskussionen mit Studierenden in den Seminaren bereichert worden. In diesem Zusammenhang möchte ich vor allem den Teilnehmern der Hauptseminare, die ich an der Universität Köln (Wintersemester 2008/09) und an der Universität Bamberg (Wintersemester 2012/13) gehalten habe, für Anregungen danken.

Besonderer Dank gebührt meinem wunderbaren Lehrstuhlteam, insbesondere Johannes Dentsch, Veronika Janser, Christina Klang, Oliver Siegl und Johannes Zenk. Ohne sie hätte das Buch nicht in der vorliegenden Form erscheinen können. Auch meiner gräzistischen Kollegin, Frau Prof. Dr. Sabine Vogt, darf ich für ihre kritische Lektüre des Manuskripts herzlich danken. Größten Dank schulde ich der Latinistin Frau Dr. Silke Anzinger, mit der ich auch dieses Buch wieder in allen seinen Entstehungsphasen habe diskutieren können. Ihr kritischer Blick ließ mich bei meinen Versuchen, neue Wege zu gehen, (wie ich hoffe) nicht in die Irre gehen.

Großer Dank geht auch an den Verlag C.H.Beck, vor allem an Lektorat und Herstellung, daß sie mein verspätet abgegebenes Manuskript dennoch mit aller Sorgfalt betreut haben. Insbesondere Herrn Dr. Stefan von der Lahr, der den ganzen Text gelesen und mit äußerst hilfreichen Anregungen versehen hat, möchte ich meinen schönsten Dank aussprechen, aber auch Frau Andrea Morgan und meiner Schwester Christa Schauer, die als Herstellerin das Buch gestaltet hat und auch in letzter Minute auf meine nie enden wollenden Wünsche mit wahrhaft schwesterlicher Geduld einging.

Schloß Eurasburg, im November 2015 *Markus Schauer*

Der große Historiker des 19. Jahrhunderts, dessen mehrbändige *Römische Geschichte* 1902 mit dem zweiten Nobelpreis für Literatur ausgezeichnet wurde, Theodor Mommsen (1817–1903), sah in Caesar eine historische Persönlichkeit, ein Genie, wie es nur «alle tausend Jahre einmal» die Weltbühne betrete, und zu Recht habe

> ... das staatliche Leben der Nationen seit Jahrtausenden wieder und wieder auf die Linien zurückgelenkt, die Caesar gezogen hat, und wenn die Völker, denen die Welt gehört, noch heute mit seinem Namen die höchsten ihrer Monarchen nennen, so liegt darin eine tiefsinnige, leider auch eine beschämende Mahnung. (Mommsen, Bd. 3, 1854 ff., 436).

In einem Satz sind hier zwei geschichtliche Prozesse benannt, die Caesar angestoßen hat: die Romanisierung Westeuropas und die Vorbereitung des römischen Kaiserreichs, das wiederum als Vorläufer und Vorbild das sogenannte Heilige Römische Reich Deutscher Nation präfigurierte. Die Staatenordnung Europas und das europäische Kaisertum, dessen Repräsentanten den Namen Caesars als Titel (Kaiser bzw. Zar) tragen, sind Nachwirkungen der politischen und militärischen Tatsachen, die Caesar geschaffen hatte.

Es gibt aber auch kritische Stimmen, die in Caesar einen ehrgeizigen Egomanen und skrupellosen Gewaltmenschen sehen. Während Mommsen voll Bewunderung auf die weltgeschichtliche Wirkung der Kriege und der Politik Caesars geblickt hat, lenkt der Historiker und Philologe Hermann Strasburger – nicht zuletzt unter dem Eindruck des Zweiten Weltkriegs – das Augenmerk auf das Leid der zeitgenössischen Bevölkerung:

> Immerhin muß für jeden, der sich nur halbwegs lebendig vorzustellen versucht, was sich da für die von Caesars Kriegführung betroffenen Völker wirklich abgespielt hat, die einzigartige Immoralität in die Augen springen, mit der Caesar nicht nur handelte, sondern sich auch in eigener Aufzeichnung dieser Handlungen, also im Wortsinn authentisch, zur Darstellung brachte. (Strasburger, Bd. 1, 1982, 413)

Auch künftig werden sich an Caesar die Geister und Generationen scheiden. Er fasziniert ebenso, wie er verstört. Verstehen wird man ihn aber, wenn überhaupt, nur aus der historischen Situation heraus, in der er gelebt, und vor dem Hintergrund der politisch-gesellschaftlichen Ordnung, die ihn geprägt hat.

Mit dem Namen Caesar verbindet man zuerst, wenn nicht gar ausschließlich den Feldherrn und Machtpolitiker, also jenen Caesar, der nach seinem Konsulat Gallien eroberte und seine Truppen über den Rhein nach Germanien und über den Ärmelkanal nach Britannien führte, der dann mit der Überschreitung des sprichwörtlich gewordenen Rubicon den folgenreichsten Bürgerkrieg um Rom entfachte und in kurzer Zeit seine Gegner in Griechenland, Ägypten, Afrika und Spanien bezwang, der schließlich eine Diktatur errichtete und, obgleich er die ihm angebotene Königskrone geschickt inszeniert zurückwies, an den gleichfalls sprichwörtlich gewordenen Iden des März 44 v. Chr. ermordet wurde, als er gerade im Begriff war, zusammen mit seinem Großneffen Octavian, dem späteren Augustus, zu einem großen Feldzug gegen die Parther nach Osten aufzubrechen. Doch wurde mit seinem gewaltsamen Tod der Untergang der römischen Republik nicht verhindert, sondern der Aufstieg des Octavian und die Entstehung des Prinzipats vorbereitet.

Erster Teil

Historische Voraussetzungen

Abb. Seite 13:
Denar (48 v. Chr.),
Rückseite:
Nackter Krieger
auf einem Streitwagen mit
nacktem Wagenlenker und
galoppierenden Pferden,
Münzlegende:
L HOSTILIUS SASERN

Im vorliegenden Buch soll es aber nicht nur um den Kriegsherrn Caesar, sondern vorrangig um den Kriegsberichterstatter Caesar gehen, freilich den seines eigenen Krieges, den er in Gallien führte. Obwohl aber weniger der Stratege als vielmehr der Schriftsteller im Mittelpunkt stehen soll, wird sich alsbald herausstellen, daß der eine vom anderen nicht zu trennen ist. Caesar erfocht seine militärischen Erfolge zwar mit dem Schwert, doch verteidigte er sie politisch mit der Feder – und zwar gegen die eigentlichen Gegner, seine Neider und Rivalen in Rom. Die Eroberung Galliens und seine Schrift über den Gallischen Krieg sind die beiden Seiten ein und derselben Medaille, die für Caesars Erfolg, seine Macht und sein Ansehen steht.

Caesar war ein Meister des Wortes, sowohl des geschriebenen wie des gesprochenen – leider sind seine in zahlreichen antiken Zeugnissen gerühmten Reden verloren. Doch jede Meisterschaft setzt zugleich ein zeitgenössisches Umfeld voraus, welches diese Meisterschaft nicht nur möglich macht, sondern ihr gegenüber auch, soll sie Wirkungsmacht entfalten, eine gewisse Empfänglichkeit und Zugänglichkeit an den Tag legt. Caesars Fähigkeiten als Redner und erst recht als Schriftsteller wären wirkungslos geblieben, wenn die politisch tonangebenden Gruppen der römischen Gesellschaft sich stumpf gegenüber dem Glanz seiner Rede- und Prosakunst gezeigt hätten. Doch natürlich waren sie – zumindest ein Großteil von ihnen – auch von seinen politischen und militärischen Erfolgen fasziniert. Er beeindruckte durch sein entschlossenes Auftreten und Handeln, durch seinen zupackenden Ehrgeiz und seine dezidierte Sicht der Dinge, alles Eigenschaften, die von einem Mann, der aus altem römischen Adel stammte – also von einem *nobilis* –, erwartet wurden. Unter *nobilis* verstand man in Rom einen Mann aus einer führenden Familie, die schon mindestens einen Konsul vorweisen konnte. Das höchste Amt im Staat, das Konsulat, war Bedingung für den Adel, die hohe Geburt Bedingung für das Amt. Als geborener Julier war Caesar Patrizier, also ein Sproß aus römischem Uradel; er gehörte von Geburt dem exklusiven Machtzirkel der römischen Nobilität (*nobilitas*) an, und er dachte, handelte und präsentierte sich auch standesgemäß. Aristokratische Würde und persönliches Charisma ebneten nicht nur den Weg an die Spitze der römischen Adelsgesellschaft, sondern sorgten auch bei dem oft launisch genannten, aber in seiner grundsätzlichen Vorliebe für adelige Führungspersönlichkeiten eher erstaunlich beständigen römischen Volk für jene Sympathie und Unterstützung, ohne die im republikanischen Rom eine politische Karriere nicht möglich war. Den ersten Grund für Caesars Aufstieg legte also sein Adel. Auf diese wichtige Tatsache, die nicht genug betont werden kann, werden wir in diesem Buch immer wieder zurückkommen.

Es war der spezifische Charakter der spätrepublikanischen Gesellschaft und die Art, wie in ihr Politik gemacht wurde, die Caesar hervorgebracht haben, und dazu gehörte auch, wie wir noch sehen werden, die mediale Bedeutung nicht nur der Rede, sondern auch der Literatur. Will man dem politischen und literarischen Phänomen Caesar gerecht werden – denn dann erst wird man entweder Caesars Größe richtig ermessen können oder auch seine Taten relativieren oder mißbilligen müssen –, so ist zunächst von den Eigentümlichkeiten der gesellschaftlichen und politischen (und später auch der sozioliterarischen) Verhältnisse zu sprechen, in die Caesar hineingeboren wurde, und über deren Wandlungen und Krisen, die der aufstrebende Politiker erlebte, ehe er zu jener Machtfülle kam, die es ihm schließlich erlaubte, im Staat zu schalten und zu walten, wie er wollte.

Auf den ersten Blick erscheint Caesars glanzvolle Karriere, an deren Ende nach einer überaus glücklichen Laufbahn als Redner, Anwalt, Politiker und Feldherr die Eroberung ganz Galliens und nach dem Bürgerkrieg die Alleinherrschaft in Rom stand, ebenso unaufhaltsam wie einzigartig. Doch Caesar verdankte seinen Erfolg keineswegs allein seinem Talent und Ehrgeiz. Ohne die althergebrachten Traditionen der Adelsrepublik und ohne die neuen politischen Optionen, die ihm die Wirren seiner Zeit eröffneten, hätte er seine überragende Machtstellung nicht erlangt. Geschickt – vielleicht geschickter als andere – nutzte er alte und neue Möglichkeiten der Politik für seine Interessen, stets darauf bedacht, seine *auctoritas* (politische Macht) zu steigern. So schuf er sich ein Übermaß an Machtmitteln, denen die römische Republik nicht mehr gewachsen war. Konkret hieß das, daß er, obwohl Patrizier und aus altem Adel, populare Politik machte, also den aristokratischen Senat mit Hilfe der Volksversammlungen überging; es hieß ferner, daß er sich zum Fürsprecher des Volkes und der Ritter machte und so die ihm feindlich gesinnten optimatischen Senatoren isolierte, und schließlich – sein größter und originellster Coup –, daß er sich als einer der Triumvirn mit den militärisch bzw. den finanziell stärksten Männern verband, um sich als Feldherr immer größere Befehlsgewalt (*imperium*) zu verschaffen; es hieß weiter, daß er sich in der Folge als Patron nicht nur von römischen Klientelen und italischen Städten, sondern – nach seinem Sieg über Gallien – von ganzen Völkern, Ländern und Armeen verstand und zuletzt nach gewonnenem Bürgerkrieg als Diktator auf Lebenszeit die gesamte Staatsmacht auf sich allein vereinigte.

Doch der erste Blick trügt: Caesar war nicht der einzige, dem die Schwächen der Republik in die Hände spielten. Die ausgehende Republik kannte viele Vorgänger Caesars: Marius, Sulla, Pompeius und andere. Es war eine unruhige Zeit, in der sich Aufstände, Putschversuche, Regierungskrisen und Kriege aneinanderreihten und Sondermaßnahmen, Ausnahmezustände und Umbrüche an der Tagesordnung waren. Die Unordnung in der späten Republik ließ einige wenige übermächtig werden und den geschwächten Staat spalten. Der Kampf der Gracchen gegen den Senat, der Bürgerkrieg zwischen Marius und Sulla, Sullas zweimaliger Marsch auf Rom und seine Diktatur, die Finanzmacht des Crassus, die außerordentlichen Kommandos des Pompeius gegen die Piraten und in Asien, die ihm die halbe Welt als Klientel einbrachten, sind anschauliche Beispiele für das Machtmonopol einzelner, die den Staat zum Spielball in ihren Auseinandersetzungen werden ließen. Caesar ist ganz ein Geschöpf seiner Zeit, wenn auch seine Erscheinung alle anderen in den Schatten stellte.

Wenn wir also Caesar als Phänomen der untergehenden Republik begreifen und seinen Aufstieg verstehen wollen, müssen wir uns ins Dickicht der Politik begeben und eine Vorstellung davon gewinnen, wie die römische Republik funktionierte, sowohl die der Tradition als auch die der Revolution. Denn Caesars politischer Erfolg beruhte keineswegs nur auf den revolutionären politischen Werkzeugen, mit denen die Republik zerstört wurde, sondern auch auf jenen traditionellen, mit denen ihr Fortbestand über Jahrhunderte gesichert worden war.

Austariert – Staat in den Händen von Großklans

Wenn heute die Historiker zwischen Republik und Prinzipat unterscheiden und letzteren mit dem Jahr 27 v. Chr. beginnen lassen, dem Jahr, in dem Octavian den feierlichen Beinamen Augustus annahm und zugleich vom Senat mit neuen Machtbefugnissen ausgestattet wurde, so muß man dieser Zäsursetzung entgegenhalten, daß in der kaiserzeitlichen Propaganda die Republik nie aufgehört hat zu existieren, und in der Tat bestand sie zumindest formal in ihren Institutionen fort. Dennoch besteht kein Zweifel, daß die alte Republik nach anderen Regeln funktioniert hatte als die formal überdauernde der Kaiserzeit. Caesar war es, der – nicht allein, aber entscheidend – dazu beitrug, daß diese alten Regeln nicht mehr funktionierten, weil sie überschritten, mißachtet und mißbraucht wurden. Wenn wir begreifen wollen, wie es zu diesem Traditionsbruch kommen konnte, der das Phänomen Caesar erst möglich gemacht hat, müssen wir zunächst einen Blick auf die funktionierende römische Republik werfen. Was waren die alten Spielregeln dieser Aristokratenrepublik? Wer hatte Einfluß, wer rivalisierte mit wem? Worüber wurde debattiert? Welcher Art war die politische und gesellschaftliche Ordnung?

Um darüber mehr zu erfahren, genügt es nicht, auf die formalen Strukturen zu blicken, sondern man muß die Aufmerksamkeit vor allem jenen Vertretern des hohen Amtsadels (*nobiles*) zuwenden, die sie aufbauten und belebten, und den mächtigen Großfamilien (*gentes*), die die eigentliche politische Öffentlichkeit bildeten. Der Staat, lateinisch die *res publica*, wörtlich übersetzt die Gesamtheit der «öffentlichen Angelegenheiten», befand sich großenteils in der Hand der aristokratischen Großklans. Das übrige Volk wählte zwar die Amtsträger, doch das Wahlrecht begünstigte die oberen Klassen – außerdem waren Bestechungen bei Wahlen alltäglich. Einen gewissen Einfluß hatten die gewöhnlichen Bürger allenfalls über die Klientelverhältnisse, durch die sie mit den Mächtigen in Verbindung standen. Daher darf man sich nicht wundern, wenn in der folgenden Darstellung des römischen Staates die Adelsfamilien und ihre Repräsentanten die Hauptrolle spielen.

Doch zunächst zu den staatlichen Strukturen: In der Retrospektive der römischen Kaiserzeit wurde das Rom der Vergangenheit verklärend als *res publica libera* bezeichnet und empfunden, also als eine freie Republik, in der die souveräne Macht ursprünglich beim plebejischen Volk und beim patrizischen Senat lag, die die Repräsentanten des Staates jeweils für ein Jahr in Ämter wählten, von denen das höchste und wichtigste das Konsulat war. Seit 287 v. Chr. war gesetzlich vorgeschrieben, daß sich je ein Patrizier und ein Plebejer das Konsulat teilten. Dadurch entstand ein plebejischer Amtsadel (*nobilitas*), der zur Zeit Caesars im Ansehen dem patrizischen kaum nachstand. Auch die Plebejer konnten in den Volksversammlungen, deren Beschlüsse (Plebiszite) ebenfalls seit 287 v. Chr. bindend waren, ihre Stimme in die Politik einbringen. Diesen Befund deuteten griechische Historiker wie Polybios (2. Jahrhundert v. Chr.) – dem griechischen Bedürfnis nach theoretischer Betrachtung folgend – typologisch als sogenannte Mischverfassung, in der demokratische, aristokratische und monarchische Elemente vereint und dadurch Stabilität und Beständigkeit gewährleistet waren, für die antike Staatsphilosophie die wichtigste Bedingung für eine gute Staatsform.

Solche theoretischen Beschreibungsmuster ihres eigenen Staates übernahmen die römischen Intellektuellen von den Griechen. Cicero etwa gibt in seiner Schrift *De re publica* (*Über den Staat*) eine idealisierende Darstellung der römischen Republik auf ihrem

Höhepunkt, den er in der Zeit der Scipionen (2. Jahrhundert v. Chr.) sieht. Er feiert die freie Republik als ein starkes und wohlgeordnetes Gemeinwesen, in dem Volk, Senat und Magistrate (Oberbeamte) harmonisch bei der Gestaltung des öffentlichen Geschehens zusammenwirken. So kann Cicero die *res publica*, den Staat, als *res populi*, also die Sache des gesamten Volkes definieren (1,39). Freilich handelt es sich dabei weniger um eine Bestandsaufnahme als um Rückspiegelungen von republikanischen Idealen, die Cicero wenige Jahre vor dem Untergang der Republik nochmals vergeblich beschworen und herbeigesehnt hat. Nach Polybios' und Ciceros Theorie bot eine Republik wie die römische die besten Voraussetzungen für eine dauerhaft ausgewogene Verteilung der Macht: Die Bürger konnten sich in den Volksversammlungen, in der Plebiszite beschlossen wurden, die Aristokraten im Senat, in dem Gesetze verabschiedet und Magistrate zur Wahl vorschlagen wurden, an der Politik beteiligen, und im Amt des Konsulats lag das Zentrum der Macht – eine gleichsam zeitlich befristete und personell zweigeteilte Königsgewalt. So gesehen legten Bürger und Adelige, also die Gesamtheit des freien Volkes, in den beiden gesetzgebenden Gremien gemeinsam fest, was in ihrem Staat geschehen sollte. Diese immer wieder propagierte Einheit von Volk und Senat fand auch ihren Ausdruck in der bekannten Formel SPQR (*Senatus PopulusQue Romanus*), mit der öffentliche Urkunden und Inschriften unterschrieben wurden. Noch heute kann man dieses Tetragramm auf öffentlichem Eigentum der Stadt Rom finden.

Soweit die Theorie. Die Praxis sah anders aus – und es war die Praxis (*usus*), die im antiken Rom bestimmend war. Die römische Republik hatte nämlich keine geschriebene Verfassung wie moderne Staaten; es gab kein Dokument, in dem etwa die Staatsform festgelegt gewesen wäre. Auch bezeichnet der Begriff *res publica* keine Staatsform, sondern den Staat, der seit der Königszeit tatsächlich existiert hatte – eine Alternative dazu konnte man sich in Rom nicht einmal vorstellen. Charakteristisch für das römische Selbstverständnis ist der Ausspruch Catos des Älteren (234–149

v. Chr.), daß die *res publica* nicht das Werk eines einzelnen Gesetzgebers, sondern das vieler Männer und Jahrhunderte sei. Auch der Ausdruck *status civitatis*, den beispielsweise Cicero gebraucht und von dem das Wort «Staat» abgeleitet ist, bezeichnet das faktische Funktionieren des Staates und seiner Organe, nicht aber eine Staatsform gemäß einem schriftlich fixierten Verfassungstext. Statt dessen kannte man in Rom nur zahllose, aus allen Zeiten der römischen Geschichte stammende Konventionen und Einzelgesetze (*leges*), die in erster Linie Verfahrensfragen (beispielsweise die Gültigkeit der Plebiszite oder den Ausschluß des Volkstribunats aus der Ämterlaufbahn) regelten. Sie waren oft sehr situationsbezogen formuliert, und bisweilen widersprachen sie einander sogar; selbst Juristen konnten ihre Vielzahl kaum mehr überschauen. Römische Gesetze hatten überdies die Eigenschaft, daß sie, so alt sie auch sein mochten, nicht ungültig wurden. Sie konnten lediglich in Vergessenheit geraten – und dann bei Bedarf von einem gewieften Advokaten wieder aus den Archiven hervorgeholt werden. Ihre Gültigkeit wurde dann durch die erfolgreiche Anwendung in der Praxis im Einzelfall aufs Neue bestätigt. Gesetze und Gesetzgebungsverfahren wurden also nicht durch so etwas wie einen schriftlich fixierten Verfassungstext fundiert, sondern durch Ansehen und Recht auf Geltung (*dignitas*) – und dazu konnte Adel erheblich beitragen – und Einflußvermögen (*auctoritas*) der Politiker, die sie anwandten oder einbrachten beziehungsweise verordneten und durchsetzten. Die Wirksamkeit eines Gesetzes war somit an die Durchsetzungskraft und gesellschaftliche Reputation eines Anwalts oder Politikers oder einer Gruppierung gebunden, die es zur Anwendung und zur Geltung brachten. Mit *dignitas* und *auctoritas* konnte also in Rom mehr Einfluß und Macht verbunden sein als mit der Amtsgewalt (*potestas*) eines Oberbeamten. Über die Jahrhunderte gab dies dem römischen Staat die notwendige Flexibilität, um auf Veränderungen zu reagieren. Unter den Bedingungen im letzten Jahrhundert der Republik bedeutete es jedoch oft Willkür: Jeder Amtswechsel oder jede Änderung der Machtverhältnisse konnte zu einer grundsätzlichen

Veränderung der Gesetzeslage und damit der staatlichen Ordnung führen, da für Gesetzgebung und Rechtsprechung in zunehmendem Maß Einzelpersonen und deren Interessen ausschlaggebend waren, während die Kontrollinstanzen – Senat und Censur – versagten.

Freilich gab es die bereits genannten Gremien des Senats und der Volksversammlung. Die Beschlüsse des Senats (*senatus consulta*) waren für die Magistrate, obgleich formal keine Gesetze, de facto bindend. Aber auch diese *consulta* kamen nicht etwa durch geheime und gleichberechtigte Abstimmung aller Senatoren zustande, sondern wieder sorgten mächtige Stimmführer für Voten, die ihnen und ihren Familien Vorteile sicherten. Ähnliches galt, vielleicht in noch höherem Maß, für die Plebiszite der Volksversammlungen.

Die in der ausgehenden Republik sich häufenden Siege einzelner Mächtiger über Gesetzgebungsverfahren und geschriebene Gesetze sind für das Verständnis von Machthabern wie Sulla, Pompeius und eben auch Caesar so wichtig, weil sie deutlich machen, wie wenig die römische Republik mit dem gemein hat, was heute der Begriff meint, und wieviele Gestaltungsmöglichkeiten bei einem einzelnen liegen konnten, wenn er nur mächtig genug war. Wenn Politiker über den Gesetzen stehen, weil nicht die Gültigkeit eines Gesetzes zählt, sondern die Macht dessen, der ein Gesetz erfolgreich durchsetzen kann – sei es durch Überzeugung oder durch Bestechung –, dann liegt die staatliche Ordnung in der Willkür der Mächtigen. Damit drohen die Verhältnisse unübersichtlich zu werden, zumindest für den, der nicht zum inneren Kreis der römischen Familienklans gehört.

Wer waren nun die Mächtigen in Rom, die den römischen Staat über Jahrhunderte so entscheidend geprägt haben? – Es waren die *nobiles*, die Familienoberhäupter einflußreicher Adelsfamilien (*gentes*). Doch Adel war nicht gleich Adel: Auch für das Selbstverständnis des römischen Adels spielte Praxis im Sinne von politischer Aktivität eine besondere Rolle: Macht setzte zwar Adel (meist) voraus, aber Adel bedeutet noch lange nicht Macht. Es kam darauf an, ob ein Oberhaupt einer Adelsfamilie seine ihm von Geburt zustehenden Machtansprüche auch geltend machen konnte. Es mußte sich bei Wahlen durchsetzen, sich durch öffentlich wahrnehmbare Taten bewähren und Konkurrenten der anderen aristokratischen Familien übertreffen und überrunden, sich also das Recht auf Geltung (*dignitas*) erkämpfen. Denn Adel (*nobilitas*) allein tat es noch nicht: Das Recht auf Geltung bekam ein *nobilis* nicht einfach in die Wiege gelegt, sondern er mußte es durch seine Verdienste erst einlösen; ebenso konnte er es durch Fehlverhalten verspielen, schlimmstenfalls nicht nur für sich selbst, sondern für seine ganze Familie. Sullas Familie zum Beispiel hatte ihre *dignitas* durch einen ihrer Vorfahren verloren, und erst Sulla hat sie wiederhergestellt. In der römischen Aristokratie spielte *dignitas* also die entscheidende Rolle, sie war wichtiger noch als die bloße *nobilitas*, und ihr galt alles Streben. Ihretwegen überschritt Caesar den Rubicon und begann den Bürgerkrieg; oder zumindest war *dignitas* der Grund, den er selbst in seinen *Commentarii* über den Bürgerkrieg angab: Er muß angenommen haben, daß diese Begründung auf Verständnis bei seinen Standesgenossen stoßen würde.

Der normale Weg eines *nobilis*, seinen Adel zu beweisen, bestand indes darin, eine Reihe hoher politischer Ämter (*cursus honorum*) zu erringen, die mit einem Sitz im Senat verbunden waren. Die senatorischen Ämter waren unbezahlt, also Ehrenämter (*honores*); sie zu erreichen kostete ebenso Geld wie sie zu bekleiden. Oft wurden Unsummen an Geld investiert, um die Klientel, deren Stimmen man brauchte, bei Wahlen zu mobilisieren – der Übergang zwischen Spende und Bestechung war fließend – und um durch aufwendige Spiele, deren Ausrichtung mit dem Amt des Ädils, einer der unteren Stufen im *cursus honorum*, verbunden war, oder durch öffentliche Bauten auf sich aufmerksam zu machen. Sanieren konnte man sich dann in den höheren Ämtern – vor allem, wenn sie mit der Verwaltung einer Provinz verbunden waren: Einem Proprätor oder Prokonsul versprachen ein Krieg oder die Ausbeutung einer Provinz reichen Gewinn. Diesen Aspekt hatte auch Caesar bei seiner Karriereplanung fest im Auge.

Doch ein höheres Staatsamt brachte nicht nur finanziellen Gewinn. Im Senat konnte der Amtsträger seinen Namen und den seiner *gens* unsterblich machen, indem er beispielsweise ein Gesetz mit Erfolg einbrachte. Dieses Gesetz hieß für immer nach der *gens*, dessen Vertreter es durchbrachte, zum Beispiel *lex Iulia de ...* Ziel aller Bemühungen eines Aristokraten, der etwas auf sich hielt, mußte aber das höchste Amt im Staat sein, das Konsulat. Die Jahre wurden nach dem vollen Namen der jeweiligen beiden Konsuln benannt, so hieß das Jahr 59 v. Chr. zum Beispiel: *C. Iulio Caesare M. Calpurnio Bibulo consulibus* (unter dem Konsulat des Gaius Julius Caesar und des Marcus Calpurnius Bibulus). Wer es zum Konsul brachte, war also im Kalender namentlich verewigt. Es galt das ungeschriebene Gesetz, daß nur diejenigen Familien dem Adel (*nobilitas*) angehörten, die in ihrer Familiengeschichte einen Konsul vorweisen konnten: Erreichte ein Plebejer das Konsulat, waren auch seine Nachfahren *nobiles*. Wenn es aber einer Familie über längere Zeit nicht gelang, einen Konsul zu stellen, weil sie verarmt war oder wegen eines Skandals gemieden wurde oder schlicht deshalb, weil geeignete Familienoberhäupter fehlten oder nicht bereit waren, den anstrengenden und (auch finanziell) aufreibenden Weg in die Politik anzutreten, dann verlor diese Familie oder dieser Familienzweig allmählich ihre Nobilität und geriet in Vergessenheit. Der Julier Caesar selbst entstammte einer altrömischen Familie, die sich zwar uralter und sogar göttlicher Abstammung rühmen konnte, die aber schon lange keinen Konsul mehr gestellt hatte; Caesars Vater hatte es ‹nur› zum Prätor gebracht. Caesar selbst erbte also einen Anspruch, fand aber keinen gebahnten Weg vor, um ihn einzulösen. Das Konsulat zu erreichen forderte auch von ihm viel Anstrengung und Einsatz.

Der römische Adel wurde also zwar durch Geburt ererbt, aber er mußte gelebt und in der politischen Praxis immer wieder durch Tatkraft und Erfolg bestätigt und bewiesen werden. Tatkraft und Erfolg waren sogar von so großer Bedeutung, daß selbst Nichtadelige wie Marius oder Cicero in die Nobilität aufsteigen konnten, wenn sie die übrigen Adelsfamilien durch ihre Leistung überzeugten. Doch diese *homines novi* waren sehr selten.

Leistungsfähigkeit und Erfolg bestimmten den Grad an politischem Einfluß (*auctoritas*) und Ansehen (*dignitas*) wie auch umgekehrt. Dies war also ein sich selbst verstärkendes Prinzip; da es aber an die individuellen Fähigkeiten und Interessen des einzelnen Aristokraten gebunden war, war jene Dynamik gegeben, die dafür sorgte, daß nicht eine der großen Adelsfamilien ununterbrochen dominierte und die Konsuln stellte, sondern daß im Wechsel der Amtsperioden und der Generationen die Macht reihum von einer *gens* zur anderen wanderte und innerhalb der Nobilität eine balance of power bestand. Der Historiker Ronald Syme hat diese Ausgewogenheit der Machtverhältnisse treffend beschrieben:

> Adelige Familien bestimmten die Geschichte der Republik und gaben ihren Epochen ihre Namen. Es gab ein Zeitalter der Scipionen, wie es ein Zeitalter der Meteller gab ... (S. 24) In allen Zeiten der Geschichte der römischen Republik hielten ungefähr zwanzig oder dreißig Männer, die dem Dutzend der herrschenden Familien entstammten, ein Monopol auf Amt und Macht in ihren Händen. Von Zeit zu Zeit stiegen Familien auf und andere versanken ... Und obgleich manche Adelshäuser im Kampf um die Macht geschlagen wurden und für lange Zeit von der politischen Bühne verschwanden, bewahrte sie dennoch die angeborene Zähigkeit der römischen Familie und der Stolz auf ihre eigenen Traditionen vor dem völligen Untergang. Sie warteten geduldig darauf, ihre alte Vorherrschaft wieder zu erringen. (Syme, 1992, 18 ff.)

Die staatliche Ordnung wurde also von den politisch aktiven *nobiles* und ihren Familien dominiert. Das führte dazu, daß deren Grundsätze und Ideale zugleich auch zu den Richtlinien des politischen Lebens und politischer Entscheidungen wurden. Die politischen Verhaltensregeln, die Rituale, der Ehrenkodex beruhten auf den langen Traditionen der alten Familiengeschlechter, die die Nobilität stellten und die, zusammen mit ihren Kontakten und Freundschaften, auch ihre politischen Gesinnungen weitervererbten. Diese Gesamtheit der Normen und Grundsätze, die das aristokratische Leben im öffentlichen wie im privaten Bereich regelten und die der eigentliche Maßstab für gesellschaftliches wie politisches Handeln waren, nannte man den *mos maiorum* (Sittengesetz der Vorfahren). Die Einheit, Konsistenz und Verbindlichkeit des römischen Sittengesetzes bringt auch der zusammenfassende Singular zum Ausdruck: es heißt *mos maiorum* (nicht *mores maiorum*) wie auch das altrömische Zwölftafelgesetz *lex duodecim tabularum* (nicht *leges duodecim tabularum*) heißt.

Der *mos maiorum* bezeichnete in erster Linie Tradition und Sittengesetz des Adels und nicht etwa die traditionelle Lebensweise des einfachen römischen Bürgers. Gewiß – da der altrömische Adel sich der einfachen bäuerlichen Lebensweise verpflichtet fühlte, gab es zweifellos Konvergenzen, aber der *mos maiorum* als Maßstab des politischen Lebens war aristokratisch gedacht. Dieser ungeschriebene Maßstab, den die herausragenden Vorfahren der Adelsfamilien durch ihr Leben und ihre Taten vorgelebt hatten, galt, da der Adel die Politik bestimmte, letztlich als maßgebliche Bezugsnorm allen politischen Handelns. Überspitzt könnte man sagen, daß der *mos maiorum* das altrömische Äquivalent zum modernen Grundgesetz darstellte: Er war der Verfassungsersatz, auf den sich bis in die ausgehende Republik (und darüber hinaus) alle Politiker beriefen. Diese Orientierung bietende und Grundsätze vorgebende Funktion des *mos maiorum* spiegelt auch die bei den römischen Geschichtsschreibern immer wieder anzutreffende Zusammenstellung der Begriffe *status civitatis* (Verfassungsform), *ius* (Recht) und *mos* (Sittengesetz).

Virulent und präsent war der *mos maiorum* in allen Bereichen des öffentlichen und privaten Lebens: Ob es darum ging, wer im Senat wann und wie lange sprechen, wer sich um welches Amt bewerben, wer mit wem wieviel Umgang haben dufte, wie man im Krieg Gesandte oder Gegner zu behandeln hatte – nahezu jede Einzelheit war von ungeschriebenen Gesetzen geregelt, und wer dagegen verstieß, sah sich Befremden, Spott oder gar Empörung ausgesetzt. Ähnliches galt auch für den sonstigen Lebenswandel; auch in dieser Hinsicht bestimmte der *mos maiorum*, wie man sich zu kleiden, wie die Frauen sich zu benehmen hätten, wieviel Aufwand man bei einem Gastmahl, bei einem Leichenzug, beim Bau einer Villa oder eines Grabmahls betreiben durfte, ohne die Etikette zu verletzen. Wenn der *mos* allein nicht genügte, wurden auch Gesetze erlassen, um Mißstände zu beseitigen oder Auswüchse einzudämmen – so etwa die entsprechende Gesetzgebung zur Einschränkung des Tafelluxus oder des Bestattungsaufwandes. Verschriftlicht waren wohl auch weitgehend die Regularien zu den staatlichen Kulten, etwa die festen Gebetsformeln, die bei den zu vollziehenden Ritualen peinlich genau einzuhalten waren. Aber solche Gesetze oder Regularien waren nur ein kleiner Ausschnitt der ganz überwiegend ungeschriebenen Tradition.

Der *mos maiorum* lebte und wirkte auch und vor allem in Form von Erzählungen exemplarischer Geschichten, die mündlich und schriftlich überliefert wurden, so etwa in Familiengeschichten, in denen sich berühmte Vorfahren in vorbildlicher Weise verhalten und bewährt und damit Beispiele (*exempla*) für ein ehrenhaftes Leben gesetzt hatten. Tacitus meinte in diesem Zusammenhang einmal, daß *exempla* dauerhafter seien als die Sitten selbst – *diutius durant exempla quam mores* (Tacitus: Historien 4,42). Solche *exempla* wurden in politischen Debatten immer wieder hervorgeholt, um gegenwärtige politische Entscheidungen zu legitimieren oder Mißstände anzuprangern. Aus diesen beispielgebenden Zeugnissen denkwürdigen und vorzüglichen Handelns formierten sich im Laufe der Zeit das Ideal der *Virtus* (Tapferkeit, Vortrefflichkeit), zu der weitere Wertvorstellungen traten.

Manche dieser Verhaltensmaximen besaßen solche Bedeutung, daß sie, wenn sie sich in einer herausragenden Tat verwirklichten, aus diesem Anlaß zu Gottheiten erhoben wurden. Eine der wichtigsten und ältesten dieser staatstragenden Tugenden, auf die sich auch Caesar besonders berief, war *Fides* (‹Treue›), die die Selbstverpflichtung und das gehaltene Wort gegenüber Partnern und Abhängigen repräsentierte. Im Laufe der Zeit kamen weitere hinzu. Bezeichnenderweise gab es einen Tempel des *Honos* (‹Ehre›), dessen einziger Zugang durch einen anderen Tempel, den Tempel der *Virtus* (‹Mannhaftigkeit›), führte. Auch der *Pietas* (‹Frömmigkeit›, ‹Pflichtbewußtsein›), die für das angemessene Verhalten nicht nur den Göttern, sondern auch den Eltern, vor allem dem Vater gegenüber stand, hatte man Tempel geweiht. Selbstverständlich wollten *nobiles*, die die Weihung solcher Tempel initiierten, damit auf eigene Tugenden hinweisen. Es kam auch vor, daß sie sich ihre Tugenden direkt als Beinamen (*cognomen*) zulegten, insbesondere *pius* (der ‹Fromme›). Als einer der ersten nannte ein Metellus sich Pius, nachdem er seinen Vater aus der Verbannung zurückgeholt hatte, und Augustus nahm *pietas* (Pflichterfüllung gegen Vater, Vaterland und Götter) für sich in Anspruch und adelte sie mit dem Schlagwort der *pietas Augusta* zur Kaisertugend.

Diese Beispiele zeigen, daß die altrömischen Wertvorstellungen aristokratischer Lebenswirklichkeit entsprangen, in der öffentliche Ämter (*Honos*, vgl. *cursus honorum*), Tapferkeit (*Virtus*), Loyalität zur eigenen Familie (*Pietas*) und Treue (*Fides*) gegenüber Verbündeten, Klienten und Abhängigen eine große Rolle spielten. Die Latinistin Gabriele Thome hat es so formuliert:

> Mit ihnen ist ein aktives Moment verbunden: virtus, fides, pietas sind keine ruhenden Tugenden, sondern sie verwirklichen sich jeweils in der Aktion, im Akt der virtus, der fides, der pietas. (Thome, 2000, Bd. 1, S. 50)

Die Tatsache, daß für diese Werte Kulte eingerichtet wurden, belegt die staatstragende Bedeutung, die ihnen beigemessen wurde, und erhöht und propagiert die aristokratischen Werte, die sie repräsentieren.

Der auffälligste Wesenszug der römischen Republik ist der ungewöhnlich starke und alle Bereiche des öffentlichen Lebens durchdringende Primat der Praxis. Ein existierendes Gesetz blieb solange kraftlos, bis ein herausragender Mann es zum Leben erweckte und damit Politik machte. Ein von Geburt adeliger junger Mann mußte –

bei all seinen Privilegien, die ihm zukamen und die ihm den Erfolg erleichterten – erst öffentliche Bewährungsproben bestehen, ehe er die Autorität errang, seine von seiner *gens* mitgegebene Macht voll und ganz zu verwirklichen. Der Dichter Ennius, der den Feldzug des Konsuls M. Fulvius Nobilior (189 v. Chr.) begleitete und verherrlichte, führte den lebendigen Bestand des Staates – er nennt ihn *res Romana* – auf zwei Momente zurück, auf die Tradition und auf die Männer, die in ihrem Geiste handelten: *Moribus antiquis res stat Romana virisque* – «auf alte Traditionen ist der römische Staat gegründet und Männer.» (Ennius: Annalen, Frg. 500 Vahlen)

Aber der *mos maiorum*, das Sittengesetz der Tradition, war zu keiner Zeit starr und unveränderlich. Besondere Situationen forderten neue Regeln und schufen neue *exempla*, auf die, waren sie erfolgreich, fortan Bezug genommen wurde: Entschlossenheit und Mut zum Risiko waren oft erfolgversprechender als ein braves Nachvollziehen altbekannter Wege. Ehrgeizige und selbstbewußte Männer rangen mit ihren Taten um Ruhm (*gloria*) und Ansehen (*dignitas*) für sich und ihre Familien, und diese Männer waren es, die das Rom der Republik formten und gestalteten und dabei bisweilen sehr weit gehen konnten – aber eben nicht weiter, als es der Konsens der Nobilität zuließ. Am Ende zählte, was mit Erfolg und unter allgemeiner Anerkennung des Adels und des Volkes gewagt, geleistet und begründet wurde.

Es versteht sich, daß eine Gesellschaft, die das Handeln einzelner Adeliger so sehr ehrte und respektierte, das ideale Umfeld für Machtmenschen wie Caesar war. Zugleich war es dieselbe Gesellschaft, die ihn und andere Prätendenten in ihre Schranken wies. Doch Caesar sollte sich über diese Gesellschaftsordnung, deren Werten und Möglichkeiten er doch seinen Aufstieg verdankte, so weit erheben, daß sein Handeln in den Augen vieler *nobiles* mit dem *mos maiorum* nicht mehr kompatibel schien.

Der *mos maiorum*, auf den sich durchsetzungsfähige Politiker beriefen, war also eine ungeschriebene Norm, die aus dem tätigen Leben entwickelt wurde und im tätigen Leben ihren Ausdruck fand. Verkörpert wurde der *mos maiorum* durch die Adeligen, die durch ihre *auctoritas* die Politik nach ihren Vorstellungen zu gestalten suchten. Meist hieß dies, daß sie im Interesse ihrer *gens* handelten. Daher ist es irreführend, in bezug auf die römische Republik von Parteien zu sprechen. Man dachte nicht in Parteien, sondern in *gentes*, also in Adelsfamilien, die sich bei Bedarf zu einem politischen ‹Freundschaftsverhältnis› (*amicitia*) zusammenschließen konnten, wenn es ihren Machtinteressen diente. Diese Bündnisse waren oft nur vorübergehend und lediglich zur Durchsetzung eines konkreten Gesetzes oder Projekts geschlossen, es gab aber auch dauerhafte Gruppierungen, die über Generationen Bestand hatten. Vom Standpunkt des politischen Gegners aus wurden solche Gruppierungen – durchaus pejorativ – als *factiones* (Klüngel) bezeichnet. Ob es sich um *amicitia* oder *factio* handelte, entschied letztlich der politische Standpunkt: *inter bonos amicitia, inter malos factio est* – «unter Guten ist es Freundschaft, unter Schlechten Klüngel» (Sallust: Jugurthinischer Krieg 31). Tendenziell waren solche Bündnisse immer in Gefahr, als verschwörerisch und staatsfeindlich oder zumindest als Konkurrenz zur *res publica* empfunden zu werden; jedenfalls waren sie keineswegs, wie das heutige Parteienwesen, Teil des staatlichen Systems.

Die *factiones* waren ganz auf die Person des politischen Anführers bezogen und bestanden aus wichtigen Senatoren, die ihre Kontakte und Klientele demjenigen, der die *factio* führte, zur Verfügung stellten. Meist taten sich in einer *factio* politisch, juristisch, finanziell, aber auch militärisch Mächtige zusammen. So gab es eine *factio* des Pompeius, des Crassus, des Sulla und des Caesar – Cicero, dessen Politik sich nicht nach festen Personenkonstellationen und deren Interessen richtete, sondern an Inhalten und Idealen orientierte, war hingegen nie Anführer einer *factio*, zumal ihm die militärische Komponente fehlte.

Die Politik der römischen Republik war also vor allem vom Wettbewerb der *gentes* und ihrer herausragenden Vertreter geprägt. Der ständige Wettbewerb der Familienklans, zu größeren Einheiten organisiert durch politische ‹Freundschaften› und *factiones*, sorgte für regen Machtwechsel an der Spitze des Staates, so daß innerhalb der Nobilität ein gewisses Gleichgewicht gewahrt wurde: Das Machtgefüge der Großklans und ihrer Klientele blieb so für lange Zeit austariert.

Aus dem Lot – Republik zwischen Revolution und Reformstau

Die Macht im Staat lag mithin in der Hand der Nobilität, des Machtkerns des Senats. Doch – wie gesagt – nicht alle Senatoren gehörten der Nobilität an, nur diejenigen, die von einem ehemaligen Konsul abstammten: Der größere Teil der Senatoren war mit der Übernahme von senatorischen Ämtern aus dem Ritterstand (*ordo equester*) in den Senatorenstand (*ordo senatorius*) aufgestiegen. Doch Lebensweise und Vermögen der Ritter und Senatoren waren – bis zur Gracchenzeit (132–121 v. Chr.) – gar so unterschiedlich nicht. Ritter und Senatoren gehörten der gleichen obersten Steuerklasse an, für die ein Vermögen von mindestens 400 000 Sesterzen angesetzt war. Der ritterliche Geldadel und der senatorische Amtsadel bildeten unter der Führung des engeren Kreises der eigentlichen Nobilität eine relativ homogene und in sich geschlossene Oberschicht, deren grundsätzliche politische Interessen ähnlich gelagert waren: Fortbestehen der bisherigen Verhältnisse, die für die herrschenden Familien überaus günstig waren, nicht aber für den großen Rest der Bevölkerung von Rom und Italien. Das führte im Hinblick auf die großen sozialpolitischen Probleme der späten Republik zu einem Reformstau: Ende des zweiten Jahrhunderts waren weite Teile der italischen Bevölkerung verarmt, auch wurde die Forderung der italischen Bundesgenossen, die erheblich zum Aufstieg Roms zur Weltmacht beigetragen hatten, nach Gleichstellung und Teilhabe an Macht und Gewinn immer dringlicher. In dieser schwierigen Situation stießen Tiberius Gracchus (133 v. Chr.) und zehn Jahre später sein Bruder Gaius Gracchus (123–122 v. Chr.), deren Familie zu den angesehensten der plebejischen Nobilität gehörte, notwendige und mutige Reformen an, die aber die Homogenität und Stabilität der römischen Oberschicht völlig und für immer aus dem Gleichgewicht brachten und letztlich zu den selbstzerstörerischen Bürgerkriegen der untergehenden Republik führten.

Im Zentrum der Reformen, die die Gracchen durchzusetzen versuchten, standen Agrarreformen: In Italien gab es damals große Ländereien, die dem Staat gehörten, den sogenannten *ager publicus* (Staatsackerland). Dieses Land war weitgehend an reiche Römer, darunter auch viele Senatoren, verpachtet. Die Pachtverhältnisse wurden weitervererbt, und diese Art von Gewohnheitsrecht hatte zur Folge, daß die Großgrundbesitzer die Pachtflächen mittlerweile als ihr Eigentum betrachteten. Die Idee des Tiberius Gracchus und der hinter ihm stehenden *factio*, zu der auch weitere einflußreiche *nobiles* gehörten, war es nun, den Großpächtern beim Besitz von Staatsland eine Obergrenze zu setzen und die so wiedergewonnenen Ländereien neu zu verteilen. Nutznießer sollte die verarmte Bevölkerung sein, die, weil sie immer wieder und über lange Zeit zum Kriegsdienst herangezogen worden war, ihre Höfe verloren hatte und nun in Rom Zuflucht suchte. Dabei ging es Tiberius weniger um Armenfürsorge: Aus der Landbevölkerung wurde die Armee rekrutiert – Landbesitz war Voraussetzung, um rekrutierbar zu sein –, folglich sank durch die Landflucht die Zahl der Wehrfähigen rapide. Es war vor allem dies, worum er und seine Unterstützer sich sorgten. Der jüngere Gracchus hatte außerdem den kühnen, vielleicht auch demagogischen Plan, dazu das nach dem Dritten Punischen Krieg 146 v. Chr. völlig zerstörte und verwaiste Karthago samt den umliegenden Ländereien in der nunmehr römischen Provinz Africa mit Kolonisten zu besiedeln – so würde noch mehr Land zum Verteilen zur Verfügung stehen. Mit der Agrarreform der Gracchen wäre – so zumindest ihre eigene Propaganda – für die drängendsten gesellschaftspolitischen Probleme mit einem Schlag eine Lösung gefunden. Freilich ist heute umstritten, ob es dem jüngeren Gracchus überhaupt ernsthaft um Reformen ging oder nicht vielmehr um Macht und um Rache für seinen Bruder, der im Kampf um seine Ziele schließlich getötet worden war.

Die Reformpläne stießen nämlich auf massiven Widerstand aus den konservativen Kreisen des Senats. Dafür gab es mehrere Gründe: Da – wie oben schon angedeutet – viele Senatoren großen italischen Grundbesitz, darunter auch gepachtetes Staatsland, besaßen, wäre die Grundlage ihres Vermögens unmittelbar von den Agrarreformen betroffen worden. Denn ein Gesetz aus dem Jahre 218 v. Chr. verbot den Senatoren Handel zu treiben, so daß ihnen die Bewirtschaftung großer Güter als erhebliche Einnahmequelle und Grundbesitz als Geldanlage dienten. Außerdem kam das, was die Gracchen im Rahmen der Agrarreformen betrieben, nicht nur der verarmten Bevölkerung zugute, sondern auch den Initiatoren selbst: Alle, die von den Ackergesetzen, die die Gracchen einbrachten, profitierten – Römer und italische Bundesgenossen –, würden fortan Anhänger der Gracchen sein und deren Einfluß, Geldmittel und Klientel in beträchtlichem Ausmaß vermehren. Man stelle sich den Machtzuwachs einer einzelnen Familie vor, die etwa die ganze neu gegründete Kolonie Karthago zu ihrer Klientel hätte zählen können! So jedenfalls argwöhnten die alteingesessenen Adelsfamilien in Rom: Sie befürchteten für die Familie der Gracchen ungebührliche Vorteile und damit nicht nur eine Gefährdung des Gleichgewichts der oligarchischen Kräfte, sondern sogar das Ende der römischen Oligarchie. Denn es gab durchaus Gerüchte, die Gracchen strebten nach der Königswürde – und das war im republikanischen Rom der schlimmste und auch der gefährlichste Vorwurf, den man einem ehrgeizigen Politiker machen konnte.

Kurzum: Der Senat boykottierte die Ackergesetze. Da taten Tiberius Gracchus und seine *factio* etwas, was die gesamte römischen Senatsaristokratie in Frage stellte: Er überging bei dieser wichtigen Reform den Senat und brachte – gegen dessen Willen – seine Ackergesetze in der Volksversammlung durch. Zehn Jahre später tat sein Bruder Gaius Gracchus das gleiche, um ein Gesetz durchzubringen, durch das die Macht der Senatoren Einbußen erlitt. Diese für die römische Adelsrepublik unerhörten Vorgänge hatten schwerwiegende Folgen: Nun gab es in Rom zwei Gremien, in denen oder richtiger mit denen die Mächtigen Politik machen konnten: den Senat und die Volksversammlung. Diejenigen, die weiterhin im Senat das politische Zentrum sahen, nannten sich selbstbewußt *optimates* (die Besten), diejenigen aber, die die seit den Tagen der Gracchen gegebenen neuen Möglichkeiten der Volksversammlung nutzen, wurden etwas abfällig *populares* (die Volksnahen) genannt.

Dennoch, sowohl für die Gracchenzeit als auch für spätere Konflikte gilt: Sowohl die Optimaten als auch die Popularen gehörten der Nobilität an – die Gracchen und viele ihrer Anhänger stammten aus altem Adel ebenso wie Caesar oder Catilina, die beide sogar Patrizier waren. Catilina (ca. 108–62 v. Chr.), der aristokratische Revolutionär, war stolz auf eine Familientradition, die immer schon Revolutionäre hervorgebracht hatte, und keine Ungerechtigkeit empörte ihn so sehr wie die, daß Cicero, der Mann ohne Adel, statt seiner zum Konsul gewählt worden war. Popularen und Optimaten unterschieden sich also weder nach Standeszugehörigkeit noch auch grundsätzlich in politischen Inhalten, sondern vor allem darin, über welches der beiden Gremien sie hauptsächlich ihre Politik durchsetzten. Es handelt sich mithin nicht etwa um zwei verschiedene Parteien mit unterschiedlichen Parteiprogrammen, sondern um zwei verschiedene Wege, Einfluß auf die Geschicke Roms zu nehmen. Seit den Gracchen gab es in Rom zwei Orte, an denen Politik gemacht, Macht verliehen und legitimiert, Rom gelenkt wurde. Die römische Aristokratie war damit für immer gespalten. Was früher die Vertreter der alten Adelsfamilien im Senat unter sich ausgemacht hatten, spielte sich nun auf zwei politischen Schauplätzen ab. Diese beiden Machtzentren blockierten sich gegenseitig und gerieten immer mehr in Opposition zueinander, der Konsens der Oligarchie war zerstört, und auf lange Sicht drohte ein Bürgerkrieg. Der Historiker Sallust (86–35 v. Chr.) hat den Antagonismus zwischen Senat und Volksversammlung pointiert und zugespitzt so formuliert:

> So wurde alles in zwei Parteien (*in duas partis*) auseinandergezerrt, der Staat, der in der Mitte lag, zerfleischt. (Sallust: Jugurthinischer Krieg 41)

Und später wird der griechische Historiker und Biograph Plutarch (45–125 n. Chr.) über die Neuerung des Volkstribunen Gaius Gracchus, bei Gesetzesinitiativen den Senat zu übergehen, bemerken:

> Wenn früher nämlich die Vertreter des Volkes eine Rede hielten, so wandten sie sich an den versammelten Senat und gegen das sogenannte comitium [Versammlungsplatz des Volkes]. Gaius aber wandte sich damals zuerst nach der anderen Seite, nach dem Forum zu, als er die Rede hielt ... Damit wandelte er gewissermaßen die aristokratische Staatsverfassung in eine demokratische um, so daß die Redner ihre Worte an das Volk, nicht mehr an den Senat richteten. (Plutarch: Gracchus-Vita 5)

Das Beispiel der Gracchen zeigt zugleich auch deutlich, wie in der römischen Republik Politik funktionierte: Ein einzelner Klan oder eine *factio* konnte gleichsam eine Verfassungsreform durchführen, wenn nur die Autorität und die Einflußmöglichkeiten seiner Repräsentanten ausreichten. Gelang etwas Neues, dann war ein Paradigma geschaffen, auf das – einmal erfolgreich etabliert – sich Politiker in Zukunft berufen konnten. Auf die Neuerung allerdings, die die Gracchen mit ihrer Politik über die Volksversammlung einführten, beriefen sich nur die sogenannten Popularen, und es entstand auch später kein Konsens innerhalb des Senats. Das Prinzip des einheits- und identitätsstiftenden *mos maiorum* (der Sitte der Vorfahren) war in Frage gestellt.

Obwohl die Ackerreformen des Tiberius Gracchus zumindest teilweise erfolgreich waren, war er selbst in den Augen vieler Aristokraten untragbar geworden. Es kam zu Unruhen, in deren Verlauf er und viele seiner Anhänger erschlagen wurden. Zehn Jahre später (123 v. Chr.) jedoch wurde sein politisches Erbe von seinem jüngeren Bruder Gaius Gracchus energisch fortgeführt. Er war radikaler und ging mit seinen Reformplänen noch weiter als sein Bruder. Bei ihm ist von vornherein eine gegen die Senatoren gerichtete Politik zu beobachten. Das wäre im Staat für einen *nobilis*, der er war, vor kurzem noch unvorstellbar gewesen. Über seine Motive ist man sich uneinig. Rache für seinen ermordeten Bruder kann eine Rolle gespielt haben, ebenso der Drang nach Macht oder aber tatsächlich der Wunsch, den Staat zu reformieren und für seine mit dem zunehmenden Herrschaftsgebiet gewachsenen Aufgaben handlungsfähig zu machen. Seine Aktivitäten führten jedenfalls zu einem weiteren Bruch in der römischen Führungsschicht. Gehörten, wie bereits erwähnt, Ritter und Senatoren bisher derselben gesellschaftlichen (und steuerlichen) Klasse an und verfolgten daher auch ähnliche politische Interessen, so änderte sich das durch zwei Gesetzesinitiativen, die Gaius Gracchus auf den Weg brachte, grundsätzlich und nachhaltig: Um die Ritter für sich zu gewinnen, stärkte er ihre ohnehin ansehnliche wirtschaftliche Stellung und ihre politische Macht massiv.

Was die wirtschaftliche Stärkung betrifft, so lag, da es den Senatoren verboten war, Handel zu treiben, das römische Finanzwesen in den Händen der Ritter. Die Ritter waren schon vor der Gracchenzeit oft so wohlhabend, daß sie die Senatoren, die für den Wahlkampf oder die Ausrichtung von Spielen viel Geld benötigten, immer wieder mit Krediten versorgten. Senatoren hatten zwar Grundbesitz und Villen, aber wenn es um schnelles Bargeld ging, mußte man sich an reiche Ritter wenden. Aus der Ritterklasse stammten auch die sogenannten Steuerpächter (*publicani*), denen das einträgliche Geschäft der Steuereintreibung oblag. In Rom gab es keine steuerliche Finanzbehörde, sondern das Steuerwesen wurde von reichen Privatleuten organisiert. Sie schossen der Staatskasse die zu erwartenden Steuern vor, um sie dann – mit einem stattlichen Zuschlag für sich selbst – bei den Steuerpflichtigen in den Provinzen einzutreiben. Genau an diesem Punkt setzte Gaius Gracchus an: Er regelte die Pachtvergabe für die reiche Provinz Asia zugunsten der *publicani* neu und stärkte damit die ohnehin einflußreichen Pachtgesellschaften.

Was die politische Stärkung des Ritterstandes betraf, so waren Ritter und Senatoren bisher durch Geld, politische und geschäftliche Freundschaften (*amicitiae*), Klientelverhältnisse und durch vorteilhafte Ehen und Adoptionen – alter, aber verarmter Adel verband sich mit dem Reichtum der Ritter – eng miteinander verbunden. Die einen standen für politische, die anderen für wirtschaftliche Macht; doch waren sie aufeinander angewiesen und bildeten gemeinsam die Führungsschicht. Nun zerstörte Gaius Gracchus das Gleichgewicht, indem er durch ein Gesetz verfügte, daß das Richteramt, das in Rom Laienrichter (vergleichbar mit den heutigen Geschworenen) bekleideten, nicht mehr den Senatoren, sondern statt dessen den Rittern vorbehalten sei. Warum war dieses Amt so wichtig? Für Prozesse von staatstragender Bedeutung wurden nach und nach feste Gerichtshöfe (*quaestiones perpetuae*) eingerichtet, aufgeteilt nach den verschiedenen Vergehen. Der älteste Gerichtshof war jener für die sogenannten Repetundenprozesse (*quaestio de repetundis*), eine bedeutende Einrichtung von einiger politischer Brisanz. Dort konnten Vertreter der von Rom beherrschten Provinzen klagen, wenn sie von den römischen Verwaltungsbeamten – also den Senatoren, die ein Obermagistrat (Konsulat und Prätur) innegehabt hatten und nun durch Ausbeutung einer Provinz ihre von den Wahlkämpfen strapazierten Finanzen sanieren wollten – in einem selbst für die damaligen römischen Verhältnisse ungebührlichen Maße ausgeplündert worden waren. Oft genug gingen die Repetundenprozesse zugunsten der angeklagten Senatoren aus, denn auf den Richterbänken saßen ebenfalls Senatoren, und eine Krähe hackt bekanntlich einer anderen kein Auge aus. Die Ritter hingegen hatten als *publicani* selbst ein vitales Interesse an dem Geld und an einer nicht durch senatorische Beamte beschränkten Ausbeutung der Provinzen; ein Gerichtshof, der es ihnen ermöglichte, mit mißliebigen Magistraten abzurechnen, war der Traum dieser Finanzleute. Man kann sich daher gut vorstellen, daß das neue Gesetz, das nur Ritter als Richter vorsah, böses Blut machte – um so mehr, als die dem Ritterstand angehörenden *publicani* eine Interessengruppe bildeten. Gaius Gracchus hatte in der Tat, wie er selbst sagte, «den Dolch auf das Forum geworfen» (vgl. Cicero: Über die Gesetze 3,20), also Zwietracht zwischen Rittern und Senatoren gesät. Der griechische Historiker Appian (ca. 90–160 n. Chr.) urteilt später über die Tragweite des gracchischen Gesetzes folgendermaßen:

> Denn daß die Ritter zu Gericht saßen über alle Römer und Italiker, sogar über Senatoren, und zwar mit der vollen Gewalt, über Eigentum, bürgerliche Rechte und Verbannung zu entscheiden, die Tatsache erhob sie gewissermaßen zu Herren über den Senat und machte die Senatoren zu ihren Untergebenen. Als sich dann die Ritter bei Abstimmungen auf die Seite der Volkstribunen stellten und von ihnen als Gegenleistung alle ihre Wünsche erfüllt bekamen, wurden sie dem Senat mehr und mehr gefährlich. Bald kam es so weit, daß sich die Machtverhältnisse im Staat ganz umkehrten, indem der Senat nur noch das Ansehen hatte, die Richter aber die Macht besaßen. (Appian: Bürgerkriege 1,22)

Nachdem der Diktator Sulla etwa 40 Jahre nach den Gracchen im Zuge seiner radikalen Restauration der alten Senatsherrschaft das Richteramt wieder ganz in Senatorenhand gegeben hatte (81 v. Chr.), fanden Pompeius und Crassus gut zehn Jahre später (70 v. Chr.) endlich eine ausgewogene Regelung; dennoch, die alte Solidarität zwischen Rittern und Senatoren – Cicero, der sie vergeblich wiederherzustellen versuchte, nannte sie die Eintracht der Klassen (*concordia ordinum*) – wollte und konnte sich nicht mehr einstellen.

Die Antworten der Gracchen auf den Reformstau haben die römische Staatsmacht auf zweifache Weise gespalten: institutionell, indem die Gracchen die Volksversammlung als gleichberechtigtes Gegengremium zum Senat etablierten, und gesellschaftlich, indem Gaius Gracchus den Gleichklang der Interessen von Rittern und Senatoren zerstörte. Die Spaltung der Oberschicht in zwei konkurrierende Gruppierungen, Ritter und Senatoren, vertiefte sich darauf immer mehr. Römische Politik wurde dadurch zwar vielfältiger und vielschichtiger, aber im selben Maße weniger stabil, konsistent und transparent.

Die Herrschaft des Senats blieb vorerst erhalten, doch war sie prekär und anfechtbar. Da die Senatoren aus egoistischen Gründen keinen Reformbedarf sahen, führte ihre Regierung zu Stagnation. Andererseits waren viele unzufrieden, vor allem die italischen Bundesgenossen, die für die römischen Kriege zwar Soldaten stellten, aber von den Siegen und der Expansion der römischen Macht kaum profitierten. Die miteinander verbundenen Herausforderungen der Bürgerrechtsverleihung an die Bundesgenossen, der Landverteilung und der Verarmung weiter Teile der italischen Bevölkerung blieben entweder ungelöst oder fanden Lösungen, die ihrerseits neue Schwierigkeiten mit sich brachten: So entkoppelte Marius, siebenmaliger Konsul und Sieger über die germanischen Stämme der Kimbern und Teutonen (102/101 v. Chr.), die Kriegstauglichkeit vom Landbesitz, indem er auch den Besitzlosen Zutritt zur Armee verschaffte; und diese nutzten die neue Chance in Scharen: So wurde das Problem der Verarmung der Landbevölkerung und des Soldatenmangels zwar mit einem Schlag gelöst – aber zugleich ein neues Problem geschaffen, nämlich das der Veteranenversorgung. Jeder größere Krieg ließ fortan Massen bewaffneter Männer zurück, die keine Bauernhöfe hatten, auf die sie zurückkehren konnten, und die daher von ihren Feldherren Belohnung und Versorgung erwarteten. Sie stellten seit der Zeit des Marius einen neuen Einflußfaktor dar. Die Führungsschicht in ihrem unaufhörlichen Dissens zwischen Rittern und Senatoren sowie der *factiones* untereinander mag ihn zunächst kaum wahrgenommen haben; doch Prätendenten wie Sulla, Pompeius und vor allem Caesar wußten die sich ändernden Verhältnisse und neuen Faktoren, die ungekannten Machtzuwachs für einen einzelnen zuließen, für sich zu nutzen und agierten fast wie Alleinherrscher – die Republik geriet aus dem Lot.

Außerordentliche Kommandos – Pompeius und das erste Triumvirat

Die Gracchen hatten, um Reformen in Gang zu bringen, bewußt Brüche in der Führungsschicht provoziert und damit neue Strukturen geschaffen. In dieser veränderten politischen Landschaft bekämpften sich innerhalb der Oberschicht Senatoren und Ritter, innerhalb der Senatoren aber Optimaten und Popularen. Beide Seiten stützten sich auf Klientele, die sich aus den zahlreichen Unzufriedenen in Rom und Italien rekrutierten, was den Auseinandersetzungen eine bislang ungekannte Härte verlieh. Es kam gar soweit, daß sich der Konkurrenzkampf, der unter anderem um den Oberbefehl im ersten Krieg gegen Mithridates, den König von Pontos am Schwarzen Meer, ausgetragen wurde, zwischen Optimaten und Popularen zu einem Bürgerkrieg steigerte (89 v. Chr.). Der Optimatenführer Sulla zog gegen Rom und erzwang seine Ernennung – ein noch nie dagewesenes und unheilvolles Beispiel für die Zukunft. Das war jedoch nichts gegen Sullas zweiten Marsch auf Rom, nachdem er Mithridates besiegt hatte. Während Sullas Abwesenheit hatten die Popularen unter der Führung des Marius und des Cinna erneut die Macht ergriffen. Sulla fiel mit seiner siegreichen Armee über Italien her wie über Feindesland, nahm in der Schlacht am Collinischen Tor (82 v. Chr.) Rom ein und rechnete dann gnadenlos mit den Besiegten ab. Mehrere tausend italische Gefangene wurden sofort hingerichtet, politische Gegner proskribiert (d. h., man durfte sie straflos ermorden und erhielt dafür sogar noch einen Anteil aus ihrem Vermögen), und selbst ihre Söhne und Enkel aus der Politik ausgeschlossen. Als drei Jahrzehnte später Caesar durch seinen Marsch auf Rom Sullas Beispiel wiederholte, distanzierte er sich ausdrücklich von dessen Grausamkeit.

Sulla errichtete in der Sonderstellung eines *dictator rei publicae constituendae* («Diktator zur Wiederherstellung der Republik») eine optimatische Senatsherrschaft, reformierte die Verfassung und schwächte dabei die Popularen, indem er die Amtsmacht der

Volkstribunen erheblich einschränkte und den Einfluß der Volksversammlung schmälerte. Auch den Einfluß der Ritter verringerte er, indem er sie spaltete: Die wohlhabenden Geschäftsleute, Unternehmer und Bankiers unter ihnen nahm er in den Senat auf, dessen Mitgliederzahl dadurch um 300 auf 600 wuchs, und nahm so der verbleibenden Ritterschaft ihre mächtigen Fürsprecher. Im übrigen ordnete er die Magistraturen neu und gab der Ämterlaufbahn (*cursus honorum*) feste Regeln.

Nachdem Sulla den Staat neu geordnet hatte, legte er überraschend und aus freien Stücken seine Diktatur nieder (79. v. Chr.) – ein Schritt, den Caesar nach dem Zeugnis des Sueton später so kommentieren sollte: «Sulla habe das ABC der Politik nicht verstanden, weil er die Diktatur niedergelegt habe.» (Sueton: Caesar-Vita 77) In dem ihm verbleibenden Lebensjahr schrieb Sulla seine Memoiren. Nach Sullas Tod ließen jedoch die Rufe nach Änderung oder Aufhebung der sullanischen Maßnahmen nicht lange auf sich warten: Lepidus führte von Etrurien aus eine antisullanische Revolte gegen das Optimatenregime, die Söhne und Enkel der Proskribierten begehrten auf und forderten konfisziertes Gut und verlorene Rechte zurück, und das Volk von Rom verlangte die volle Rehabilitation von Volksversammlung und Volkstribunat. Manches wurde sogleich zurückgenommen, manches erst unter dem schon erwähnten Konsulat des Pompeius und Crassus (70 v. Chr.) geändert. Roms Elite war unter sich zerstritten und mit sich selbst beschäftigt – ein Zustand, der innenpolitisch heillos und außenpolitisch gefährlich war.

Waren schon die inneren Probleme nur teilweise und leidlich gelöst, so wurden die äußeren nun immer dringlicher. Im Osten setzte Mithridates erneut die römischen Provinzen unter Druck, im Westen hatte Sertorius, ein Anhänger des Marius, mit seinen Soldaten in Spanien ein Reich von Abtrünnigen errichtet, und dazwischen trieben überall auf dem Mittelmeer Seeräuber ihr Unwesen und gefährdeten Handelsschiffahrt und Getreideversorgung Roms. Und als ob das nicht genug wäre, entfachte der Thraker Spartacus einen Sklavenaufstand (73 v. Chr.), der bedrohliche Ausmaße annahm und weite Teile Italiens erfaßte. Auf diese drängenden und rasches Handeln erfordernden Probleme hatte die unentschlossene Senatsherrschaft mit ihren traditionellen, wenngleich eben erst von Sulla reorganisierten Institutionen keine Antwort und griff daher zu Sondermaßnahmen, die die Neuordnung Sullas sogleich wieder aushebelten: Man setzte auf eine einzelne Person, gab ihr, vorbei an dem von Sulla neu geregelten *cursus honorum*, fast monarchische Machtbefugnisse und beauftragte sie mit der Lösung der großen Aufgaben, mit denen Magistrat und Senat nicht mehr fertig wurden: Gnaeus Pompeius. Er entstammte zwar keinem alten Geschlecht, da sein Vater der erste aus der Familie war, der das Konsulat erreicht hatte, war aber gerade deshalb darauf bedacht, den Rang seiner Familie zu behaupten und zu festigen. Er erregte schon mit 23 Jahren Aufsehen, als er – ähnlich wie später der junge Octavian – auf eigene Faust und mit eigenen Mitteln im ostitalischen Picenerland die Klientele seines Vaters mobilisierte, mit einem Privatheer Sulla zu Hilfe eilte und diesem zum Sieg verhalf. Bald schon trug er den Beinamen Magnus, der Große. Nach weiteren Erfolgen auch in Sizilien und Afrika gestand Sulla ihm, der noch ohne jegliches politische Amt war, einen Triumph zu, die höchste Ehrung eines römischen Feldherrn (79 v. Chr.). Nach Sullas Tod schlug Pompeius im Auftrag des Senats die Revolte des Lepidus nieder und übernahm wenig später das Kommando gegen das Sonderreich des Sertorius, den er ohne Mühe bezwang und zugleich 876 spanische Städte, wie er stolz verkünden ließ. Doch kümmerte sich Pompeius nicht nur um Krieg, sondern auch darum, was nach dem Sieg zu tun war. Wie schon in Sizilien und Afrika, so ordnete er auch in Spanien nach siegreichem Kampf die Verhältnisse der Provinz, und dies so umsichtig, daß er sich das Wohlwollen der Bevölkerung gewann und auch für die Zukunft sicherte. So brachten die Kriege Pompeius nicht nur Ruhm, sondern auch Klientele von zweierlei Art, Veteranen und Provinzen, und er wußte diese neue Form der Patronage für sich und seine Karriere zu nutzen.

Noch auf dem Rückmarsch von Spanien wurde er vom Senat erneut um Hilfe gebeten: Rom hatte den Spartacus-Aufstand trotz massiven Militäreinsatzes nicht in den Griff bekommen, Pompeius erledigte rasch den Rest. Mit seinen außerordentlichen Fähigkeiten kompensierte Pompeius überall dort, wo es im römischen Reich brannte, die offensichtliche Handlungsunfähigkeit der römischen Regierung. Schließlich wurde er, ohne vorher die vorgeschriebene senatorische Ämterlaufbahn absolviert zu haben, für das Jahr 70 v. Chr. zum Konsul gewählt.

Danach übertrug man ihm neuerlich einen Großauftrag: den mittelmeerweiten Kampf gegen die Piraten. In diesem Zusammenhang von Piraten oder Seeräubern zu sprechen, erweckt falsche Vorstellungen. Es ging nicht etwa um eine Handvoll Gesetzloser, die mit Piraterie ihr Glück versuchten, sondern um die Einwohnerschaften ganzer Städte und Regionen, die sich auf professionellen Sklavenhandel spezialisiert hatten. Es handelte sich also, wenn man so will, um eine durchorganisierte und international agierende Wirtschaftsbranche, die den Fernhandel Roms empfindlich störte. Als die tollkühnen Seefahrer immer häufiger römische Händler überfielen und auch wohlhabende und hochstehende Römer entführten, um hohes Lösegeld zu erpressen, war Rom alarmiert. Auch der junge Caesar fiel im Jahr 75 v. Chr. in die Hände der Piraten, als er sich auf einer Bildungsreise nach Rhodos befand: Bei Milet wurde er entführt und mußte 40 Tage an Bord eines Piratenschiffes verbringen, ehe das Lösegeld eintraf. Doch auch mit einem jungen und privat reisenden Caesar war nicht zu spaßen: Wie Plutarch berichtete, drehte Caesar, kaum an Land gesetzt, den Spieß um und verfolgte nun seinerseits seine Entführer:

> Er sammelte sofort einige Schiffe, nahm mit ihnen, ohne Zeit zu verlieren, die Verfolgung der absegelnden Piraten auf, brachte sie in seine Gewalt und ließ sie, wie er ihnen oft zuvor [während der 40tägigen Wartezeit] im Scherz angedroht hatte, hinrichten. (Plutarch: Caesar-Vita 2)

Das Schlimmste aber war, daß wegen der unsicheren Meere Roms Getreideversorgung zusammenzubrechen drohte. Schließlich eröffnete der Senat gegen die Seeräuber einen regelrechten Krieg. Das war nicht einfach, denn das ‹Reich der Seeräuber› bestand aus einem Netz von Küstenstädten, die auf Inseln und an Küsten zahllose feste Ankerplätze und Häfen unterhielten, und ihre gut ausgestatteten Flotten beherrschten das gesamte Mittelmeer. In dieser Situation besann man sich wiederum auf die Dienste des Pompeius und verlieh ihm ein außerordentliches Kommando, ein sogenanntes *imperium extraordinarium*, von einem bisher nie dagewesenen, geradezu unerhörtem Ausmaß. Ein *imperium* (Befehlsgewalt) war die (weitgehend) unbeschränkte militärische und richterliche Gewalt, die den höchsten Beamten für einen bestimmten Bereich und für eine bestimmte Zeit zugeteilt wurde, z. B. um eine Provinz für ein Jahr zu verwalten. Doch die außerordentliche Machtfülle, die Pompeius nun vom Senat erhielt, umfaßte eine Vielzahl herkömmlicher ‹Provinzen›: eine beinahe unbeschränkte Weisungsbefugnis für die Dauer von drei Jahren im gesamten Mittelmeer, einschließlich der Küstenstreifen in einer Breite von 75 Kilometern. Das betraf nicht nur alle Hafenstädte, sondern auch zahllose weitere Handelsstädte. Dazu kamen unter anderem 500 Schiffe und 20 Legionen, ferner gewaltige Geldmittel. Plutarch urteilt treffend, daß man mit diesem *imperium* Pompeius «nicht nur das Kommando zur See, sondern geradezu die Alleinherrschaft und die uneingeschränkte Befehlsgewalt über alle Menschen übertrug» (Plutarch: Pompeius-Vita 25).

Wie angesichts der drückenden Probleme Pompeius einerseits gebraucht, andererseits aber auch gefürchtet wurde, zeigt ein Satz des berühmten Redners Hortensius, den uns Cicero aus den damaligen Senatsdebatten über den Oberbefehl des Pompeius überliefert hat: «Gewiß, wenn man einem alles zuteilen muß, dann ist Pompeius der würdigste; aber man darf nicht einem alles zuteilen.» (Cicero: Für den Oberbefehl des Gnaeus Pompeius 52) Dennoch wurde Pompeius mit breiter Unterstützung in Senat und Volksversammlung – übrigens auch von Cicero, der sich das Wohlwollen des Pompeius für seine weitere Karriere sichern wollte –, sogar für diesen Großauftrag für würdig befunden, und es wurde ihm ‹alles› zugeteilt. Und wieder machte Pompeius seinem großen Namen Ehre, besiegte binnen kürzester Zeit die Seeräuber und siedelte diese in festen Städten fern vom Meer an (67 v. Chr.).

Doch sein größtes Unternehmen stand ihm noch bevor. Mithridates, der mächtige König von Pontos, den Sulla fünfzehn Jahre zuvor eilig in die Schranken gewiesen hatte, um dann mit seinen Feinden in Rom und Italien abzurechnen, hatte sich in Asien und um das östliche Schwarze Meer herum ein Reich erobert und bedrohte die kleinasiatischen Provinzen Roms. Seit einigen Jahren hatte Lucullus das Kommando gegen Mithridates inne, doch sein Feldzug kam vor allem nach Auffassung der *publicani* – der Steuerpächter, die sich durch den Krieg um ihre Rendite gebracht sahen –, nicht schnell genug voran. Pompeius, wiederum mit einem *imperium extraordinarium* ausgestattet, übernahm den Oberbefehl und unterwarf und ‹befriedete› in kürzester Zeit nicht nur das Königreich Pontos, sondern den gesamten Osten von Kleinasien über Syrien bis nach Judäa. Dabei kam sein organisatorisches und logistisches Talent nicht nur in den Feldzügen, sondern auch bei der Neuordnung der unterworfenen und botmäßig gemachten Gebiete zum Vorschein. Nachdem er sich über die jeweiligen politischen Verhältnisse gründlich informiert hatte, schnitt er das riesige Gebiet neu zu. Er vergrößerte die Provinz Bithynien durch pontische Gebiete, schuf die Provinz Syria neu, verkleinerte Judäa und gliederte es dem römischen Reich ein. Einige Gebiete beließ er als Klientelfürstentümer, die von lokalen Herrschern regiert wurden. Pompeius hatte sie entweder neu eingesetzt oder bestätigt und sich so ihre Ergebenheit gesichert. Er gründete zu Verwaltungszwecken neue Städte, einige davon trugen seinen Namen, z. B. Pompeiopolis, Magnopolis, Megalopolis – die letzteren nach seinem Beinamen «der Große», den er zu einem festen Bestandteil seines Namens gemacht hatte. Am Ende galt er in den Ländern des Ostens als Friedensbringer und Ordnungsstifter, als Garant für Ruhe und Wohlstand. Er selbst propagierte sich als Patron der Provinzbevölkerung und der von ihm abhängigen Fürsten. Die üppige Kriegsbeute erlaubte es ihm, seine Legaten und Soldaten für ihre Dienste fürstlich zu belohnen.

In Rom nahm man seine Erfolge mit gemischten Gefühlen auf. Einerseits bewunderte man seine Großtaten, andererseits sah man mit Sorge seine wachsende Macht und Unabhängigkeit. Pompeius ‹der Große› wurde den Römern zu groß. Cicero nannte ihn einmal im Hinblick auf diese Zeit *princeps civitatis* (erster Mann im Staat). Dieser Ehrentitel, den Augustus zur dauerhaften Bezeichnung seiner Stellung aufgreifen sollte, kam dem angesehensten und einflußreichsten Mann im Senat zu, war also durchaus mit der senatorischen Rangordnung der alten Republik vereinbar. Doch das Machtpotential, das Pompeius nun aufzuweisen hatte, überwog das aller übrigen Senatoren zusammen. Das Gleichgewicht der Kräfte im Senat drohte verlorenzugehen. Als dann Pompeius nach der Neuordnung ganz Asiens sich wieder nach Westen wandte, mit seinem Heer über die Adria setzte und wie einst Sulla im süditalischen Brundisium (Brindisi) eintraf (61 v. Chr.), blickte man in Rom gebannt auf den übermächtigen General, der im Handstreich, wenn er nur wollte, Rom einnehmen konnte. Sullas Marsch auf Rom und seine blutige Diktatur lagen gerade zwei Jahrzehnte zurück. Doch Pompeius dachte gar nicht daran, mit militärischen Mitteln die alleinige Macht auch über Rom zu erringen, sondern ihm ging es um etwas anderes: um *dignitas*, um die Anerkennung seiner Leistung durch den Senat und damit auch um die Bestätigung seiner Nobilität. Pompeius, dessen Macht die Maßstäbe der Adelsrepublik gesprengt hatte, blieb mit seinen politischen Zielen ganz im Rahmen dessen, was der *mos maiorum*, das ungeschriebene Gesetz der aristokratischen Tradition, für einen erfolgreichen Feldherrn vorsah. Zur Überraschung seiner Zeitgenossen entließ er sogleich sein ganz auf ihn eingeschworenes Heer – und beraubte sich damit fürs erste seines stärksten Druckmittels, um im Senat seine Asienpolitik zu Ende zu führen. Er hatte zwar die Verhältnisse im Osten im Alleingang neu geregelt, doch seine Maßnahmen (*acta Pompei*) mußten ebenso vom Senat nachträglich genehmigt werden wie die nun fällige Versorgung seiner Veteranen mit Ackerland. Pompeius beantragte also verfahrensgemäß und mit begründeter Erwartung die nachträgliche Ratifizierung seiner Neuordnung Asiens und die versprochenen Landzuteilungen für seine Soldaten. Doch der Senat ließ den Feldherrn ohne Heer im Regen stehen – die Ratifizierung wurde immer wieder verzögert. Damit demonstrierte zumindest der optimatische Teil des Senats seine eigene Macht und schwächte zugleich die des Pompeius: Wurde doch Heer, Provinzen und Klientelstaaten deutlich vor Augen geführt, daß die Taten des Völker-Patrons Pompeius nichts galten, wenn der Senat von Rom es nicht wollte.

Die Blockadehaltung des Senats war ein ebenso einfallsloser wie verfehlter Versuch, Pompeius den Großen wieder auf ein republikanisches Maß zurückzustutzen. Der regierte erst ratlos, dann verärgert: Wenn er seine Politik nicht im Senat durchsetzen konnte, dann mußte er nach einem anderen Weg suchen. Gerade zu dieser Zeit kam Caesar aus Spanien zurück, wo er Proprätor gewesen war, und sah seine Chance, Pompeius für sich zu gewinnen. Dies war der Ursprung des ersten Triumvirats.

Der sechs Jahre ältere Pompeius war für Caesar Herausforderung und Warnung in einem. Seine Kriege und Klientelpolitik hatten Pompeius berühmt und und zum ersten Mann im Staat gemacht, doch gerade sein Ruhm und seine Vorrangstellung hatten ihn, der immer im Auftrag des Senats gehandelt hatte, zugleich auch um die Anerkennung eben desselben Senats gebracht. Der Historiker Martin Jehne kommt zu der Feststellung: «Die gigantische Macht, die ein Mann wie Pompeius im römischen Reich angesammelt hatte, ließ sich nur in Maßen in die römische Innenpolitik transferieren» (Jehne, 2015, 39). Als Caesar ein Jahrzehnt später nach der Eroberung Galliens vor demselben Problem wie Pompeius stand, griff er Rom mit Waffengewalt an und schlug den Senat in die Flucht.

Außergewöhnlich oder regulär? Caesars Wesen und Werdegang bis zu seinem Konsulat

Der historische Durchgang von der Gracchenzeit (132 v. Chr.) bis zum ersten Triumvirat (60 v. Chr.) erhellt, daß die Ausnahmeerscheinung Caesar nicht aus dem Nichts kam, sondern durch verhängnisvolle Präzedenzfälle, die die alten Strukturen der Republik zersetzten, vorbereitet und ermöglicht wurde. Es war vor allem der ungeheure Machtzuwachs einzelner Männer, den die spezifischen Umstände der späten Republik ermöglichten, ja zur Bewältigung außenpolitischer Aufgaben sogar erforderten. Zwar kannte die Republik schon immer Senatoren, meist Konsulare, die aufgrund ihrer Verdienste als oberste Autorität anerkannt und daher *principes senatus* (Erste des Senats) oder *principes civitatis* (Erste der Bürgerschaft) genannt wurden, aber ihre Vorrangstellung basierte allein auf der Zustimmung des Senats. Seitdem jedoch die Popularen die Volksversammlung gleichsam als Gegen-Senat etabliert hatten, war dem Senat das Monopol genommen, Macht und Einfluß seiner Mitglieder zu steuern. Durch die gehäufte Vergabe von außerordentlichen Kommandos trugen Senat und Volksversammlung gleichermaßen zum ausufernden Machtzuwachs von wenigen Einzelnen bei. Pompeius war nicht der einzige Träger von *imperia extraordinaria*, auch Politiker wie Crassus oder Antonius, der Vater des späteren Triumvirn Marcus Antonius, kamen in deren Genuß. Die Folge der Akkumulation von Macht und Befehlsgewalt bei Einzelpersonen war, wie das Beispiel des Pompeius zeigt, daß das Klientelwesen auf ganze Regionen und Armeen ausgedehnt wurde. Überdies konnten, durch Kriege und Krisen reich geworden, Privatleute aus eigenen Mitteln ein Heer aufstellen. Der Finanzmagnat Crassus pflegte, wie Cicero berichtet, zu sagen, niemand könne sich wirklich reich nennen, wenn er nicht aus eigenem Vermögen eine Armee unterhalten könne (Cicero: Vom rechten Handeln 1,25; vgl. Plutarch: Crassus-Vita 2). Die auf solche Weise mächtig Gewordenen konnten ihre Macht durch Privatbündnisse vervielfältigen, die Senatsaristokratie verlor ihren Einfluß an diese wenigen, die untereinander um die höchste Machtposition im Staat stritten. Die Monarchie lag in der Luft, Machthaber wie Marius, Sulla, Pompeius und Caesar figurierten somit als Vorläufer des augusteischen Prinzipats.

Doch zunächst war Caesars politischer Werdegang – anders als der des Pompeius – alles andere als ungewöhnlich: Bis zum Jahr 60 v. Chr., also bis zum ersten Triumvirat, durchlief Caesar die typische spätrepublikanische Karriere eines Adeligen aus altrömischer Familie. Durch eine geschickte Heiratspolitik verband er, dessen Familie zwar zu den ältesten, aber nicht zu den herrschenden der damaligen Nobilität gehörte, sich nacheinander mit Geld und Hochadel und wurde so in den Kreis der Mächtigen aufgenommen. Er absolvierte alle Ämter des *cursus honorum* jeweils sogleich nach Erreichen des vorgeschriebenen Mindestalters (*suo anno*), übernahm Priesterämter und errang als Proprätor erste bedeutende militärische Erfolge in Spanien. Politisch stand er von Anfang an durch familiäre Verbindungen mit Marius und Cinna den Popularen nahe – Marius war ein angeheirateter Onkel, Cinnas Tochter seine erste Frau. Nach deren Tod suchte er die Verbindung mit Pompeius, indem er dessen Ernennungen zum Oberbefehlshaber gegen die Piraten und gegen Mithridates unterstützte und indem er eine von Pompeius' Verwandten, eine Enkelin Sullas, heiratete. So hatte er verwandtschaftliche Beziehungen zu beiden Bürgerkriegsgegnern der 80er Jahre, zu Marius und zu Sulla.

Sucht man in Caesars Leben bis zum Triumvirat nach Ereignissen, die seine spätere welthistorische Bedeutung ankündigen, wird man nicht recht fündig. Zumindest hielt sich zunächst alles, was er tat, in den – wenngleich weitgesteckten – Grenzen des damals Üblichen; oder anders formuliert: Er agierte so, wie es der sich meist im Ausnahmezustand befindende Staat von ihm verlangte, und er tat damit nicht viel anderes als andere, mit ihm konkurrierende junge *nobiles* auch. Es kann keine Rede davon sein, daß Caesar von Beginn seiner Karriere an nach Alleinherrschaft gestrebt oder gar eine neue Staatsform ins Auge gefaßt hatte, die die alte

Republik ablösen und Rom für die neuen imperialen Aufgaben tauglich machen sollte. Diese Vorstellung entspringt dem Bedürfnis vieler antiker und einiger moderner Geschichtsschreiber, den ungewöhnlichen Erfolg Caesars auf dessen angeblich von vornherein vorhandene Vision zurückzuführen: Er habe seinen Aufstieg zur Alleinherrschaft von Anfang an und zielstrebig geplant, um dann in dieser Position von allen Konkurrenten unbehindert eine neue Staatsform schaffen zu können. Die scheinbare Stringenz seiner Entscheidungen und Taten aber entsteht erst im historischen Rückblick und im Wissen darum, daß sie zur Entstehung des Prinzipats beigetragen haben.

Welche Absichten verfolgte Caesar aber wirklich und aus welchen Gründen? Es ist immer problematisch, Vermutungen über Motive, Pläne und Ziele historischer Personen anzustellen, vor allem wenn, wie bei Caesar, kaum gesicherte Selbstzeugnisse oder solche von Zeitgenossen vorliegen. Man kann und darf aber von den äußeren Lebensumständen, der gesellschaftlichen Stellung, dem zeitgenössischen Umfeld und den Zeugnissen späterer Schriftsteller Rückschlüsse auf mögliche innere Beweggründe ziehen, auch wenn der Versuch, in eine Person hineinzublicken, immer spekulativ bleiben wird.

Ein wichtiger Aspekt, der Caesars Handeln wesentlich bestimmt haben dürfte, ist seine adelige Herkunft: Er war ein römischer Aristokrat der ausgehenden Republik, der aus ähnlichen Gründen mit ähnlichen Mitteln ähnliche Ziele verfolgte wie viele andere ehrgeizige Aristokraten seiner Zeit. Nach den Maßstäben seines Standes ging es Caesar in erster Linie nicht um politische Inhalte oder Ideale, nicht um die Sache der Popularen oder die der Optimaten, nicht um die Verfassung des Staates, sondern vor allem um Würde (*dignitas*), Ruhm (*gloria*) und Macht (*potestas*) seiner Person und seiner Familie (*gens*). Dafür vermehrte und unterstützte er seine Klientele und schloß politische Bündnisse und Freundschaften zu Zwecken wechselseitiger Förderung. Es ist unverkennbar, wie sehr er sich in den alten vornehmen Wettstreit um Ehre und Ansehen eingelassen hat, den die Nobilität Roms seit alters im Senat und auf dem Forum ausfocht. Diese Führungsspitze der römischen Gesellschaft war eigentlich der römische Staat (*res publica*), oder vielmehr: Sie machte ihn sich nutzbar. Das galt vor allem für die uralten Geschlechter der Patrizier. «Sie konnten», so der Historiker Ronald Syme, «sowohl die Monarchie als auch die Demokratie ihren Zwecken dienstbar machen, um das Ansehen ihrer Person und ihrer Familien zu erhöhen. Die Verfassung tat nichts zur Sache, sie waren älter als die römische Republik.» (Syme, 1992, 68) Und so sah es wohl auch Caesar, der Patrizier aus dem Hause der Julier, hat er doch später einmal den bemerkenswerten Satz geäußert, daß der Staat ein Nichts sei, nur ein Name ohne Körper und Gestalt (Sueton: Caesar-Vita 77). Nach dieser Auffassung steht und fällt der Staat mit der Nobilität und nicht etwa mit seiner gesetzlichen Grundlage; Caesars Ausspruch formuliert sein aristokratisches Selbstverständnis und seinen politischen Anspruch.

Ganz aus dem Adel erwuchs also Caesars politische Haltung und Laufbahn. Sein Adel verlieh ihm unerschütterliches Selbstbewußtsein und unaufhaltsamen Ehrgeiz, erlaubte Stolz, Prunk und Selbstherrlichkeit, gebot kompromißloses Auftreten und eigenmächtiges Handeln, forderte von ihm große Taten und Streben nach Ruhm und ließ ihn wie selbstverständlich Anspruch auf Ämter, Ehren und Macht erheben. Sein Adel war also eine starke Triebfeder seines Tuns.

So fremd diese aristokratische Weltsicht uns auch erscheinen mag, nur aus ihr heraus können wir Caesars politische Motive und Ziele und sein daraus resultierendes Handeln verstehen. Er lebte und handelte in einer politischen Welt, in der es keine Parteien mit unterschiedlichen Programmen gab und in der bei Wahlen die Bürger demjenigen ihre Stimme gaben, der ihnen die größten Wahlgeschenke machte, besonders, wenn sein Name ihnen aus der Geschichte vertraut war, in einer Welt, in der Politiker mit öffentlichen Prachtbauten, aufwendigen Spielen und kostenlosen Festbanketts um die Gunst der Wähler warben, in einer Welt, in der vornehme Herkunft alles, äußerlicher Erfolg viel, Inhalte und sachliche Argumente aber kaum etwas zählten und in der die Aristokratie um sich selbst kreiste und dabei Krisen übersah und Reformen versäumte. Das traf nicht nur auf die konservativen Optimaten zu, sondern auch auf die angeblich reformorientierten Popularen. Viele Repräsentanten aus altem Adel traten als Popularen auf – wie etwa Licinius Crassus, Sergius Catilina, Clodius Pulcher und eben auch Caesar –, aber ihre revolutionäre Reformpolitik diente ebenso vor allem den eigenen Interessen wie die rückwärts gewandte Restaurationspolitik der Optimaten. Caesar baute, wie andere Popularen, auf die Gunst des Volkes. Er beschenkte es und es belohnte ihn.

Caesar unterschied sich also von seinen aristokratischen Konkurrenten nicht durch neue politische Ideen oder gar großartige Visionen, sondern nur durch seinen am Ende alles überragenden Erfolg. Worin aber lag das Geheimnis dieses Erfolgs? Gibt es überhaupt ein Geheimnis oder war es einfach nur Zufall, daß Caesar so viel Macht anhäufen konnte, daß er schließlich stärker wurde als die Nobilität, der er entstammte, und als der Staat, der ihn hervorgebracht hatte? Nicht selten wird sein überwältigender Erfolg auf die Einmaligkeit seiner Persönlichkeit zurückgeführt. Doch was war das Besondere an Caesar?

In dieser interessanten Frage sind wir auf Erzählungen und Anekdoten von antiken Schriftstellern, vor allem Plutarch und Sueton, angewiesen, die sich ihrerseits bereits ein – von Dritten vermitteltes – Bild von Caesar gemacht haben. Zudem ist dieses ganz vom weiteren Verlauf der Geschichte bestimmt. Dennoch entsteht bei der Betrachtung dessen, was uns die Antike aus Caesars Leben als denkwürdig überliefert hat, so etwas wie ein Charakterbild, kehren doch bestimmte Handlungsweisen und Charakterzüge mehrfach wieder.

Sowohl Sueton als auch Plutarch erwähnen als erste Tat Caesars, daß er, kaum 18jährig, sich dem Befehl des Diktators Sulla widersetzte, sich von seiner Gattin Cornelia, der Tochter Cinnas, zu trennen. Sulla fürchtete offenbar, daß Caesar als Julier, als Neffe des siebenmaligen Konsuls Marius und Schwiegersohn des viermaligen Konsuls Cinna das Bündnis zwischen diesen drei Familien noch mehr stärken würde, und er wollte dem jungen Patrizier eine Chance geben, die unterlegene Partei zu verlassen und seine Aufstiegschancen in der Partei der Sieger, der Optimaten, wahrzunehmen – so wie es übrigens Catilina, der spätere Verschwörer, getan hatte. Doch Sulla versuchte vergebens, Caesar zur Scheidung von Cornelia zu bewegen, wie Plutarch in seiner Caesar-Vita mitteilt:

> Als Sulla Herr von Rom war [82 v. Chr.] versuchte er vergeblich mit Drohungen und Versprechungen Caesar seiner Gattin Cornelia, der Tochter des einstigen Machthabers Cinna, zu entfremden. Deshalb zog er schließlich die Mitgift ein. (Plutarch: Caesar-Vita 1)

Der Julier Caesar fand aber prominente Fürsprecher, alles Optimaten, die sich bei Sulla hartnäckig für ihren Standesgenossen einsetzten. Schließlich gab ihnen der Diktator widerwillig nach, meinte aber, sie seien Toren, wenn sie nicht sähen, daß in Caesar nicht nur ein Marius stecke (Plutarch: Caesar-Vita 1; vgl. Sueton: Caesar-Vita 1). Damit spielte er auf Caesars Verwandtschaft mit Marius an, der sich den Optimaten widersetzt hatte.

Warum aber hatte sich Caesar Sulla widersetzt? Da die Marianer besiegt und Cinna tot war, gab es in einer Gesellschaft, in der die Ehe vor allem ein politisches Instrument war, keinen Grund, weshalb Caesar so eigensinnig auf seiner Verbindung mit Cornelia beharrte. Martin Jehne verweist zu Recht auf zwei zentrale Gründe:

> Ein adelsstolzer *nobilis* ließ sich gefälligst keine Anweisungen geben, und ein Patron stand verläßlich zu seinen Freunden und Abhängigen. Hier zeigte Caesar zum ersten Mal sein unerschütterliches Selbstbewußtsein und seine Übersollerfüllung in bezug auf patronale Verpflichtungen. (Jehne, 2015, 15)

In der Tat war für einen Aristokraten die Pflicht als Patron Ehrensache, und Caesar legte darauf besonderen Wert. So bestätigt auch

Sueton, daß Caesar bereits als junger Mann großen Einsatz und starkes Pflichtgefühl gegenüber seinen Klienten zeigte, und führt als Beispiel dafür an, daß Caesar einen numidischen Prinzen, den er als Patron erfolglos vor Gericht verteidigt hatte, zwei Jahre bei sich zu Hause versteckte und schließlich, als er nach seiner Prätur in die Provinz Spanien aufbrach, in seinem Geleit heimlich aus Rom schmuggeln konnte (Sueton: Caesar-Vita 71). Ein anderes Mal soll Caesar gesagt haben, wenn er seine Ehre mit der Hilfe von Banditen und Mördern verteidigen müßte, dann würde er ihnen auch Dank abstatten (Sueton: Caesar-Vita 72). Die aristokratische Tugend der *fides*, also die Achtung und Wahrung von Treueverhältnissen und Absprachen in Wort und Tat, galt im Zweifelsfall mehr als die Unterwerfung unter Gesetz und Gerichtsbarkeit – man kann sich vorstellen, wie das gleiche Verhalten heute beurteilt würde. Doch Caesar trug seine *fides* stolz vor sich her, und das demonstrative Hochhalten dieser Tugend kann durchaus als Grundzug seines politischen Handelns aufgefaßt werden. Er tat es auch aus Kalkül, und es erwuchs ihm großer Nutzen daraus, wenn nicht sofort, dann mittel- und langfristig: Er band auf diese Weise – ähnlich wie es Pompeius getan hatte – nicht nur Klienten und politische Freunde an sich, sondern ganze Städte und Regionen, die auf ihn setzten. Auch die starke Bindung seiner Soldaten und Offiziere an ihn läßt sich so erklären. Während – viel später – im Bürgerkrieg Pompeius, der im Auftrag des Senats kämpfte, durch Nachlässigkeit und Unschlüssigkeit viele Generäle an Caesar verlor, blieben Caesars Generäle fast alle treu, obwohl er gegen Rom kämpfte. Caesar legte Wert darauf, daß er jemand war, der hielt, was er versprach. Als ihm einmal während des Bürgerkrieges in Spanien die Gesandtschaft einer belagerten Stadt das Angebot machte, ihm die Stadt zu übergeben, wenn er nur ihr Leben schone, willigte er ein und verkündete stolz, er sei Caesar und werde für sein gegebenes Wort einstehen (Caesar: Spanischer Krieg 19,6). Es waren eben nicht politische Inhalte, sondern die sich aus Treueverhältnissen ergebenden Verpflichtungen, von denen sich Caesar leiten ließ, ob im Krieg oder in der Politik. Diese vornehme Verläßlichkeit und Beständigkeit demonstrierte er in allen Bereichen des gesellschaftlich-politischen Beziehungsgeflechts: als Patron, als Partner in politischen Bündnissen und als popularer Politiker. Man kann sagen, daß alle Kontinuität seiner Politik letztlich dieser seiner vom adeligen Ideal der *fides* geprägten Haltung geschuldet war.

Kehren wir zu den Anfängen von Caesars Karriere zurück: Ohne militärische Meriten konnte man in der ausgehenden Republik keine echte Machtbasis aufbauen. Wollte man zu den Ersten zählen, mußte man im Hintergrund ein Heer zur Verfügung haben, mit dem oder mit dessen Veteranen, wenn sie bei Wahlen mobilisiert wurden, man Rom unter Druck setzen konnte. Cicero war der einzige Spitzenpolitiker seiner Zeit, der auf militärischen Ruhm und eine Heeresklientel verzichten zu können glaubte und nur mit der Macht des Wortes und einer rechtschaffenen Gesinnung den Staat führen wollte. Er erreichte zwar das Konsulat, aber an der Spitze konnte er sich nicht halten. Caesar hingegen machte früh von sich als Offizier reden – Senatorensöhne kamen sogleich in den Offiziersstab. So erhielt er bereits bei seinem ersten Einsatz in Kleinasien im Kampf gegen eine mit Mithridates verbündete Stadt die sogenannte Bürgerkrone (80 v. Chr.), einen Kranz aus Eichenlaub, der als hoher Orden für die Rettung eines Mitbürgers im Kampf verliehen wurde (Sueton: Caesar-Vita 2). Was den Offizier Caesar auszeichnete, war nicht nur Tapferkeit, sondern vor allem der Mut, Initiative zu ergreifen und auf eigene Faust zu agieren. Für diese Einsatzbereitschaft, die bis an die Grenze zur Eigenmächtigkeit ging, gibt es schon aus Caesars jungen Jahren Zeugnisse. Sueton (Sueton: Caesar-Vita 4,2) berichtet, daß Caesar auf die Nachricht eines feindlichen Truppeneinfalls in die Provinz Asia (75 v. Chr.) sofort von Rhodos, wo er einen Studienaufenthalt genoß, aufs Festland übersetzte, dort auf eigene Initiative Hilfstruppen zusammenzog und den Angriff abwehrte; Caesar war damals 25 Jahre alt und stand gerade erst am Anfang seiner Laufbahn. Äußerst eigenständig agierte er auch bei seiner schon erwähnten Entführung, als er die Piraten, die ihn in Geiselhaft genommen hatten, nicht nur nach seiner Freilassung unverzüglich verfolgte und festsetzte, sondern auch höchstpersönlich für ihre Hinrichtung sorgte, weil in seinen Augen der dafür zuständige Provinzverwalter viel zu zögerlich vorging. Das war dreist, entsprach aber durchaus dem Gebaren, das einem *nobilis* in der Provinz zustand. In den Provinzen konnten sich schon gewöhnliche Römer, die Beziehungen zu den Mächtigen hatten, einiges herausnehmen, Adelige aber konnten sich, selbst wenn sie kein Amt hatten, dort fast wie Könige gerieren – anders als in Rom, wo sich die konkurrierenden Oligarchen gegenseitig eifersüchtig überwachten und jeden Übergriff und jede Anmaßung empfindlich registrierten.

In Rom nun legte Caesar von Anfang an Wert darauf, sich und seine Familie in der Öffentlichkeit angemessen zu repräsentieren. Nach dem Tod seiner Tante Julia inszenierte er, gerade erst Quästor (69 v. Chr.), stolz die ehrwürdige Herkunft seiner Familie. Seit jeher nutzte die römische Aristokratie zu diesem Zweck ihre Totenfeiern mit öffentlichem Leichenzug (*pompa funebris*), um mit großem Aufwand sich und ihre *gens* im wahrsten Sinne des Wortes ‹in Szene zu setzen›. Für den griechischen Historiker Polybios (2. Jahrhundert v. Chr.), der als Ausländer lange in Rom lebte und in den höchsten Kreisen verkehrte, gehörte das Spektakel der *pompa funebris* zum Eindrucksvollsten und Typischsten, was er in Rom zu sehen bekam (Polybios: Historien 6,53 f.). Im Leichenzug, der über das Forum führte, wurden die Totenmasken berühmter Vorfahren von Sklaven und Freigelassenen getragen, so daß nicht nur die Hinterbliebenen, sondern gleichsam das gesamte Geschlecht den Verstorbenen zu Grabe zu geleiten schienen. Entsprechend wurden in den öffentlichen Leichenreden die Verdienste nicht nur des Verstorbenen, sondern aller berühmten Ahnen gepriesen und in Erinnerung gerufen. Für einen jungen *nobilis* war dies eine gute Gelegenheit, seine Treue (*pietas*) zur eigenen Familie und zu deren politischer Tradition zu demonstrieren und zugleich den einen oder anderen politischen Akzent zu setzen, welchem Vorbild er sich besonders verpflichtet fühlte.

In dieser Tradition stand Caesar, als er auf seine Tante Julia, die Witwe des Marius, die Leichenrede hielt. Er positionierte sich dabei so, daß es einem Eklat gleichkam. Denn er scheute nicht die Erinnerung an den umstrittenen Marius, dessen Maske er auch im Leichenzug mitführen ließ, und stellte sich damit in eine populare Linie, was damals riskant war, zumindest provokant. Selbstbewußt hatte er, dessen Familie nicht zu den führenden Roms zählte, außerdem keinerlei Bedenken, die Herkunft seines Geschlechts gar auf Könige und Götter zurückzuführen. Sueton hat uns einen Ausschnitt der Rede überliefert:

> Mütterlicherseits stammt das Geschlecht meiner Tante Julia von Königen ab, von seiten des Vaters ist es mit den unsterblichen Göttern verwandt. Denn von Ancus Marcius stammen die Marcischen Könige ab, das war der Name ihrer Mutter; von Venus stammen die Julier ab, unsere Familie gehört zu diesem Geschlecht. In unserem Geschlecht steckt sowohl die Unverletzlichkeit der Könige, die bei den Menschen die größte Macht haben, wie auch die Heiligkeit der Götter, unter deren Gewalt wiederum die Könige selbst stehen. (Sueton: Caesar-Vita 6)

Die Totenfeier für Julia zeigt, wie Familie und Staat, Privatleben und Politik im Selbstverständnis des römischen Adels untrennbar miteinander verbunden waren. Denn die Familiengeschichte war ein Teil der Geschichte Roms, und die alte Familientradition verpflichtete die gegenwärtigen Repräsentanten des Geschlechts. So dienten die Leichenfeierlichkeiten nicht nur der Demonstration der ruhmvollen Vergangenheit, sondern auch der aktuellen Familienpolitik: Wenn Caesar die Totenmaske des Marius, der seit Sulla und dem Sieg der Optimaten aus dem kollektiven Gedächtnis der Römer verbannt worden war, im Leichenzug mitführen ließ, dann weckte er damit die Erinnerung an die Taten seines Onkels und bekannte sich damit offen zu ihm und dessen popularer Politik. Die Familientradition verpflichtete: Daher verstand man die Wiederbelebung der Erinnerung an Marius, den siebenmaligen Konsul und Sieger über Jugurtha und über die Kimbern und Teutonen, nicht unbedingt als Angriff auf die Optimaten oder als politisches Programm, wohl aber als ambitioniertes Zeichen zukünftiger politischer Ansprüche und Positionen. Und in der Tat lieferte Caesar drei Jahre später – er war nun als Ädil (66 v. Chr.) auch für die Gestaltung öffentlicher Plätze zuständig – ein unmißverständliches und weithin sichtbares Zeugnis seiner politischen Zugehörigkeit. Heimlich und bei Nacht ließ er die Siegesstatuen des Marius auf dem Kapitol wiederaufstellen, die Sulla einst hatte entfernen lassen. Über diese eigenmächtige Tat waren die Optimaten entsetzt, das Volk aber applaudierte, und so blieben die Standbilder des Marius – zur Freude der Popularen – auf dem Forum stehen.

Auf unserer Suche nach Besonderheiten, die für Caesar bezeichnend gewesen sein könnten, stoßen wir immer wieder auf Anekdoten, die seinen unerschütterlichen Glauben an sein besonderes Glück belegen. Caesar war für sein mutiges Vabanquespiel, das seinen Politikstil prägte, berühmt und berüchtigt. So setzte er beispielsweise alles auf eine Karte, als er sich kurz vor der Bewerbung um die Prätur auch um das Amt des *Pontifex maximus* (Oberpriester) bewarb und, um sich gegen zwei 20 Jahre ältere Mitbewerber – beide hochangesehene ehemalige Konsuln – durchzusetzen, riesige Summen für Wahlgeschenke oder besser gesagt für Bestechungsgelder ausgab. Daß ihm dieses Priesteramt so wichtig war, ist ein Hinweis auf seine weit über die Prätur hinausgehenden Ambitionen. Es war ein Spiel um alles oder nichts. Wäre er bei der Wahl zum Oberpriester durchgefallen, dann wäre das aller Wahrscheinlichkeit nach auch das Ende seiner politischen Karriere und damit der Anfang des persönlichen Bankrotts gewesen. Denn als durchgefallener Kandidat hätte er wohl kaum die Prätur erhalten, das erste Amt, das aufgrund der sich daran anschließenden Statthalterschaft mit erheblichen finanziellen Einnahmen verbunden war. Es heißt, daß Caesar, als er morgens zur Wahl aufbrach, sich von seiner Mutter mit den Worten verabschiedete, er werde am Abend entweder als Oberpriester oder gar nicht mehr nach Hause zurückkehren. Caesar gewann die Wahl und zog aus seinem Wohnhaus in der einfachen Wohngegend der Subura in den vornehmen Amtssitz des *Pontifex maximus* an der *Via Sacra.*

Caesar war, wie selbst Cicero, der erste Redner Roms, zugeben mußte, ein herausragender Redner. Mit gelungenen rhetorischen Auftritten konnte man sich selbst oder Freunde in Ämter bringen oder vor Verurteilungen bewahren und sich so Gunst und Anerkennung verschaffen. Mit Reden wurde im Senat und vor dem Volk Politik gemacht. Caesar nutzte die Kraft seiner Rede, um in die Politik einzugreifen, und er tat das früher und nachdrücklicher, als es seinem Alter eigentlich entsprochen hätte: Als Cicero im Jahre 63 v. Chr. den Senat darüber abstimmen ließ, wie mit den dingfest gemachten Mitgliedern der Catilinarischen Verschwörung zu verfahren sei, äußerten sich die Senatoren wie üblich in der Reihenfolge ihres Ranges, beginnend mit den designierten Konsuln, dann folgten die Konsulare. An jenem Tag waren 14 Konsulare anwesend, und nachdem sie sich der Reihe nach geäußert hatten, schien das Meinungsbild schon festzustehen: Alle folgten dem Antrag des designierten Konsuls Decimus Silanus, der die Todesstrafe gefordert hatte. Doch dann geriet die Abstimmung überraschend ins Stocken: Caesar, der designierte Prätor, sprach sich vehement gegen eine Hinrichtung und statt dessen für eine lebenslange Haft der Catilinarier aus und erreichte, daß die ihm nachfolgenden Senatoren seinem Vorschlag zustimmten. Selbst Silanus änderte im nachhinein unter dem Eindruck der Rede Caesars sein Votum. Das war für einen zukünftigen Konsul ein peinlicher Auftritt, der dadurch nicht besser wurde, daß Silanus behauptete, er habe mit dem Antrag auf Höchststrafe – er sagte wohl *supplicium* – gar nicht die Todesstrafe gemeint. Daß Caesar sich in diesem Fall letztlich doch nicht durchsetzte, lag an Cato, dem designierten Volkstribunen, der mit einer fulminanten Rede die Stimmung ein weiteres Mal drehte. So bestimmte an diesem Tag der Schlagabtausch zweier junger Männer, Caesars und Catos, die Senatsdebatte, und nicht die Meinungsäußerungen der etablierten

Staatsmänner. Auch wenn Caesar mit seiner Rede keinen unmittelbaren Erfolg erzielte, so hatte er doch seinen machtpolitischen Anspruch eindrucksvoll erhoben und den Senatoren unmißverständlich vor Augen geführt, wie sehr sie mit ihm würden rechnen müssen. Die Reden Catos und Caesars in dieser Senatssitzung machten auch auf andere Weise Geschichte: Der Historiker Sallust bot etwa 30 Jahre später in seiner historischen Monographie *Bellum Catilinae* eine literarische Version dieses Rededuells, um von diesen beiden Männern, die für immer erbitterte politische Gegner bleiben sollten, ein politisches Portrait zu entwerfen. Es ist überrascht daher nicht, wenn auch Plutarch sich über Caesar als Redner äußert:

> Übrigens besaß Caesar, wie es heißt, eine außerordentliche Begabung als politischer Redner und bildete seine Anlagen in ehrgeizigem Eifer aus, so daß er unbestritten als der zweitbeste Redner galt [als bester Redner galt Cicero]; auf den Ruhm, der beste zu sein, verzichtete er bei der Fülle seiner Arbeit gern, weil ihn lieber Krieg und Waffen an die Spitze tragen sollten. So erreichte er das Ziel nicht, auf das die Natur ihn mit seiner Redegabe hingewiesen hatte, weil ihn Krieg und Politik lockten und später zum Herrn des Reiches machten. Er sprach selbst später in der Antwort auf Ciceros Schrift *Cato* den Wunsch aus [im sogenannten *Anti-Cato*], man möge die Worte eines Soldaten nicht messen an der Kunst eines geschickten Redners, der ja auch Muße genug habe. (Plutarch: Caesar-Vita 3)

Daß er als guter Soldat kein guter Redner sei, ist nicht bloßes Understatement, sondern eine sarkastische Anspielung auf einen alten römischen Gemeinplatz, der den Mann der Tat dem Mann der Worte gegenüberstellt – natürlich zugunsten des Mannes der Tat. Diesen Topos hatte Marius als militärischer Aufsteiger und *homo novus* gegen den eingesessenen Adel samt dessen literarischer Bildung bemüht und damit zugleich die üblichen Vorurteile gegen die Redekunst, insbesondere die griechische, heraufbeschworen. Die Römer hegten ein grundsätzliches Mißtrauen gegen die ‹sophistische› Rhetorik, was sich noch in Caesars Jugendzeit im zeitweiligen Verbot von Rhetorikschulen in Rom äußerte. Mit seiner Bemerkung über sich als Soldaten, der nicht viele Worte zu machen weiß, gibt Caesar gewissermaßen den Marius, als ob auch er vor lauter Feldarbeit und Kriegsdienst nie Muße zu höherer literarischer und rhetorischer Bildung gehabt hätte. Sie ist also Teil seiner popularen Selbstinszenierung und ein Seitenhieb gegen Cicero, keine ernstgemeinte Absage an die Rhetorik – auch wenn Plutarch es so verstanden hat. Daß Caesar ein glänzender Redner war, hatte nicht zuletzt sein Plädoyer gegen die Hinrichtung der Catilinarier gezeigt – und Cicero hätte dies nie bestritten.

Caesar wurde also Prätor (62 v. Chr.), und auch in diesem Amt fiel er, wenn man den Quellen Glauben schenkt, durch seinen selbstbewußten Politikstil auf. Als er wegen seiner forciert popularen Politik vom Senat seines Amtes enthoben wurde, übrigens auch ein Akt von fragwürdiger Legalität, kümmerte ihn das nicht – er führte einfach seine Amtsgeschäfte fort. Dadurch erreichte er schließlich, daß die Amtsenthebung offiziell wieder rückgängig gemacht werden mußte. Für die Zeit nach der Prätur fiel ihm dann durch das Los die Verwaltung einer der beiden spanischen Provinzen zu, und er wollte sogleich, noch bevor er ordnungsgemäß in sein Amt eingesetzt war, gegen alles Recht und Herkommen (Sueton: Caesar-Vita 18,1) nach Spanien aufbrechen, um dort, wie er behauptete, möglichst schnell einem Hilfegesuch der Einwohner nachzukommen; seit seiner spanischen Quästur verstand er sich nämlich als deren Patron. In Wirklichkeit hatte Caesar einen anderen, triftigeren Grund für seine rasche Abreise in die Provinz: Um prächtige Spiele und großzügige Wahlgeschenke zu finanzieren, hatte er sich sogar für damalige Verhältnisse in einem Maß verschuldet, das seine Gläubiger in Unruhe versetzte. Kein Wunder, daß die Gläubiger den kurzen Zeitraum zwischen Prätur und Statthalterschaft, in dem ihr Schuldner keine Immunität genoß, nutzen wollten, um die Begleichung der Schulden notfalls gerichtlich durchzusetzen. Sie ließen Caesar erst nach Spanien ziehen, als der reiche Crassus – nun zahlte sich Caesars lang gepflegte Beziehung zu dem Finanzmagnaten aus – für einen Teil seiner Schulden bürgte. Feldzüge in Spanien füllten schließlich seine Taschen mit reicher Beute, der Kreislauf des Geldes, der die Politik Roms am Laufen hielt, hatte sich wieder einmal geschlossen.

Für die Zeit seiner spanischen Statthalterschaft sind zwei weitere Anekdoten überliefert, die oft als Beleg für Caesars Streben nach Macht und Ruhm dienen: So soll Caesar in Tränen ausgebrochen sein, als er in Spanien eine Statue Alexanders des Großen sah, weil dieser in seinem Alter schon die ganze Welt unterworfen, er aber noch nichts Denkwürdiges geleistet habe (Sueton: Caesar-Vita 7 bzw. Plutarch: Caesar-Vita 11). Und als er einmal durch ein armseliges Alpendorf ritt und seine Begleiter sich über die Einfachheit der Bewohner lustig machten, da soll Caesar sein berühmtes Diktum getan haben: «Ich möchte lieber hier der erste sein, als in Rom der zweite.» (Plutarch: Caesar-Vita 11)

Einige dieser Aussprüche und Anekdoten gehören wohl ins Reich der retrospektiven Legendenbildung; dennoch erfassen sie etwas vom Charakter des echten Caesar. Wenn man der Frage nicht ausweichen will, welche Beweggründe und Ziele Caesar eigentlich antrieben und was das Besondere an ihm war, so bleibt einem nichts anderes übrig, als aus der Summe dessen, was die antiken Historiker uns überliefert haben, ein plausibles und in den Kontext seiner Zeit eingebettetes Bild seiner Persönlichkeit zu erschließen: Herausragend waren offenbar Caesars äußerst ausgeprägtes aristokratisches Standesbewußtsein und damit verbunden sein schier grenzenloser Ehrgeiz, der ihn immer wieder zu höchstem politischen, finanziellen und bisweilen auch physischen Einsatz anspornte. Alle Handlungsmaximen, mit denen er sich hervortat, lassen sich letztlich auf das elitäre und unantastbare Standesbewußtsein eines Patriziers zurückführen: Er beanspruchte für sich eine politische und militärische Karriere, die ihm jene öffentliche Anerkennung bringen sollte, wie sie ihm nach seinem Selbstverständnis zustand. Dabei ließ er sich von nichts und niemandem beirren, handelte selbstbestimmt und manchmal gefährlich eigenmächtig, war bis zum Eigensinn kompromißlos, und in seinem Ehrgeiz verriet er nicht nur große Leistungs-, sondern auch beängstigende Risikobereitschaft. Immer wieder setzte er alles auf eine Karte und war dabei zuversichtlich, daß das Glück ihm hold sein werde. Das Vertrauen auf Fortune gehörte zu seinem aristokratischen Selbstbild.

Beeindruckend waren zudem seine sonstigen geistigen Gaben und psychischen Stärken: Er verband Charisma mit Überzeugungskraft, Ungeduld mit Ausdauer, hielt sich trotz aller Zielstrebigkeit immer Optionen offen, nutzte jede Chance bis an die Grenzen des Möglichen, verhielt sich beständig und zuverlässig bei Treueverpflichtungen, aber pragmatisch und wendig im tagespolitischen Geschäft. Und hatte er sich einmal für etwas entschieden, dann scheute er keine Mühen und brachte seine Sache beharrlich und um jeden Preis zu Ende. Darüber hinaus war er ein ausgezeichneter Redner, fähiger Feldherr und – wie wir sehen werden – ein hochtalentierter Schriftsteller.

Dieser Mann lebte in einer Zeit, die ganz zu seinen Fähigkeiten paßte. Es war eine Zeit des Umbruchs, in der Risikobereitschaft, Flexibilität und Eigeninitiative – verbunden mit etwas Glück – hoch belohnt werden konnten, wenn man die neuen Wege, die die politischen Umstände eröffneten, nicht scheute und auch nicht vor einem Bruch mit der Tradition zurückschreckte. Während die konservativen Optimaten dazu neigten, sich ganz auf Rom zu konzentrieren, und dabei übersahen, daß ihre alten ungeschriebenen Regeln nur in Rom Geltung besaßen und nur für römische Belange hinreichten, sahen sich umtriebige Militärs wie Pompeius und Crassus neugierig um, welche Möglichkeiten zur Macht sich auch außerhalb Roms ergaben. Die auswärtigen Kriege verschafften ihnen Geldmittel und Klientele, die auch in Rom ins Gewicht fielen. In Rom und Italien wiederum waren Unzufriedenheit und Unruhen den Popularen willkommener Anlaß für ihre Forderung nach Reformen, also nach Änderungen der bestehenden Verhältnisse zu ihrem eigenen Vorteil und zu dem ihrer Klientele. Die leicht manipulierbare Volksversammlung, die wendige Waffe der

Popularen, leistete dabei hervorragende Dienste. Es versteht sich von selbst, daß sich in dieser Zeit die Übergänge von Reformen zu Revolutionen fließend zu gestalten drohten – berühmtestes Beispiel dafür ist der Putschversuch des Catilina. Im römischen Sprachgebrauch werden Neuerungen mit einem Umsturz geradezu gleichgesetzt: Die Wendung *rebus novis studere*, wörtlich eigentlich ‹nach Neuem streben›, bedeutet ‹nach Umsturz streben›. Populare Politiker, die wie Crassus, Catilina, Clodius und viele andere zur Nobilität gehörten, waren besonders gefährlich, konnten sie doch ihre tradierte Macht dank der neuen Möglichkeiten – und unkontrollierbar durch den Senat, den sie mit der Volksversammlung umgingen – immer mehr steigern.

Diese Verhältnisse fand Caesar vor, und er wußte sie für sich nutzen. Wie schon Pompeius, Crassus und andere vor ihm, kombinierte er alte aristokratische Konventionen mit den neuen Möglichkeiten der popularen Politik. Er machte sich zum Anwalt der Armen und Unzufriedenen, kämpfte für die Rehabilitation der Söhne der unter Sulla Proskribierten, kümmerte sich um die Belange des finanzstarken Ritterstandes und pflegte zu seiner spanischen Provinz gute Beziehungen. Ebenso war er ein Meister darin, die Gunst des Volkes zu gewinnen und sich dennoch als stolzer Aristokrat zu präsentieren. Das war kein Widerspruch – auch für das Volk nicht, das sich für seine Interessen nur Fürsprecher aus dem alten Adel vorstellen konnte. Es war patriotisch gesinnt und konservativ. Aber das Volk erwartete von den Politikern, daß sie seine anspruchsvollen Bedürfnisse und hochschweifenden Forderungen befriedigten: Es hatte sich an kostspielige Feste und Spiele, große Wahlgeschenke und Privilegien gewöhnt und verlangte nach mehr. Mit seinen Reden und Auftritten begeisterte Caesar das Volk, seine Wahlgeschenke und aufwendigen Spiele sicherten ihm, da er in dieser Hinsicht sehr viel mehr tat als andere, dessen Ergebenheit. So konnte er den vorgegebenen *cursus honorum* (die Ämterlaufbahn) mit Bravour absolvieren, vergrößerte im Zuge desselben in Rom und in den Provinzen seine Klientel um ganze Stände, Städte, Regionen und Regimenter und band sie durch zuverlässige Patronage eng an sich, strebte nach Sonderkommandos und lotete, wie seine Konkurrenten auch, nach allen Richtungen aus, was möglich war und wie weit er gehen konnte.

Es stellte sich heraus, daß Caesar aufgrund seiner aristokratischen Herkunft und seiner besonderen Fähigkeiten ziemlich weit gehen konnte, vielleicht weiter als andere; aber diese Tatsache erklärt noch nicht seine spätere Machtfülle. Er wäre einer unter seinesgleichen geblieben, wenn ihm nicht eine besondere Fügung des Schicksals zu Hilfe gekommen wäre. Das entscheidende Ereignis in seiner Karriere, von dem an er sich ganz grundsätzlich von allen anderen zu unterscheiden begann und es zunehmend darauf ankommen ließ, das überkommene, auf gegenseitige Kontrolle angelegte System der Aristokratie auszuhebeln und den Staat in Eigenregie zu beherrschen, brachte das Jahr 60 v. Chr.; es war das Jahr, in dem Caesar sich um sein Konsulat bewarb.

Außer Kontrolle – Unter ‹Julius und Caesar›

Im Jahre 62, dem Jahr von Caesars Prätur, war Pompeius aus Asien zurückgekehrt. Im Jahre 60 wartete er noch immer: nicht nur auf seinen Triumph, sondern auch auf die Ratifizierung seiner Neuordnung Asiens durch den Senat. Unglücklicherweise hatte er bereits sein Heer entlassen und sich damit seines stärksten Druckmittels beraubt. In dieser Situation, da wieder einmal, wie schon so oft in der ausgehenden Republik, Rückwärtsgewandtheit und Blockadehaltung des Senats mit der Offenheit und Tatkraft eines herausragenden mächtigen Einzelnen kollidierten und sich wechselseitig blockierten, packte ein zielstrebiger und entschlossener Politiker, der als Popular den *cursus honorum* durchlaufen hatte und nun – aus seiner spanischen Provinz zurückkehrend – sein Konsulat plante, die Gelegenheit beim Schopf, um Pompeius für sich zu gewinnen und an sich zu binden: Caesar. Er bot ihm einen politischen Handel an: Caesar würde Pompeius' Anträge im Senat durchbringen, wenn Pompeius dafür sorgte, daß Caesar zum Konsul gewählt würde. Als dritten im Bunde holte er den reichen Marcus Licinius Crassus ins Boot, der gerade, ähnlich wie Pompeius, akute Probleme hatte, die Interessen seiner Klientel, der Steuerpächter, im Senat durchzusetzen. Damit war das sogenannte erste Triumvirat (Drei-Männer-Bund) der römischen Geschichte geschmiedet (60 v. Chr.). Laut dem Biographen Sueton kamen die drei überein, «daß nichts im Staat geschehen solle, was einem von ihnen nicht gefiele» (Sueton: Caesar-Vita 19). Dieses politische Bündnis war inoffiziell und nur durch Eide besiegelt, im Grunde also privater Natur. Überblickt man den Politikbetrieb der römischen Aristokratie, so war ein solches Bündnis eigentlich ein ganz herkömmliches Mittel, sich durch die Bildung von Interessengemeinschaften im Senat Erfolge zu sichern: Es handelte sich um eine *amicitia*, eine zweckgebundene Freundschaft unter Politikern. Die besondere Qualität erhielt das Triumvirat erst durch die ungewöhnliche Macht ihrer Mitglieder: zunächst Pompeius, der geniale Militärstratege, zu dessen Klientel neben Städten in Sizilien, Afrika und Spanien nun auch Fürstentümer, sogar ganze Völker und Provinzen in Asien zählten – und nicht zuletzt seine Veteranen, die, da der Senat nichts für ihre Versorgung tat, allein auf ihn setzten und ihm vertrauten; dann Crassus, der durch Sullas Proskriptionen und vor allem durch Immobilienspekulationen nach Stadtteilbränden – laut Plutarch gehörte ihm der größte Teil Roms (Plutarch: Crassus-Vita 2) – ein riesiges Vermögen angehäuft hatte, das es ihm ermöglichte, sich durch Kreditvergabe und Bürgschaften der halben Nobilität zu versichern; und schließlich Caesar, ein hochintelligenter Machtpolitiker, dessen Beitrag hauptsächlich darin bestand, daß er als *spiritus rector* des Triumvirats die beiden anderen, seit ihrem gemeinsamen Konsulat im Jahre 70 v. Chr. zerstrittenen Machthaber wieder zusammenbrachte. Den Zeitgenossen war offenbar nicht ganz klar, was sich da zusammenbraute. Plutarch berichtet über die Rückkehr Caesars nach Rom:

Kaum war er wieder ins politische Leben eingetreten, da unternahm er einen Schritt, von dem sich alle, Cato ausgenommen, täuschen ließen. Es war die Versöhnung zwischen Pompeius und Crassus, die damals in Rom die Politik beherrschten. Als er die Feinde wieder zu Freunden gemacht hatte, gewann er den Einfluß der beiden Männer für sich, und so lenkte er durch seine Tat, die äußerlich nur nach Menschenfreundlichkeit aussah, die Politik in neue Bahnen. Denn nicht der Streit zwischen Caesar und Pompeius führte, wie die meisten meinen, zum Bürgerkrieg, sondern vielmehr ihre Freundschaft, da sie sich zuerst zum Kampf gegen den Adel miteinander verbanden und schließlich den Kampf gegeneinander aufnahmen … (14) Caesar gelangte also, von der Freundschaft des Pompeius und Crassus getragen, zum Konsulat und wurde mit Calpurnius Bibulus zusammen mit großer Mehrheit gewählt. (Plutarch: Caesar-Vita 13 f.)

Ursprünglich sollte auch Cicero, der begnadete Redner und geachtete Konsular, für das Privatbündnis gewonnen werden, doch der lehnte die hochkarätige Klüngelei ab, weil sie die freie Republik gefährde. Er sollte Recht behalten. Gegen den gebündelten Einfluß (*auctoritas*) dieser drei kam der Rest des Senats nicht mehr an, und in den folgenden Jahren bestimmten sie allein die Politik Roms.

Wie war es zu dieser Monopolstellung der Triumvirn gekommen? In der ausgehenden Republik konzentrierte sich die Macht, wie wir gesehen haben, immer stärker in den Händen einiger weniger Oligarchen. Der Senat, einst Zentrum der römischen Herrschaft, wurde immer mehr in die Rolle des Zuschauers gedrängt, der teils verstört, teils empört, in jedem Fall aber hilflos dem Treiben einzelner Protagonisten zusehen mußte. Doch immerhin ließ die Uneinigkeit der zu groß Gewordenen dem übrigen Adel eine Zeitlang noch gewisse politische Spielräume. Der unübersichtliche und unberechenbare Wettstreit der Mächtigen nahm zwar zusehends dem Staat die Luft, ließ ihn aber noch am Leben. Als dann jedoch Cato die verbliebenen optimatischen Kräfte gegen den aus Asien zurückgekehrten Pompeius sammelte und sie zu einer antipopularen Politik der Blockade und Obstruktion mobilisierte, waren die Folgen fatal – die Angegriffenen taten sich zusammen. Cicero entfuhr ob Catos kompromißloser Anträge, obwohl er ihn schätzte und ihm politisch nahestand, in einem Brief an Atticus der Stoßseufzer:

> Unseren Cato liebst Du nicht mehr als ich. Aber so gut er es meint und eine so ehrliche Haut er auch ist, er schadet doch mitunter der Republik. Er stellt nämlich Anträge, als ob er in Platons Idealstaat lebte und nicht im Mistbeet des Romulus. (Cicero: Briefe an Atticus 2,1,8)

Es war in der Tat die starre Haltung des Senats unter Catos Führung, die Pompeius und Crassus wieder näher zueinander brachte und Caesar zum Initiator des Triumvirats und damit zu einem der mächtigsten Männer in Rom werden ließ. Caesar spannte gleichsam zwei Riesen zusammen, auf deren Schultern er, selbst ein Riese, über alle herausgehoben und unerreichbar nach der Alleinherrschaft greifen konnte – so fürchteten jedenfalls nicht wenige seiner Zeitgenossen. An sich waren politische Absprachen im Sinne einer *amicitia* oder *factio* der römischen Republik zwar nicht fremd. Aber nun bildeten drei populare Politgrößen ein Bündnis von besonderer Qualität, so daß die Historiker ihm einen besonderen Namen gaben: Triumvirat. In ihm haben sich zeittypische Phänomene und traditionelle Politikmittel unversehens zu einer neuen, einzigartigen Erscheinung formiert und verdichtet, die nicht mehr in die Republik paßte und sie aus den Angeln hob. Kein Wunder, daß man in diesem Dreierbund bald ein «dreiköpfiges Ungeheuer» sah; Varro widmete diesem Monster sogar eine Satire: *Trikaranos – Der Dreiköpfige.*

Und so geriet denn auch Caesars Konsulat, das Martin Jehne zu Recht als «Anfang vom Ende» der Republik bezeichnet (Jehne, 2015, S. 35), zu einem unerhörten Spektakel reich an provokanten Neuerungen und krassen Regelverstößen und schließlich zu einem Akt ungenierter Machtdemonstration. Doch zunächst begann alles ganz ordnungsgemäß: Im Januar berief Caesar den Senat ein, um ihn über ein Ackergesetz beraten zu lassen. Caesars Gesetzesantrag verband die von Pompeius geforderte Veteranenversorgung mit einem Hilfsprogramm für die verarmte Bevölkerung Roms. Alles war ausgewogen und durchdacht. Das öffentliche Staatsland Italiens, der sogenannte *ager publicus*, sollte an Veteranen und bedürftige Familien zur Besiedelung verteilt werden. Da der *ager publicus* nicht reichte, sollte zusätzlich mit den neuen Beute- und Steuergeldern Asiens Land aus Privatbesitz angekauft werden, wobei die Verkäufe nur mit Einwilligung der Besitzer und zu den offiziellen Schätzpreisen vollzogen werden durften. Das Ganze sollte eine 20köpfige Kommission organisieren und überwachen, der Caesar selbst nicht angehörte, aber Pompeius und Crassus. Als Caesar nun dieses wohlüberlegte Gesetzespaket, das dem allgemeinen Reformbedarf ebenso Rechnung trug wie den augenblicklichen politischen Erfordernissen, nicht etwa der Volksversammlung, sondern ostentativ im Einklang mit der optimatischen Tradition zuerst dem Senat vorlegte, diesen um Verbesserungsvorschläge bat und durchaus Kompromißbereitschaft signalisierte, schlug ihm nichtsdestoweniger von allen Seiten angstvolles Mißtrauen, eisige Ablehnung, ja blanker Haß entgegen. Man fürchtete den unkontrollierten Machtzuwachs von Pompeius und Caesar, wenn dieser sein volksfreundliches Ackergesetz durchbringen und jener seine Veteranen versorgen konnte – das alte Argument, mit dem seit den Tagen der Gracchen bislang jede Bodenreform zunichte gemacht worden war. Abgesehen von diesen konkreten und durchaus berechtigten Ängsten vor allzu großen Klientelen einzelner Prätendenten lehnte der Senat aber auch aus einer allgemein konservativen Grundhaltung heraus Caesars innovativen Gesetzesantrag ab: Das Gesetz sei, so gibt Plutarch das Argument der Gegner wieder, der Würde seines Amtes nicht angemessen und würde dem Konsulat eher den Charakter eines Volkstribunats verleihen (Plutarch: Pompeius-Vita 47). Es ging also um aristokratische Konventionen und Prinzipien. Ein popularer Konsul, der volksfreundliche Gesetzgebung anstrebte, war an sich schon verdächtig, und wenn dieser Konsul gar Caesar hieß, bestand höchste Gefahr. Der mächtigste Wortführer der optimatischen Grundhaltung, die im Wesentlichen darin bestand, jeder Neuerung eine Absage zu erteilen und am Althergebrachten festzuhalten, war Cato. Cato ergriff in jener schicksalsträchtigen Senatssitzung schließlich das Wort und versuchte Caesars Ackergesetz dadurch zu torpedieren, daß er, ohne im einzelnen auf die Gesetzesvorlage einzugehen, in einer Dauerrede optimatische Grundsätze auszuwalzen begann. Da ein Senator zeitlich unbeschränktes Rederecht hatte, war die Dauerrede ein probates Mittel, eine Entscheidung zu verhindern, denn bei Sonnenuntergang mußte aus kultischen Gründen jede Senatssitzung beendet werden. Catos Dauerreden waren berüchtigt, und als Caesar die Absicht durchschaute, verlor er die Beherrschung und ließ Cato von einem Amtsdiener ins Gefängnis abführen. Es kam zum Eklat: Die Senatoren demonstrierten nun ihre Solidarität mit Cato und gaben ihm Geleit ins Gefängnis. Ein Diktum des Senators M. Petreius machte die Runde: «Lieber mit Cato im Gefängnis als mit Caesar im Senat.» Caesar sah ein, daß er zu weit gegangen war, und ließ Cato noch am selben Tag frei. Doch der Schaden war angerichtet. Dieser Tag im Januar 59 v. Chr. markierte den offenen Bruch zwischen Caesar und dem Senat, und die einmal aufgerissene Kluft erwies sich als unüberbrückbar. Von da an nahm Caesar keine Rücksicht mehr auf den Senat; er entzog sich ganz seiner Kontrolle und ging auf Konfrontation. Sein Ackergesetz wollte er nun auf populare Art in der Volksversammlung durchbringen. Da kein Zweifel bestand, daß Bibulus, der optimatisch gesinnte Amtskollege und Intimfeind Caesars, und der konservative Kern des Senats, dessen Zentrum Cato war, alles in die Wege leiten würden, um durch die üblichen Obstruktionsmittel die Annahme des Gesetzes auch in der Volksversammlung zu verhindern, mußte Caesar gründliche Vorsorge treffen. Der richtige Mann dafür war Pompeius. Plutarch überliefert anschaulich, mit welchen Mitteln die Triumvirn nun, nachdem bei den Optimaten nichts mehr zu gewinnen war, agierten:

> In den nächsten Tagen brachte Pompeius Truppen in die Stadt und scheute bei seinen Unternehmungen keine Gewalt mehr. Als der Kon-

sul Bibulus [um Einspruch einzulegen] mit Lucullus und Cato zum Forum ging, fielen plötzlich Bewaffnete über sie her und zerbrachen die Rutenbündel [Symbole der Befehlsgewalt] ihrer Liktoren, einer schüttete Bibulus sogar einen Korb voll Mist über den Kopf, zwei Volkstribunen aus seinem Gefolge erlitten Verwundungen. Als man so das Forum von den Gegnern gesäubert hatte, wurde das Gesetz über die Ackerverteilung angenommen. Das war der rechte Köder für das Volk, und in der Folge war es zahm und folgsam; ohne Murren nahm es schweigend alle Gesetze an, die man ihm vorlegte. (Plutarch: Pompeius-Vita 48)

Das Ackergesetz wurde vom Volk angenommen, allerdings unter Verletzung allen Rechts. Die optimatischen Volkstribunen (seit den Gracchen hatten auch die Optimaten gelernt, die Vorteile dieses besonderen Amtes zu nutzen, und sicherten immer einige der zehn Tribunenstellen für ihre Leute) wurden nicht nur an ihrem Recht zu interzedieren, also Einspruch einzulegen, gehindert, sondern, obgleich sakrosankt, sogar körperlich angegriffen. Doch das kümmerte Caesar wenig. Nachdem die Veteranen des Pompeius zufriedengestellt waren, setzte er zügig weitere Gesetzesvorhaben der Triumvirn durch. Als nächstes wurde Crassus, der eine Senkung der Steuerpacht für die *publicani* wünschte und so seiner Rolle als Patron der Finanziers entsprach, mit einem passenden Gesetz bedient. Durch ein drittes Gesetz wurden endlich alle Maßnahmen, die Pompeius bei der Neuordnung Asiens getroffen hatte, pauschal bestätigt. Caesars Gesetze passierten samt und sonders problemlos die Volksversammlung, doch stand ihre Gültigkeit in Frage: Nicht nur, weil sie ganz ohne Beteiligung des Senats erlassen, sondern weil sie zudem unter zahlreichen Verstößen gegen geltendes Recht durchgesetzt worden waren, erschienen Caesars Erfolge vordergründig und fragwürdig. Hinzu kam, daß, da das Interzessionsrecht der Volkstribunen keine Beachtung fand, Caesars Amtskollege Bibulus an allen Versammlungstagen den Himmel beobachtete und durch die Meldung von ungünstigen Vorzeichen (*obnuntiatio*), in der Regel Blitz und Donner, laufend alle Entscheidungen und damit die gesamte caesarische Gesetzgebung für ungültig erklärte.

Die Lage war verfahren. Caesar stand unter enormem Druck, er mußte seine Macht mehren und auch für die Zeit nach dem Konsulat sichern, wenn er der Politik seines Konsulats dauerhaften Erfolg verschaffen wollte. Das ging, so schien es, nur im Zusammenspiel mit dem mächtigen Pompeius. Daher festigte Caesar sein Bündnis mit Pompeius durch ein bewährtes Mittel der römischen Adelsgesellschaft: Verschwägerung. Die Töchter der beiden Triumvirn wurden dabei, wie im aristokratischen Rom üblich, ganz in den Dienst der Machtpolitik ihrer Väter gestellt. Daß beide Frauen – nach einem nun offensichtlich obsolet gewordenem Kalkül – schon verlobt waren, stellte kein sonderliches Hindernis dar. Plutarch berichtet dazu:

> Mit Julia, der Tochter Caesars, die mit [Servilius] Caepio verlobt war und in wenigen Tagen heiraten sollte, vermählte sich zur allgemeinen Überraschung Pompeius und verlobte seine eigene Tochter mit Caepio, um dessen Groll zu beschwichtigen, obschon sie bereits mit Faustus, dem Sohne Sullas, verlobt war. Caesar selbst heiratete Calpurnia, die Tochter Pisos. (Plutarch: Pompeius-Vita 47)

Durch die neuen Verwandtschaftsverhältnisse gestärkt, ließ Caesar von dem gekauften Volkstribunen Vatinius beim Volk für sich ein großes prokonsularisches Kommando beantragen. Mit Unterstützung des Pompeius, seines neuen Schwiegersohns, und des Lucius Piso, seines neuen Schwiegervaters, wurde ihm für fünf Jahre ein außerordentliches Kommando über die Provinzen Gallia Cisalpina (also Oberitalien) und Illyricum (in etwa der Küstenstreifen des heutigen Slowenien und Kroatien) übertragen, dazu drei Legionen. Doch dann starb überraschend der Statthalter der Provinz Gallia Transalpina (in etwa das heutige mediterrane Südfrankreich), Q. Metellus Celer. Durch diesen Zufall wurde Caesar neben einer vierten Legion als weitere Provinz gerade jene zugeteilt, die ihm als Ausgangspunkt für den Gallischen Krieg dienen sollte.

Der Senat gab angesichts der dreisten Machenschaften Caesars und der anderen beiden Triumvirn jeden Einfluß auf die Politik verloren. Cato allerdings sah auch eine Mitschuld beim Senat und prägte mit Blick auf dessen Ratlosigkeit beziehungsweise Willfährigkeit das Wort vom Tyrannen, den sich der Senat selbst in die Burg setze. Aber Cato hatte keine Lösung. Bibulus zog sich fortan in sein Haus zurück, und viele optimatische Senatoren taten es ihm nach. Man boykottierte Caesars Senatssitzungen. Es war ein Teufelskreis: Je mehr Macht Caesar an sich zog, desto mehr wurde er angefeindet, und je mehr er angefeindet wurde, desto mehr mußte er sich durch weiteren Machtzuwachs absichern. Das war gar nicht so einfach, denn zunehmend konnte sich Caesar auch nicht mehr auf das Volk verlassen, dessen Gunst aus verschiedenen Gründen schwand: Zum einen gelang es den Optimaten, die Landverteilung zu verschleppen, zum anderen lähmte der Boykott der Senatoren das politische Leben und erzeugte auf Dauer eine beklemmende Stimmung. Außerdem entfaltete Bibulus von seinem Privathaus aus ebenso rege wie destruktive Aktivitäten, indem er die gesamte Politik Caesars und deren Befürworter, allen voran Pompeius, in öffentlichen Edikten geißelte und verhöhnte. Diese durchtriebene Strategie zeigte nach und nach Wirkung, vor allem beim Volk. Cicero schreibt hierüber an seinen Freund Atticus:

> Bibulus' Edikte gegen ihn [sc. Pompeius] mit ihrer Schärfe eines wahren Archilochos [griech. Dichter des 6. Jahrhunderts v. Chr., bekannt für seine Spottverse] finden beim Volk einen solchen Beifall, daß man an den Anschlagstellen vor der Menge der Lesenden kaum vorbeikommen kann. Ihm selbst sind sie so unleidlich, daß er sich vor Gram verzehrt. (Cicero: Briefe an Atticus 2,21,4)

Bei öffentlichen Auftritten, so Cicero an anderer Stelle, werde Pompeius vom Volk ausgepfiffen, Caesar aber mit eisigem Schweigen begrüßt. In mehreren Briefen an Atticus schildert Cicero eindrucksvoll die gespenstische, von Angst geprägte Stimmung, die unter Caesars Konsulat bei den Senatoren geherrscht habe; so klagt er im Juni 59 v. Chr.:

> Man hat uns fest in der Hand, und wir sträuben uns schon gar nicht mehr gegen die Knechtschaft. Tod und Ausweisung fürchten wir, als ob es das Schlimmste wäre, während es doch das Geringste ist. Die Klage über den gegenwärtigen Zustand ist einstimmig, aber es gibt keinen Menschen, der einmal frei von der Leber weg sich durch ein Wort darüber erleichtert ... Du kannst daraus ersehen, daß die Willenskraft des Staates erschlafft ist, der Mut geknebelt. Frage mich nicht nach genauen Einzelheiten, aber die Lage ist auf der ganzen Linie so, daß kein Magistrat sich mehr die Hoffnung macht, es werde doch eines Tages noch einmal wieder Freiheit geben, noch viel weniger ein Privatmann. Bei all dem Druck gibt es gewisse Kreise, die, wenn sie unter sich sind und ihre Gelage veranstalten, ihrer Zunge freieren Lauf lassen. Der Schmerz beginnt über die Angst Herr zu werden, aber im ganzen herrscht die Stimmung der Verzweiflung. (Cicero: Briefe an Atticus 2,18,1 f.)

Angesichts dieser Lage verlor auch Cicero, wie er im folgenden bekennt, den Mut und warf sich selbst mangelnde Eigeninitiative vor. Einen Monat später war die Lage noch bedrückender. Wieder schreibt Cicero an Atticus:

> Unser Staat stirbt an einer ganz neuen Krankheit. Obgleich jeder das Geschehene mißbilligt, beklagt, darunter leidet, in der Sache sich alle einig sind, bald offen darüber reden und laut stöhnen, dennoch: Eine Medizin bringt keiner. Die allgemeine Überzeugung ist nämlich die: Widerstand ist unmöglich, ist gleichbedeutend mit Selbstvernichtung, aber auch unsere Nachgiebigkeit läuft auf das gleiche hinaus, auch sie führt letzten Endes zum Untergang ... Nichts ist derzeit so populär wie der Haß gegen die Popularen. (Cicero: Briefe an Atticus 2,20,3 f.)

Während die politische Führungselite verzagte und rat- und tatenlos dem Treiben Caesars zusah, bekundete das Volk seinen Überdruß an den Triumvirn ganz offen und lautstark. Überall kursierten bissige Spottverse, die Caesars Konsulat karikierten. Sueton berichtet:

> Er traf seitdem [seit dem Rückzug des Bibulus] alle Entscheidungen im Staat allein und nach seinem Gutdünken, so daß einige Witzbolde, als sie etwas unterzeichneten, um die Richtigkeit des Geschriebenen zu bestätigen, sich einen Scherz erlaubten und nicht schrieben, es sei unter den Konsuln Caesar und Bibulus geschehen, sondern datierten mit «Unter Iulius und Caesar», wobei sie zweimal denselben Konsuln voranstellten und zwar einmal mit dem Geschlechtsnamen, das andere Mal mit seinem Beinamen; und so waren bald folgende Verse in aller Munde:
>
> Nicht unter Bibulus, sondern unter Caesar ist vor
> kurzem etwas geregelt worden.
> Soweit ich mich erinnere, ist unter dem Konsul Bibulus
> überhaupt nichts passiert. (Sueton: Caesar-Vita 20,2)

Gehörten ehrenrührige Invektiven und beißende Satire durchaus zum politischen Alltag Roms, so war der Gegenwind, der Caesar mittlerweile ins Gesicht blies, doch von beunruhigender Stärke. Sein Konsulat geriet zu einer Farce, seine politische Arbeit stand vor der Vernichtung, seine politische Zukunft in den Sternen.

Für Caesar ging es um alles, und diese Tatsache muß man vor Augen haben, wenn man verstehen will, welche Bedeutung für ihn das Amt des Provinzstatthalters hatte, das sich unmittelbar an das Konsulat anschloß. Dieses Amt, das sogenannte Prokonsulat, war für jeden römischen Oberbeamten die vorgesehene Gelegenheit, nach der kostenintensiven Ämterlaufbahn seine Finanzen zu konsolidieren und vielleicht noch zusätzliches Ansehen durch Kriege und Triumphe zu gewinnen. Für Caesar aber war es die letzte Chance, seine Reputation wiederherzustellen und sein politisches Überleben zu sichern. Die Provinzen mußten also ein großes Potential zur Kriegführung aufweisen, durften aber nicht zu weit von Rom entfernt sein, damit auch während Caesars Aufenthalt dort der politische Einfluß in Rom aufrechterhalten bliebe. Daher war es so wichtig, daß Caesar sich die richtigen Provinzen zusichern ließ. Er entschied sich nicht für Makedonien oder Syrien, die großen Provinzen des Ostens, die bei geldgierigen Prokonsuln besonders begehrt waren, sondern für solche, die Raum für große Taten boten. Caesar traf die strategisch kluge Entscheidung, sich die Provinzen Illyricum und Gallia Cisalpina zuweisen zu lassen: In der ersten bot die Reichsbildung der Daker unter der Führung eines Königs namens Burebistas, in der zweiten die massiven Wanderbewegungen der Germanen und Kelten hinter den Alpen Aussicht auf Krieg. Gegen Burebistas und die Daker ins Feld zu ziehen, mag zunächst sogar die näherliegende und erfolgversprechendere Option gewesen sein. Wäre sie es geblieben, dann hätte Caesar vielleicht den Balkan erobert, und die Geschichte wäre völlig anders verlaufen. Daß durch den plötzlichen Tod des Statthalters der Gallia Transalpina eine dritte Provinz in die Hände Caesars fiel, war für ihn ein Glücksfall, für die Welt ein einschneidendes Ereignis: Von dieser Provinz aus sollte jene historische Umgestaltung ihren Anfang nehmen, die, wie Mommsen meinte, «das staatliche Leben der Nationen seit Jahrtausenden wieder und wieder auf die Linien zurückgelenkt [hat], die Caesar gezogen hat.»

Zweiter Teil

Nachrichten aus dem Norden – Caesars *Commentarii*

Abb. Seite 79:
Denar (48 v. Chr.),
Vorderseite der
Münzabbildung auf S. 13:
Kopf eines Galliers,
Vercingetorix

Wir schreiben das Jahr 56 v. Chr.: Caesar führt, wie geplant, den dritten Sommer Krieg in Gallien. Er kann große Siege nach Rom melden, Kriege und Erfolge gegen die Helvetier, die Germanen, die Belger, gegen Völker der Hochalpen, gegen die Menapier an der Rheinmündung, gegen die Moriner am Ärmelkanal, gegen die Veneter in der heutigen Bretagne, gegen Völker in Aquitanien wie die Vocaten an der Garonne, die Biggerionen im Pyrenäenvorland und die Tarbeller am Golf von Biscaya.

Trotz der für die damalige Zeit entlegenen Kriegsschauplätze hielt der rastlose Oberbefehlshaber engen Kontakt mit Rom. Neben den jährlichen Berichten, die Caesar als Statthalter und Kriegsherr an den Senat zu senden hatte – sie bilden das Kernmaterial seiner *Commentarii* über den Gallischen Krieg – stand er in vielfältiger Korrespondenz mit zahllosen hochstehenden Persönlichkeiten, etwa mit Cornelius Balbus, die seine Interessen in Rom vertraten. Es heißt, er habe nebenher bis zu vier Schreibern zugleich Briefe diktieren können, und wenn er nichts anderes tat, sogar sieben (Plinius: Naturgeschichte 7,91; Plutarch: Caesar-Vita 17,4–7). Aber nicht nur Caesar schrieb in die Hauptstadt, sondern auch seine Generäle, die Legaten und andere Offiziere, und sicher auch viele einfache Soldaten. Die Eroberungen der kaum bekannten Stämme und Länder machten in Rom tiefen Eindruck. In einer Rede im Mai des Jahres 56 fing Cicero, vor kurzem erst mit Zustimmung Caesars aus seiner Verbannung zurückgekehrt, die erregte Stimmung ein: «Täglich melden die gallischen Briefe und Botschaften uns bisher unbekannte Namen von Völkern, Gauen und Landschaften.» (Cicero: Über die konsularischen Provinzen 22)

Caesar und seine Legionen eroberten nicht nur ein Land, sondern sie entdeckten es zugleich, und ihre Berichte, die sie über dieses Land nach Rom sandten, wurden zur Hauptquelle dessen, was man über Gallien und den Krieg, den Caesar dorthin brachte, wußte. Vor Caesars Kriegszügen waren Gallien, Germanien und Britannien in Rom weitgehend *terra incognita*, nur Händler und vielleicht einige der in den Grenzprovinzen stationierten Legionäre bekamen Land und Leute zu Gesicht. Landkarten existierten kaum und waren ungenau, vereinzelte ethnographische und geographische Traktate in griechischer Sprache berichteten von wundersamen Dingen. Besonders der Atlantik, der als Teil des die gesamte Welt umschließenden Oceanus verstanden wurde, faszinierte. Wir wissen gleich von zwei Griechen, die ein Werk über diesen Weltozean geschrieben haben: Der Seefahrer und Geograph Pytheas (4. Jahrhundert v. Chr.), von dessen Werk jedoch kaum etwas erhalten ist, beschreibt die keltische Atlantikküste einschließlich Britanniens. Auch der Philosoph und Historiker Poseidonios (135–50 v. Chr.), ein älterer Zeitgenosse Caesars, Lehrer Ciceros und Anhänger des Pompeius, berichtet über die Küsten und Völker des Nordens. Sein Werk ist jedoch bis auf wenige Fragmente nur indirekt bei dem Geographen Strabon überliefert, der eine Generation nach Caesar schrieb.

Geographie, Geschichte und Zeitgeschichte des Landes hinter den Alpen waren also nur schemenhaft und punktuell bekannt, und das wenige, was man wußte, war von mythischen Vorstellungen und märchenhaften Erzählungen durchwoben. Der Oceanus galt als ein geheimnisvolles Meer am Ende der Welt, dessen Wasser zäh, kaum schiffbar und voll von Meeresungeheuern war. Die Alpen wiederum wurden in der griechischen Dichtung noch im zweiten Jahrhundert v. Chr. bisweilen mit dem mythischen Gebirge der Rhipäen in Verbindung gebracht, hinter dem die sagenumwobenen Hyperboreer leben sollten und das so hoch sei, daß sich die Sonne jede Nacht hinter ihm verbergen könne. Griechische Dichtung und Fachschriftstellerei dieser Art beflügelten Phantasie und Vorurteile gegenüber der barbarischen Welt, in die Caesar vordrang, und vermengten sich mit den Nachrichten, die über römische Verwaltungsbeamte, Steuerpächter, Diplomaten, Händler und Legionäre von den Provinzen nach Rom gelangten. Die Provinz Gallia Transalpina existierte immerhin schon seit dem Jahr 121 v. Chr., und es bestanden diplomatische Beziehungen zu verschiedenen keltischen Fürsten und Völkern, unter anderem zu den Haeduern und in jüngster Zeit (seit 59 v. Chr.) auch zum Suebenkönig Ariovist. Doch die Flut an neuen Namen, die in jenen Tagen von Caesars Entdeckungen und Eroberungen kündeten, eröffnete jenseits der Alpen eine neue Welt, und Rom nahm rege daran Anteil. Es war, als würde, wie Mommsen meinte, ein neuer Erdteil entdeckt:

> Die Erweiterung des geschichtlichen Horizontes durch Caesars Züge jenseits der Alpen war ein weltgeschichtliches Ereignis so gut wie die Erkundung Amerikas durch europäische Scharen. Zu dem engen Kreis der Mittelmeerstaaten traten die mittel- und nordeuropäischen Völker, die Anwohner der Ost- und Nordsee hinzu, zur alten Welt eine neue. (Mommsen, Bd. 3, 1854 ff., 273)

Das Jahr 56 war deshalb von herausragender Bedeutung, weil Caesar sich anschickte, die Grenze des damaligen Erdkreises zu überschreiten. Er machte sich nach Britannien auf, das am Rand der Welt im Oceanus lag. Im fernen Rom fieberte man mit dem kühnen Entdecker und seinen Soldaten mit. Aus dieser Zeit ist ein besorgter Brief Ciceros auf uns gekommen, den er seinem Bruder, der als Legat an der Britannienexpedition teilnehmen sollte, nach Gallien sandte. Vor allem die schroffen Steilküsten des Atlantiks beunruhigen Cicero, zugleich regen sie seine poetische Phantasie an. Er bittet seinen Bruder um mehr Informationen über Britannien, damit er darüber schreiben, ja sogar dem Dichterroß Pegasus die Sporen geben könne:

> So ... werde ich meine Pferde anschirren, ja sogar – du schreibst ja, meine Dichtung gefalle ihm [sc. Caesar] – das Viergespann des Dichters. Gebt mir nur Britannien; ich werde es in Deinen Farben mit meinem Pinsel malen. (Cicero: Briefe an den Bruder Quintus 2,14,2; vgl. auch 2,16,4)

Nicht nur für Cicero sind literarische Ambitionen bezeugt, Caesars Gallienfeldzug in Versen zu beschreiben. Varro Atacinus hat in seinem Epos *Bellum Sequanicum* – es ist nur der Titel überliefert – vermutlich Caesars Sieg über Ariovist dargestellt. Und Catull sagt von sich, daß er aus Liebeskummer bis ans Ende der Welt gehen will:

> Mag er [sc. Catull] schreiten über die hohen Alpen,
> Caesars Siegesmale zu schauen, des Großen,
> Galliens Rhein, das grausige Meer, der Briten
> Äußerste Grenzmark. (Catull: Gedichte 11,9–12)

Die alte poetische Topik von den Grenzen der bewohnten Welt wird mit den aktuellen militärischen Expeditionen Caesars verknüpft, der sich so weit vorwagte wie bisher – abgesehen von dem fast vergessenen Pytheas – allenfalls mythische Helden: Dichter erzählen davon, daß Jason und die Argonauten mit ihrem göttlichen Schiff bis in den Atlantik vorgestoßen seien, ebenso hätten der Zeussohn Hercules auf seinem Weg zu den Hesperiden und Odysseus auf seinen Irrfahrten die heutige Straße von Gibraltar passiert und den Atlantik gesehen. Aber die meisten Mythen beschränkten sich auf Länder und Landschaften im Mittelmeerraum. Die Säulen des Herkules, die man an der Meerenge von Gibraltar lokalisierte, markierten in der Antike den äußersten Punkt der erschlossenen Welt. Das außerordentliche Kommando, das Pompeius für den Kampf gegen die Piraten zum unumschränkten Befehlshaber über alle Meere machte (67 v. Chr.), reichte bezeichnenderweise ‹nur› bis zu diesen Säulen. Jenseits davon stellten sich Geographen und Dichter mythische Lande vor, die den Menschen verwehrt waren: das legendäre Atlantis oder die paradiesische Insel der Seligen oder aber den immer wieder von Poeten und Philosophen imaginierten *alter orbis*, einen möglicherweise noch unentdeckten zweiten Erdkreis. Auf dem Weg dahin war nun, wie es schien, Caesar.

Die Erfindung einer Gattung

Caesars Kriegszüge und Expeditionen in den Norden waren innenpolitisch motiviert. Sie dienten der Demonstration seiner Macht und der dringend nötigen Propaganda, die seine durch das konfuse Konsulat beschädigte Reputation wiederherstellen sollte. Ihm mußte es darum gehen, seine großen Erfolge als Feldherr und Entdecker für alle sichtbar zu machen. Er suchte die Öffentlichkeit neben anderen Aktionen wie vieltägige Dankfeste, bei denen das römische Volk auf seine Kosten feiern konnte, auch über das Medium der Buchveröffentlichung für sich zu gewinnen und zu beeindrucken und stellte seine gallischen Kriegszüge in sieben Büchern dar. Es war die Fortsetzung der Politik mit den Mitteln der Literatur. Der Philologe Will Richter (1977, 97) urteilt daher treffend, wenn er sagt, daß Caesars *Commentarii* «gleichzeitig Tatsachenbericht, Literatur und politische Aktion sind». Caesar setzt also seine Politik nicht nur mit militärischen, sondern auch mit literarischen Mitteln durch, oder, wie es der Philologe Hermann Fränkel formulierte: «Die literarische Formung in Caesars Berichten ist nur eine Fortsetzung der Formung, die er handelnd an der Wirklichkeit vollzog.» (Fränkel, 1960, 311)

Allerdings stellte Caesar hierin keineswegs eine Ausnahme dar: Ein kurzer literarhistorischer Exkurs soll zeigen, auf welche Weise Politik und Literatur in Rom miteinander verflochten waren und wo in diesem Geflecht die Gattung des *commentarius* ihren ‹Sitz im Leben› hatte. Denn diese Gattung steht in einer langen römischen Tradition, die Caesar zwar aufnimmt, aber sogleich umfunktioniert; und am Ende hat er, wie wir sehen werden, eine neue Gattung erfunden.

Der ‹römische› Literaturbetrieb

Wollte man mit einem Satz sagen, was der auffälligste Grundzug der (überlieferten) römischen Literatur ist, so dürfte man zu dem vielleicht überraschenden Ergebnis kommen, daß es der stete Bezug auf das politische zeitgenössische Rom ist, der in nahezu allen Gattungen nicht nur mitschwingt, sondern eine tragende Funktion übernimmt – hierin unterscheidet sich im übrigen die römische Literatur auch grundsätzlich von der griechischen. Selbst ein rascher Streifzug durch die römischen Literaturgattungen macht deutlich, wie präsent dort das politische Rom ist: Daß die Rede oder die stets politische Tendenzen aufweisende Historiographie immer auch auf die zeitgenössische römische Politik rekurrieren, ist selbstverständlich. Aber auch poetische Gattungen wie das Epos, die Elegie oder die Lyrik zeigen alle – in unterschiedlicher Weise – enge und konkrete Bezüge zum politischen Diskurs. Vergil etwa erzählt in seiner *Aeneis* die Vorgeschichte Roms ganz auf seine eigene Zeit bezogen, in der gerade unter Augustus der Prinzipat, also die Alleinherrschaft des «Ersten Bürgers», entsteht. Obwohl die Haupthandlung der *Aeneis*, die Irrfahrt der Trojaner von Asien nach Italien, nach antiken Vorstellungen ungefähr 300 Jahre vor der Gründung Roms, die man auf das Jahr 753 v. Chr. datierte, spielt, also im elften vorchristlichen Jahrhundert, erklärt Vergil unter anderem in drei zentralen Szenen, wie eng die Abenteuer der Trojaner mit den politischen Entwicklungen des zeitgenössischen Rom zusammenhängen: Es sei vom Schicksal bestimmt, daß Aeneas und sein Sohn Julus, die Anführer der Trojaner und zugleich die Vorfahren von Caesar und Augustus, mit ihren trojanischen Gefährten sicher Italien erreichen und dort seßhaft würden, damit dereinst ihre Nachkommen, Augustus und die Römer, die Herrschaft über Rom und die Welt erlangen könnten. Auch für die lyrischen Oden des Horaz ist dieser Rombezug charakteristisch, und zwar nicht nur in dem Sinne, daß Horaz politische Lyrik schreibt, sondern daß er oft in einem einzigen Gedicht private Themen wie Liebe, Wein und Musik mit politischen, ja tagespolitischen Themen verbindet, den Bogen von der kleinen persönlichen zur großen römischen Welt spannt und so den erlebten Alltag ins Politische hebt bzw. die hohe Politik in den täglichen Erfahrungen spiegelt. Die elegische Dichtung eines Properz oder Ovid entwirft eine experimentelle Gegenwelt zur römischen Gesellschaftsordnung und zur Restaurationspolitik des Augustus, die stets als Folie unverkennbar vorhanden sind. Und auch die Komödie und die Satire sind eminent gesellschaftskritisch und nehmen oft auch einzelne Politiker aufs Korn. Man darf also getrost festhalten, daß die meisten Gattungen der römischen Literatur in hohem Maße politisch geprägt sind und detaillierte Kenntnis der römischen Politik voraussetzen.

Die Gründe dafür liegen auf der Hand: Der soziale Ort, an dem sich die lateinische Literatur lebendig entfalten konnte, war ausschließlich Rom. Fast alle überlieferten lateinischen Autoren, aus welcher Stadt in Italien oder im Imperium Romanum sie auch immer stammten, sind nach Rom gegangen und haben dort gewirkt: Cicero, die Dichter Vergil, Horaz und Ovid, die Historiker Sallust, Livius, Tacitus, der Philosoph Seneca oder der Epistolograph Plinius – sie alle waren keine gebürtigen Römer, haben aber in Rom jene literarisch-rhetorische Ausbildung genossen oder vollendet, die es ihnen ermöglichte, sowohl schriftstellerisch tätig zu werden als auch die politische Laufbahn einzuschlagen; im letzteren Falle wurden sie, sofern sie das Konsulat errangen, von den alteingesessenen römischen Aristokraten *homines novi* genannt.

Aber auch die Dichter, die nicht die Ämterlaufbahn, den *cursus honorum*, einschlugen, wie Catull, Lukrez, Vergil, Horaz, Tibull oder Ovid, standen der Politik alles andere als fern, waren sie doch entweder, wie Ovid, Umentschiedene, die eigentlich für eine politische Laufbahn bestimmt waren, oder, wie Catull, mit Politikern befreundet, oder aber sie standen in einem Klientelverhältnis zu einem politisch tätigen Aristokraten, der sie förderte, schützte und materiell versorgte. Die Scipionen, Maecenas oder Messalla und später viele römische Kaiser auch in eigener Person fungierten als solche Patrone von Literaten, und sie taten dies nicht ohne Gewinn: Die gebildete Entourage sorgte nicht nur für den persönlichen geistigen Austausch, sondern bei den zahlreichen gesellschaftlichen Anlässen für angemessene Unterhaltung und vor allem für die standesgemäße Repräsentation ihres Patrons.

Wenn nun Rom der Ort war, an dem literarische Tätigkeit erlernt, betrieben, wahrgenommen und auch finanziert wurde, so ist es naheliegend, daß dort nicht nur eine lateinische Literatur, sondern viel konkreter eine römische Literatur entstand, die das gesellschaftliche, kulturelle und eben auch politische Rom für ihr Verständnis voraussetzte. Doch die Verknüpfung von Literaturbetrieb und römischer Politik reichte noch weiter: Viele Aristokraten betätigten sich selbst literarisch, nicht nur politisch. Eine Ursache hierfür ist, daß in Rom die politische und literarische Ausbildung gewissermaßen dieselbe war, nämlich das Studium der Rhetorik. Zur Rhetorik aber gehörte in der Antike eine gründliche Kenntnis der Literaturgeschichte, weil anhand der Literatur Sprache und Stil geübt und Stoff für Zitate, Exempla und Vergleiche gesammelt wurden. Es findet sich kaum eine Rede Ciceros, in der nicht Verse von Dichtern zitiert werden.

So ist es nicht verwunderlich, daß viele römische Politiker zumindest in ihrer Jugend Verse geschmiedet haben – so auch der junge Caesar, der Gedichte und Tragödien geschrieben haben soll (Sueton: Caesar-Vita 56,5 und 7). Auch etablierte Politiker widmeten sich in Mußestunden oder im Ruhestand der Literatur. Lutatius Catulus zum Beispiel, der Kimbernsieger, verfaßte nebenbei erotische Lyrik. Von Ciceros Plan einer Britanniendichtung war schon die Rede. In Zeiten, in denen er politisch kaltgestellt war, schrieb er seine philosophischen und rhetorischen Schriften – meist in ansprechender Dialogform. Sein Bruder Quintus verfaßte als Legat in Caesars Feldlager zum Zeitvertreib Tragödien (Cicero: Briefe an den Bruder Quintus 3,5,7). Sallust wandte sich nach dem Ende seiner Ämterlaufbahn der Geschichtsschreibung zu. Historiker waren in republikanischer Zeit überhaupt häufig Senatoren, denn nur ihnen wurde zugetraut, daß sie die für dieses literarische Genus nötige Kompetenz in staatlichen und militärischen Dingen mitbrachten. Die moderne Forschung spricht daher in diesem Zusammenhang von der sogenannten senatorischen Geschichtsschreibung.

Es gab auch Aristokraten, die in Autobiographien ganz direkt ihr politisches Vermächtnis darlegten. Die erste Schrift dieser Art ist bezeugt für M. Aemilius Scaurus, Konsul des Jahres 115 v. Chr., der seit seinem Konsulat als erster Mann im Senat (*princeps senatus*) galt. Trotz seiner patrizischen Abstammung mußte er sich seine Karriere fast wie ein *homo novus* (Aufsteiger) erarbeiten, da seine Familie, wie Cicero berichtet (Cicero: Für L. Murena 16), schon seit drei Generationen keine politischen Ämter mehr erreicht hatte und wohl auch finanziell geschwächt war. Es ist bezeichnend, daß gerade ein Aristokrat mit diesem familiären Hintergrund als Anhänger der Optimaten eine besonders konservative Politik vertrat und die gesellschaftliche Stellung seiner alten, aber in Vergessenheit geratenen Familie, die nun durch sein Konsulat wieder zu Ehren gekommen war, durch seine dreibändige Autobiographie *De vita ipsius* (Über sein Leben) für die Zukunft sicherstellen wollte. Das Werk fand übrigens kaum Anklang (Cicero: Brutus 112). Auch P. Rutilius Rufus, Konsul des Jahres 105 und aus altem plebejischen Adel, verfaßte neben einem Geschichtswerk ebenfalls eine Autobiographie *De vita sua* mit apologetischen Tendenzen: Rutilius, der sich als Legat in Asien mit den ritterlichen Steuerpächtern angelegt hatte, wurde 92 v. Chr. zu Unrecht von voreingenommenen Richtern aus dem Ritterstand in einem Repetundenprozeß verurteilt und ging in die Verbannung. Sein Werk, in dem er Freund, Feind und sich selbst ins rechte Licht rückte, entfaltete in diesem Fall die erwünschte Wirkung, und Rutilius ging als Märtyrer ungerechter Justiz in die Geschichte ein. Beide Beispiele zeigen die typischen gesellschaftlichen und politischen Motive, die einen römischen Aristokraten dazu veranlassen konnten, eine Autobiographie zu schreiben.

Der Autobiographie haftete aber immer ein wenig der Geruch des Eigendünkels an. Daher wählten viele Aristokraten einen eleganteren Weg. Denn es war durchaus üblich, daß eine Adelsfamilie, die etwas auf sich hielt, ihren eigenen Hauspoeten oder Haushistoriographen hatte, der sich darum kümmerte, daß die Taten, die die Familienoberhäupter im Krieg und in der Politik vollbrachten, nicht in Vergessenheit gerieten. Der Konsul M. Fulvius Nobilior etwa nahm auf einen Feldzug den berühmten Dichter Ennius mit, der diesen Krieg in dem Drama *Ambracia* und im 15. Buch seiner *Annalen* verherrlichte. Der bereits erwähnte Q. Lutatius Catulus, der zusammen mit Marius 101 v. Chr. die germanischen Kimbern bei Vercellae besiegte, schrieb ein Buch über sein Konsulat, das er dem befreundeten Dichter A. Furius als Anregung für ein Gedicht übergab (Cicero: Brutus 132). Cn. Pompeius beschäftigte seinen Freund Theophanes von Mytilene als Haushistoriker. Der Diktator Sulla widmete seine Autobiographie dem jungen adeligen Freund L. Licinius Lucullus mit der Absicht, dieser möge daraus eine historische Monographie gestalten. Cicero wiederum übermittelte eine Skizze seines Konsulats unter anderem seinem früheren Lehrer Poseidonios zur Ausarbeitung, doch der lehnte ebenso ab wie der Historiker Lucceius, den Cicero etwas später um dieselbe Gefälligkeit bat (Cicero: Briefe an Vertraute 5,12). Nur sein Freund Atticus, der reiche Ritter, tat ihm den Gefallen, die Skizze auszuarbeiten. Cicero freute sich, fand aber dessen Versuch doch etwas zu trocken und lapidar (Cicero: Briefe an Atticus 2,1,1). Da war es gut, daß Cicero selbst ein begnadeter Schriftsteller war. Er griff persönlich zur Feder, um sein Konsulat in verschiedenen Gattungen zu feiern, unter anderem auch in einem epischen Gedicht, damit, wie er in einem Brief selbstironisch meinte (Cicero: Briefe an Atticus 1,19), keine Gattung zu seinem Ruhme ungenutzt bliebe.

Die Haushistoriker oder befreundeten Schriftsteller, die die Taten ihrer hohen Herren ins rechte Licht rücken sollten, benötigten von diesen natürlich in jedem Fall geeignetes Material: Dokumente, Redeskripte, Urkunden, Briefe, Tagebücher und zudem schon rudimentäre Entwürfe, die die Grundlinien, Schwerpunkte und womöglich die gewünschte politische Tendenz umrissen. Solche Dossiers hießen *commentarii*, also genauso, wie Caesar seine sieben Bücher über den Gallischen Krieg betitelte. Warum Caesar diesen Titel wählte, werden wir im nächsten Kapitel sehen.

Dieser wenngleich knappe Abriß über das Wesen der römischen Literatur zeigt exemplarisch, wie sehr Politik und die römische Literatur verflochten waren – und nun versteht man erst die Bedeutung des Adjektivs ‹römisch› in dem ihm angemessenen Sinne –, weil die Literaten großenteils in Kontakt mit Politikern oder in einem Klientelverhältnis zu ihnen standen oder gar selbst politisch tätig waren. Zudem gab es freilich auch oppositionelle Literaten, die mit den Mitteln der Literatur gegen mißliebige Politiker und deren Positionen kämpften. Für beide, den Literaten und den Politiker, war die politische Sphäre die Welt, in der sie lebten, die allein zählte, und mit der sich die Literaten irgendwie auseinandersetzen mußten, wollten sie ihren Werken Wahrnehmung und vielleicht sogar Einfluß verschaffen: In republikanischer Zeit förderten die Aristokraten dramatische und epische Dichter, um ihren Glanz zu mehren, ließen ihre Taten und die ihrer Vorfahren durch historische Auftragswerke feiern oder publizierten selbst Reden, Autobiographien und Geschichtswerke. Und im Prinzipat versuchten die Kaiser – im Grunde nicht anders als der republikanische Adel –, Literatur als Propaganda für ihr Haus zu nutzen. Politik und Literatur standen also aufgrund der Besonderheiten des römischen Literaturbetriebs in einem ungewöhnlich intensiven Wechselverhältnis.

Geburt einer neuen Gattung

Als Caesar im Jahre 52 v. Chr. sieben Bücher über seinen Feldzug in Gallien veröffentlichte, entsprach diese literarische Selbstinszenierung also durchaus den politischen Konventionen der republikanischen Gesellschaft. Der Titel dieses Werkes lautete aller

Wahrscheinlichkeit nach (die Überlieferungsgeschichte des Titels ist sehr kompliziert): *C. Iulii Caesaris commentarii rerum gestarum belli Gallici* – «Die *Commentarii* C. Julius Caesars über seine im gallischen Krieg vollbrachten Taten». Der Titel wird heute oft abgekürzt: *De bello Gallico* oder nur *Bellum Gallicum*. Unstrittiger Bestandteil des Titels ist jedoch der Gattungsname *commentarii*.

Commentarii ist die lateinische Übersetzung von griechisch *hypomnémata*, worunter die Griechen sowohl Sammlungen persönlicher Notizen wie auch amtliche Akten, Protokolle und Urkunden oder – seit Alexander dem Großen – Hofjournale verstanden. Der griechische Autor Lukian (2. Jahrhundert n. Chr.) gebraucht in seiner Schrift *De historia conscribenda*, der einzigen erhaltenen antiken Schrift zur Theorie der Geschichtsschreibung, den Ausdruck *hypómnema* für den Rohentwurf eines Geschichtswerkes. Außerdem konnte *hypómnema* auch ein mehr oder weniger ausgearbeitetes Tagebuch, aber auch die literarisch durchgeformte Autobiographie einer herausragenden Persönlichkeit bezeichnen. Die griechische Gattungsbezeichnung *hypómnema* wird also sowohl mit nicht-literarischen oder mit vorliterarischen als auch mit literarischen Schriften assoziiert, die entweder Politik, Geschichte oder prominente Lebensläufe zum Thema haben.

Das römische Pendant ist nun der *commentarius*, der allerdings in seiner Bedeutung vom griechischen *hypómnema* etwas abweicht. Offizielle Protokolle und Urkunden heißen in Rom *acta*, archivierte Staatsurkunden *tabulae publicae*, amtliche Schreiben und Rechenschaftsberichte *litterae* (*epistulae*), publizierte Autobiographien *libri de vita sua* (oder ähnlich). Nur einige wenige, wenn auch durchaus unterschiedliche Textsorten mit politischer oder historischer Thematik werden hingegen *commentarius* genannt, und zwar sowohl nicht-literarische wie auch, was man bisweilen übersehen hat, durchaus literarisch ausgestaltete. Es sind ihrer vor allem drei Gruppen: zum einem formlose, nicht publizierte Privataufzeichnungen von römischen Beamten für ihr privates Archiv, zum anderem formlose, noch nicht publizierte Materialsammlungen, die politisch tätige Aristokraten, wie bereits erwähnt, einem befreundeten Schriftsteller zur Verfügung stellen, damit er daraus ein ehrenvolles Geschichtswerk oder panegyrisches Gedicht gestalte, und schließlich von versierten Politikern bereits ausgearbeitete und womöglich schon publizierte Tatenberichte von literarischer Qualität, die dennoch als Vorlage für weitere literarische Verwendung gedacht waren. Letztere, die sogenannten literarischen *commentarii*, waren eine relativ junge Erscheinung, die, wie wir noch sehen werden, erst in Ciceros Korrespondenz sicher nachweisbar ist, und ein Ergebnis des immer subtiler werdenden Spiels der Selbstinszenierung der römischen Aristokratie. Denn autobiographische Schriften, insbesondere wenn sie Züge von Selbstverherrlichung aufwiesen, konnten leicht in den Verdacht mangelnder Glaubwürdigkeit geraten, weshalb auch Cicero diese Gattung als problematisch empfand (Cicero: Briefe an Vertraute 5,12,8): «Dazu kommt auch noch, daß ihre Glaubwürdigkeit und ihre Überzeugungskraft ziemlich gering sind.» Also gab man die eigenen Ergüsse, obgleich schon ausgefeilt, in einer Geste des Understatements nur als *commentarius* aus, den man einem nahestehenden Literaten mit der Bitte um Ausarbeitung widmete. Ob die entsprechenden Widmungsprologe raffinierte Pose oder aber doch ernstgemeint waren, darüber mögen bisweilen wohl auch die Adressaten gerätselt haben.

Wie ist nun Caesars *Bellum Gallicum* in diese gattungsgeschichtliche Systematik einzuordnen? Caesar schrieb bekanntlich seinen Tatenbericht selbst, beließ es aber bei der bescheidenen Bezeichnung *Commentarii*. Was wollte er damit bezwecken? Hoffte er tatsächlich, daß er einen fähigen Schriftsteller fände, der seine *Commentarii* noch weiter ausbauen und umarbeiten konnte, etwa zu einem großartigen Geschichtswerk oder monumentalen Epos?

Ein solches Ansinnen weist Cicero in seiner rhetorischen Schrift *Brutus*, die etwa acht Jahre nach den *Commentarii* erschien, als abwegig zurück:

> Wenn Caesar wollte, daß anderen, die ein Geschichtswerk schreiben sollten, vorbereitetes Material zur Verfügung stünde, tat er vielleicht Dummköpfen einen Gefallen, die diese ‹Vorlage› gleichsam mit Mitteln der Kosmetik noch verschönern wollten. Die Vernünftigen schreckte er freilich vom Schreiben ab. (Cicero: Brutus 262)

Nach dem Urteil Ciceros also, dessen Kompetenz als zeitgenössischer Rhetor und Literat nicht in Abrede gestellt werden kann, sind Caesars *Commentarii* mit solcher Meisterschaft geschrieben, daß es nur Narren wagen könnten, diese verbessern und noch eleganter gestalten zu wollen. Ciceros Urteil schließt sich auch der Legat und Caesar-Vertraute A. Hirtius an, der nach der Ermordung Caesars in einem 8. Buch die Ereignisse der Jahre 52 bis 49 nach der Abreise Caesars aus Gallien ergänzte:

> Sie sind veröffentlicht worden, damit den Geschichtsschreibern die Kenntnis von so großen Taten nicht fehle, und sie werden im allgemeinen Urteil so sehr anerkannt, daß den Geschichtsschreibern alle Möglichkeiten der weiteren Ausarbeitung von vornherein entrissen und nicht mehr gegeben zu sein scheinen. (8. Buch, Vorrede 5 f.)

Caesars Absicht war also wohl eine andere: Unter dem Titel *Commentarii,* die zunächst vorgeben, etwas Unfertiges zu sein, bietet er vielmehr eine abgeschlossene Darstellung seiner gallischen Feldzüge. Dabei orientiert er sich nicht einmal am Stil eines literarischen *commentarius,* sondern an der schlichten Sprache eines noch zur Ausarbeitung bestimmten *commentarius* und kommt damit dem Duktus eines amtlichen Berichts nahe. In der bescheidenen Pose, nur Fakten im Sinne eines herkömmlichen *commentarius* zusammenzustellen, täuscht er Objektivität und Neutralität vor und tarnt so die durchaus tendenziöse Darstellung seines *Bellum Gallicum* und die damit verbundene positive Selbstdarstellung. Die besondere Raffinesse liegt dabei gerade im schlichten und knappen Stil, der mit geringem Wortschatz und fast ohne jede Ausschmückung (*ornatus*) auskommt. Mit Panegyrik oder Selbstinszenierung verbindet man normalerweise Pathos und Pomp – man denke nur an die vielen Reden, in denen Cicero sich selbst wortreich in Szene setzte. Den einzigen Redeschmuck, den sich Caesar erlaubt, importiert er aus der Historiographie: An wohlüberlegten Stellen bringt er Reden, Exkurse oder kleine Binnenerzählungen, alles Elemente, die für die antike Geschichtsschreibung typisch sind. Die von ihm neu geformte Gattung des *commentarius* wird auf diese Weise mit fremden Gattungselementen angereichert, aber maßvoll und vorsichtig, so daß insgesamt die ‹Gattungsfassade› eines konventionellen *commentarius* mit Berichtcharakter bestehen bleibt. Dazu kommt ein weiterer Punkt, der neu ist: Der politische Selbstdarsteller Caesar verbirgt sich hinter einer bescheidenen Er-Erzählung, die übrigens in dieser Konstellation einzigartig in der antiken Literatur ist. Der Eindruck eines objektiven Tatsachenberichts wird dadurch noch mehr verstärkt.

Die neue literarische Form, die Caesar erfindet, läßt sich damit vor allem als Zwitter zwischen historischer Monographie (*historia*), wie wir sie von Thukydides (4. Jahrhundert v. Chr.) oder Sallust (86–35 v. Chr.) kennen, und schlichtem Tatsachenbericht (*commentarius*) recht treffend beschreiben. Wie der Grieche Lukian in der schon genannten Schrift *De historia conscribenda* feststellt, verhalten sich *commentarius* und *historia* zueinander wie zwei Arbeitsschritte: Rohentwurf und Ausarbeitung. Im antiken Literaturbetrieb kam es nicht selten vor, daß diese Arbeitsschritte, die Caesar beide leistete, auf verschiedene Personen verteilt wurden.

Werfen wir also einen Blick auf jene Gattung, von der Caesar für seinen Tatsachenbericht erkennbar Anleihen nimmt, die Geschichtsschreibung. In der Antike wurde die Historiographie, wie sie Herodot oder Thukydides, Sallust, Livius oder Tacitus betrieben, nicht als Fachschriftstellerei verstanden. Geschichtsschreibung galt vielmehr als ‹schöne Literatur›, die ein ausgefeilter und rhetorisierter Stil, eine ausgewogene Komposition und – zumindest bei zentralen Szenen – eine dramatisierende Darstellung des

Stoffes kennzeichnete. Zahlreiche Gattungselemente aus dem Drama oder Epos finden sich auch in der Historiographie, wie wörtliche Reden und Dialoge, eingeschaltete Exkurse, die über Vorgeschichte und Hintergrund berichteten, und wirkungsvoll plazierte Episoden, in denen anschaulich erzählte Ausschnitte aus dem Gesamtgeschehen geboten wurden. Man könnte meinen, daß die antiken Geschichtsschreiber Gefahr liefen, aus Freude am Erzählen die objektive Faktenlage zu vernachlässigen. Doch ihnen ging es um mehr als um bloße Fakten, es ging ihnen um die tiefere Wahrheit, und diese ist bekanntlich Ansichtssache. Cicero sagte einmal in ähnlichem Zusammenhang: «Bei historischen Dingen ist es den Rednern erlaubt zu lügen, damit sie etwas besser auf den Punkt bringen könnten.» (Cicero: Brutus 42)

Die tiefere Deutung des Geschehens war also das eigentliche Anliegen der römischen Historiker. Und so ist es nicht verwunderlich, daß sie – ähnlich wie die Dichter – die Geschichte so erzählten, daß die ihrer Auffassung nach entscheidenden Aspekte und die großen Zusammenhänge hervortraten und für die Leser faßbar wurden. Das führte, vor allem in historischen Monographien, zu einer fokussierten Darstellung der Handlungsstränge, die sich verdichteten, steigerten und auf einen Höhepunkt zuliefen, der nicht selten in Form einer dramatisch gestalteten Szene exemplarisch zeigen sollte, was die ‹wahren› Triebkräfte wären und worauf es in ‹Wahrheit› ankäme. Die in solche Szenen eingebauten Reden und Redepaare dienten der anschaulichen Charakterisierung der agierenden Personen und der eindringlichen Offenlegung ihrer Handlungsmotive. Es handelte sich hierbei meist um fiktive Reden, die zu dem Zweck erfunden wurden, Entscheidungssituationen aufzuzeigen und unterschiedliche Handlungsmöglichkeiten in einer Situation darzulegen oder überhaupt die tieferen Ursachen des Geschichtsverlaufes literarisch ansprechend und historisch verallgemeinerbar auf den Punkt zu bringen. Natürlich gab es in Geschichtswerken auch Reden, die auf einer realen Vorlage basierten, aber auch solche Reden waren dem Stilwillen des jeweiligen Historikers unterworfen, der die Rede auf das ihm wichtig Scheinende verkürzte. Dieses Vorgehen war nicht nur üblich, sondern wurde auch als legitim empfunden. Die antiken Geschichtswerke sind voll von solchen exemplarisch zugespitzten Erzählungen, und manchmal gipfeln sie im Darstellungsmittel der sogenannten *exempla*; das sind einprägsame Geschichten, die typische menschliche Verhaltensweisen illustrieren, sowohl vorbildliche wie auch abschreckende, aber allemal lehrreiche. Die römische Geschichtsschreibung ist zwar weit mehr als eine bloße Exempelliteratur der römischen Wertewelt, auch das manchmal unterschätzte Werk des Livius, der für seine ansprechenden *exempla* berühmt ist. Dennoch gilt für antike Historiographen, daß sie das Ethos (*mores*) der handelnden Menschen exemplarisch in den Mittelpunkt stellen und als entscheidende Kraft der Geschichte betrachten. Die moderne Forschung spricht in diesem Zusammenhang von der sogenannten moralischen, also der den menschlichen Charakter reflektierenden Geschichtsschreibung.

Die römischen Historiker deuteten Geschichte aus ihrer persönlichen, durchaus subjektiven Sicht, und die überzeugende Darstellung dieser ihrer Geschichtsdeutung war bisweilen wichtiger als die exakte Darstellung des Geschichtsverlaufs. Dieser freie Umgang mit dem, was wir heute unter der ‹historischen› Wahrheit› verstehen, erregte aber keinen Anstoß, er gehörte anerkanntermaßen zur Gattung. Der Objektivitätsanspruch der Geschichtsschreiber zielte auf etwas anderes: auf Unparteilichkeit. Zu dieser bekennt sich Tacitus, wenn er betont, seine Werke seien frei von Ressentiment und Parteinahme: *sine ira et studio* – «ohne Zorn und Eifer» (Tacitus: Annalen 1,1).

Es versteht sich von selbst, daß die gleichsam ‹belletristisch› anmutende und durchaus nicht in heutigem Sinne objektive antike Historiographie mit einem schlichten Tatsachenbericht, wie ihn der Titel *Commentarii* in Kombination mit dem einfachen Stil suggeriert, wenig gemein hat. Und es wird deutlich, welch gewagte Synthese Caesar gelungen ist, wenn er seinen Tatsachenbericht – übrigens von Buch zu Buch in zunehmendem Maß – um historiographische Gattungselementen erweitert. Seine Kunst besteht dabei vor allem darin, die Synthese im Fortgang der *Commentarii* so unmerklich zu vollziehen, daß das Neue seiner Darstellungsweise kaum ins Auge fällt. Und so kann Caesar die Vorteile beider Gattungen, die er synthetisiert, unauffällig nutzen: Die äußere Fassade vermittelt den Eindruck eines objektiven Berichts, der in seiner Schlichtheit noch keine tendenziöse oder zumindest geschichtsdeutende Ausarbeitung vermuten läßt. Die in diesen Bericht dann unvermutet eingebauten Reden, Exkurse und Erzählungen jedoch können, da sie in den Berichtcharakter der *Commentarii* völlig eingebettet sind und gleichsam darin aufgehen, um so stärker und gezielter ihre Wirkung entfalten, als der Leser – vom Objektivität vorgaukelnden, unprätentiösen Kommentarienstil getäuscht – ganz arglos bleibt.

Caesars *Commentarii* haben gegenüber einem traditionellen Geschichtswerk noch andere Vorzüge: Seit Herodot und Thukydides war es üblich, daß sich ein Historiker im Proöm (Vorwort) seines Geschichtswerkes zu seiner Person, seinem Anliegen und seinem Geschichtsverständnis äußert. Ein antiker Historiker bekannte also Farbe und nahm methodisch, politisch und weltanschaulich Stellung. Dem war Caesar durch seine geschickte Gattungswahl enthoben: Für die herkömmlichen *commentarii* gab es keine derartige Konvention, und niemand vermißte daher etwas, wenn Caesar als Geschichtsschreiber ganz im Hintergrund blieb – und das war auch dringend geraten, denn er war ja der Geschichtsschreiber seiner eigenen Taten. Je bescheidener der Geschichtsschreiber in den Hintergrund trat, um so mehr konnte der gefeierte Feldherr im Vordergrund stehen.

Und es gab noch einen Unterschied: Von einer historischen Monographie wurde erwartet, daß sie das von ihr dargestellte Geschehen in einen weiteren zeitgeschichtlichen Zusammenhang einordnete. Das tut Caesar in seinen *Commentarii* erstaunlich wenig: Was während seiner gallischen Feldzüge in Rom passierte, kommt nur am Rande zu Sprache, und wesentliche politische Vorgänge, auch die, die Caesar unmittelbar betrafen, werden ausgeklammert: Die Konferenz in Lucca im Jahre 55 v. Chr., in der das Triumvirat zwischen Caesar, Pompeius und Crassus erneuert wurde, der Tod seiner Tochter Julia, die als Frau des Pompeius zur Stabilität des Triumvirats erheblich beigetragen hatte, der Tod des Crassus im Kampf gegen die Parther, das alleinige Konsulat des Pompeius (vgl. lediglich 6,1 und 7,6,1), dessen Annäherungen an die Senatspartei und die damit entstehenden Probleme bei der Verlängerung der Amtszeit des Prokonsuls – all das findet im *Bellum Gallicum* keinerlei Erwähnung. Caesar verweist lediglich kurz auf die Dankfeste, die in Rom zu seinen Ehren stattfinden. Ansonsten erscheint er in den *Commentarii* ausschließlich als Feldherr, gelegentlich als Provinzverwalter, der Gerichtstage hält, nicht aber als der römische Politiker, der auch im fernen Rom über seine Mittelsmänner maßgeblich mitmischt.

Die äußerliche Form des Tatsachenberichts erlaubt es Caesar, den Fokus ganz auf den Gallischen Krieg zu legen. Im Zentrum seiner Darstellung steht die militärische und politische Situation in Gallien: So entsteht der Eindruck, daß die wirklich wichtigen Dinge dort passieren, wo Caesar ist: in Gallien. Der Mittelpunkt der Welt wird gleichsam von Rom nach Gallien verlegt, wo Caesar – anders als in Rom – unangefochten die Fäden in der Hand hält. Mit dieser Verlagerung der Perspektive setzte sich Caesar nicht nur selbst in ein besseres Licht, sondern auch seine Offiziere und seine Legionäre. Ihnen gab er das Gefühl, im Zentrum des Weltgeschehens zu stehen, mit dabei zu sein, wenn neue Länder nicht nur erobert, sondern auch entdeckt werden. Damit ist auch etwas darüber gesagt, für wen Caesar die *Commentarii* geschrieben hat. Sicherlich dachte er auch an den römischen Senat und das römische Volk – gerade auch der Volksversammlung verdankte er seine großen Kommandos. Er mußte seine Parteigänger bei der Stange halten, alte Klientele pflegen, neue gewinnen, seinen Gegnern imponieren. Aber Caesars Denken war nicht nur auf Rom fixiert, sondern seiner Zeit weit voraus. Er hatte offenbar erkannt, daß die Macht nicht mehr allein – wie in der alten Republik – an Rom und die römische Aristokratie gebunden war, sondern in zunehmendem Maße von den Klientelen in Italien und den Provinzen abhängen würde. Das konnte er an Pompeius sehen, dessen Machtbasis vor allem in den Provinzen lag. Caesars Horizont überstieg die engen Mauern Roms, er dachte in größeren Zusammenhängen, handelte globaler. Daher schien es ihm sinnvoll, nicht nur für Rom, sondern auch für seine Offiziere und für die interessierten Kreise außerhalb Roms zu schreiben. Außer in Italien hatte er zunehmend in der oberitalischen Provinz Gallia Cisalpina unter den Honoratioren des Landadels viele Anhänger – man denke nur an Mamurra, den Ritter aus Formiae, oder an Catulls Vater in Verona, bei dem Caesar regelmäßig gastliche Aufnahme fand. Aber auch bei den Eliten in der Provinz Gallia Transalpina und in Gallien selbst machte er sich durch Geschenke, freundschaftlichen Umgang oder Verleihung des Bürgerrechts beliebt, vor allem aber auch dadurch, daß er ihnen bei ihren Städten und Stämmen Einfluß und hohe Ämter verschaffte. Für diese Leute war das, was Caesar in Gallien tat, wichtiger als das, was in Rom geschah. Später, nach dem Bürgerkrieg, wird der Diktator Caesar diese italischen und provinzialrömischen Klientele mit Ämtern belohnen und dabei im Senat den Einfluß und die Präsenz des römischen Stadtadels zurückdrängen. Und Cicero, selbst *homo novus,* wird sich angesichts dieser vielen neuen Senatoren ohne entsprechenden familiären Hintergrund darüber mokieren, neben wem man heutzutage im Senat sitzen müsse. Diese Politik führte im übrigen langfristig in vielen Adelsfamilien zu einem erheblichen, oft endgültigen Machtverlust, eine Erscheinung, die durch eine ähnliche Besetzungspraxis des Augustus noch verstärkt wurde und eine Zäsur zwischen der republikanischen und der kaiserzeitlichen Aristokratie markierte.

Die Beschränkung auf Gallien, die der Form der *commentarii* entsprach, brachte noch einen weiteren Vorteil mit sich: Als Oberfeldherr war Caesar eigentlich vor allem für die Eroberung zuständig, bei der Neuordnung der eroberten Gebiete und der Schließung der Verträge mit den unterworfenen Völkern hatte auch der Senat mitzureden. Solche Maßnahmen mußten in Rom ratifiziert werden – ein Problem, das auch Pompeius nach der Rückkehr aus Asien erheblich zu schaffen gemacht und ihn schließlich veranlaßt hatte, in das Triumvirat mit Caesar und Crassus einzuwilligen. Mit der Aussparung der politischen Vorgänge in Rom konnte Caesar einerseits seine Abhängigkeit vom Senat übergehen, andererseits seine Überschreitungen der Amtskompetenz verschweigen, wenn er in Gallien politische Fakten schuf. Den Senat erwähnt Caesar fast nur dann, wenn dieser ihm zu Ehren öffentliche Dankfeste bewilligte.

Und ein letzter Vorteil: Caesar brauchte nur zu militärstrategischen Themen Stellung nehmen, nicht etwa zu politischen. Welche Meinungen, welche Pläne, welche Visionen er als Politiker hegte, konnte er für sich behalten. Er ließ sich nicht in die Karten schauen, wahrte für sich alle Optionen und gab sich ansonsten erhaben über die Niederungen des politischen Tagesgeschäfts in Rom. Dieses Schweigen Caesars über seine weitergehenden politischen Ziele beschäftigt und spaltet die Forschung übrigens noch heute. Es ist immer noch nicht geklärt, ob Caesar nur das zweite Konsulat und seine vollständige Rehabilitation anstrebte oder aber Alleinherrscher in Rom werden wollte.

Mit den *Commentarii* schuf sich Caesar ein genau auf seine Bedürfnisse zugeschnittenes Instrument der literarischen Selbstdarstellung. Durch die Verschmelzung des Tatsachenberichts mit der historischen Monographie konnte er einerseits genauso viel beziehungsweise wenig, andererseits so rhetorisiert beziehungsweise schlicht schreiben, wie er es jeweils für richtig hielt. Zudem fiel diese Flexibilität, die die neue Form bot, nicht weiter auf, da Aufbau und Berichtsstil der *Commentarii* ganz natürlich aus Caesars jährlichen Berichten hervorgegangen zu sein schienen, die er als Prokonsul an den Senat sandte: sieben Kriegsjahre – sieben Bücher. Diese Senatsberichte werden von Caesar auch erwähnt, er nennt sie *litterae* (2,35,4; 4,38,5). Sie lagen übrigens dem kaiserlichen Archivar Sueton (Sueton: Caesar-Vita 56,6) noch vor, heute sind sie verschollen, wie auch die meisten anderen Berichte dieser Art; nur einige Briefe Ciceros (z. B. Cicero: Briefe an Vertraute 15,1.

2. 4; Cicero: Briefe an Atticus 5,20) vermitteln eine Ahnung von dem nüchternen Stil dieser offiziellen Schreiben.

Wir können die Geburt der neuen Gattung genau datieren. Sie fand im Winter des Jahres 52/51 v. Chr. statt, als Caesar auf der Grundlage seiner Senatsberichte und der verschiedenen Berichte seiner Legaten sich daran machte, die gallischen Kriegsjahre in einer Gesamtdarstellung zusammenzufassen, mit einem Vorwort zu versehen und unter dem Titel *Commentarii rerum gestarum belli Gallici* zu veröffentlichen. Hirtius, der Fortsetzer des *Bellum Gallicum*, spricht in diesem Zusammenhang ausdrücklich von einer Schlußredaktion, mit der Caesar seine sieben Bücher über den Gallischen Krieg abgeschlosssen hat: «... ich aber [weiß] auch, wie leicht und wie schnell er sie vollendet hat.» (8. Buch, Vorrede 6) Hirtius gebraucht nicht etwa *scribere* (schreiben) oder wenigstens *conscribere* (verfassen), sondern *perficere* (vollenden). Damit bezeugt er, daß Caesar das Corpus der sieben Bücher über den Gallischen Krieg als Einheit konzipiert und zumindest für den Moment als abgeschlossen betrachtet hat. Es gibt allerdings bei Sueton einen Hinweis, daß Caesar später vorhatte, seine Schrift einer kritischen Revision zu unterziehen (Sueton: Caesar-Vita 56,4). Es ist für Caesar bezeichnend, daß er eine solche Überarbeitung, wenn er sie denn für nötig gehalten hätte, nicht einem Historiker überlassen, sondern eigenhändig umgesetzt hätte.

Bei der Abfassung seines *Bellum Gallicum* verarbeitete Caesar eine Vielfalt von Quellen. Neben seinen Senatsberichten und den Berichten seiner Offiziere holte er sich auch Informationen aus der reichen ethnographischen und geographischen Fachliteratur, etwa aus den bereits erwähnten griechischen Schriften des Pytheas oder des Poseidonios. Beide hatten über den nördlichen Oceanus geschrieben und in diesem Zusammenhang auch über die keltische Bevölkerung, die zwischen den Alpen und dem Weltmeer wohnte. Poseidonios hatte darüber hinaus ein Geschichtswerk verfaßt, in dem er auch über die Kämpfe Roms mit den germanischen Kimbern und Teutonen berichtete, nicht ohne einen ethnographischen

Exkurs zu diesen Stämmen voranzustellen. Namentlich erwähnt hat Caesar aber nur den griechischen Geographen Eratosthenes, den er an einer Stelle stolz korrigiert, daß das riesige Waldgebiet jenseits des Rheines der «Herkynische» und nicht, wie Eratosthenes meinte, der «Orkynische Wald» hieße (6,24,2). Solche Informationen hatte Caesar entweder von römischen Händlern, die ihre Waren bis in in den Siedlungsraum der Germanen verkauften, oder von Kelten und Germanen, die ihm als Dolmetscher dienten oder mit denen er anderweitig in einem Vertrauensverhältnis stand. Bei den Eroberungen fielen ihm gewiß auch von Galliern verfaßte Texte, etwa in Tempelbezirken, in die Hände, die er für seine Exkurse auswerten konnte. Das Archiv der Helvetier, das alle Auswanderer nach Stämmen verzeichnete, wird genannt und zitiert (1,29). Die Kelten benutzten übrigens in der Regel griechische Buchstaben, da sie schon früh in Massilia (Marseille) und Nicaea (Nizza), beides griechische Gründungen, mit der Buchstabenschrift der Griechen bekannt geworden waren.

Als Prokonsul und Oberfeldherr unterhielt Caesar eine eigene mobile Kanzlei – ein Kanzleileiter, der Vater des Historikers Pompeius Trogus, ist namentlich überliefert (Justin 43,12), vermutlich hatte aber auch A. Hirtius, der die *Commentarii* fortsetzte, zeitweise eine ähnliche Stellung inne. In Caesars Kanzlei gab es viele Schreiber, Dolmetscher, Buchhalter und Beamten für die Logistik, auch ein umfangreiches Archiv mit Briefen, Protokollen, Offiziersberichten, ebenso eine Bibliothek, die neben einer Sammlung von Buchrollen sicher auch Straßenverzeichnisse (Itinerarien) und, soweit damals existent, Kartenmaterial enthielt. Diese komfortable Ausstattung, die allerdings durch Kriegsverluste im Sommer 52 möglicherweise etwas reduziert war (7,55,2), stand Caesar bei der Abfassung seines *Bellum Gallicum* zur Verfügung, um Namen, Zahlen, Entfernungen, Schlachtenverläufe und ethnographische Details zu recherchieren beziehungsweise recherchieren zu lassen. Dazu verfügte er, wie es sich für einen römischen Aristokraten ziemte, über entsprechend ausgebildete Sklaven, auch Gelehrte hielten sich in seiner Umgebung auf; wir wissen etwa von dem

Rechtsgelehrten C. Trebatius Testa, den Cicero dem Statthalter als juristischen Berater wärmstens empfohlen hat. Und unter den Gefolgsmännern und Generälen Caesars waren durchaus Gebildete, die selbst zur Feder griffen: Hirtius hat, wie bereits erwähnt, die letzten Ereignisse des Gallischen Krieges für die Jahre 51/50 in einem 8. Buch ergänzt. Auch Caesars *Commentarii de bello civili*, also seine drei Bücher über den Bürgerkrieg, wurden von Offizieren fortgeschrieben, die aber für uns nicht mehr sicher identifizierbar sind. In den Fortsetzungen wird über jene Kriege in Ägypten, Afrika und Spanien berichtet, die Caesar nach seinem Sieg über Pompeius noch führen mußte, um aus dem Bürgerkrieg als alleiniger Sieger hervorzugehen.

Nicht der schöpferische Geist Caesars allein, sondern auch die Notwendigkeiten der historischen Situation und das spezifische Umfeld mit seinen konkreten Produktionsbedingungen schufen eine neue, ganz spezifische literarische Form, die in der Literaturgeschichte einmalig bleiben sollte: Caesars *Commentarii* fanden keine Nachahmer, die neue Gattung lebt nur in Caesars Werk weiter.

«Sie sind nämlich nackt ...» – Stil und Charakter der *Commentarii*

An der bereits erwähnten Stelle in der rhetorischen Schrift *Brutus* zeichnet Cicero ein anschauliches Bild vom Stil der *Commentarii*: «Sie sind nämlich nackt (*nudi*), geradlinig (*recti*) und anmutig (*venusti*), jeden Redeschmucks (*ornatus*) entledigt gleichsam wie von Kleidung.» (Cicero: Brutus 262)

Caesars nüchterner Stil schlug antike wie moderne Kritiker in den Bann. Seine lapidare Erzählweise erregte Aufsehen, faszinierte und begeisterte ebenso, wie sie beunruhigte und erschreckte: Was war das für ein Mann, der, wie es schien, ohne Anteilnahme und mit so schlichten Worten von Großtaten, wie die einen, von Greueln, wie die anderen meinten, berichtete?

Ob man Caesar bewunderte oder ablehnte, man setzte immer wieder seinen Schreibstil zu seinem Handeln oder Charakter in

Bezug. Schon Quintilian (1. Jahrhundert n. Chr.) meinte, «daß Caesar mit derselben Haltung Reden hielt, mit der er auch Kriege führte» (Quintilian: Rhetorik 10,1,114). Ähnlich auch der kaiserzeitliche Redner Fronto (100–170 n. Chr.) in einem seiner Briefe: «Freilich sehe ich, daß Caesars Redegabe gebieterisch wie die eines Feldherrn (*imperatorius*) gewesen war.» (Fronto: An den Kaiser Verus 2,10) In dieser Tradition steht auch die Äußerung des Germanisten Friedrich Gundolf: «Caesar wollte nicht schlicht schreiben aus Geschmack, Einsicht oder Wahl – er konnte nicht anders. Es war seine Art des Atmens, Gehens und Sehens.» (Gundolf, 1924, 10) Die zielgerichtete Entschlossenheit seines Handelns sah man im trockenen und schnörkellosen Stil seiner Sprache widergespiegelt. Caesar hätte gegen eine solche Interpretation sicherlich keine Einwände gehabt, ja seine Gattungswahl spricht dafür, daß er sich auch durch einen sachlichen Schreibstil als ein an Sachlagen orientierter Realpolitiker präsentieren wollte.

Neben der Nüchternheit beeindruckte zugleich die Leichtigkeit der Sprache. Das hat auch etwas damit zu tun, daß Caesar als Redner einer rhetorischen Tradition, dem sogenannten Attizismus, angehörte, die übertriebene Ausdrucksfülle und maßlosen Schwulst mied und sich insbesondere der *Latinitas pura* (reine Latinität) verschrieb. Statt auf eine bildreiche, verspielte und extravagante Sprache mit gesuchten Wörtern und überlangen Sätzen baute der Attizist auf eine knappe, klare Ausdrucksweise verbunden mit dezent dosierter Rhetorik. Wenn dies schon für Caesars Reden galt, traf es erst recht auf seine *Commentarii* zu. Auch sie setzen auf eine unaufdringliche, ganz auf die Sache gerichtete Ausdrucksweise, deren hauptsächlicher Schmuck die Stringenz des Gedankengangs und die Prägnanz der Sprache ausmachte. Trotz seines militärisch-drögen Inhalts, für uns geradezu der Gegenbegriff zu jeder Art von Anmut, strahlte das Werk durch seine Präzision im Ausdruck feine Eleganz aus. Hirtius begeisterte sich für Caesars eleganten Stil, aber nicht weniger staunte er auch über die Geschwindigkeit, mit der Caesar offenbar schrieb:

> Es ist nämlich allgemein bekannt, daß von keinem anderen ein so kunstvolles Werk geschaffen wurde, daß es etwa nicht von der Eleganz (*elegantia*) dieser Aufzeichnungen übertroffen würde ... Dennoch ist meine Bewunderung dafür größer als die der anderen; sie nämlich wissen, wie gut und sprachrichtig, ich aber auch, wie leicht und wie schnell er sie vollendet hat. Caesar besaß Befähigung zum Schreiben und höchste Eleganz des Stils ... (8. Buch, Vorrede 4. 6)

Auch Mommsen, immerhin ein Historiker, der für die schriftstellerische Qualität seines Geschichtswerks den Literaturnobelpreis erhielt, geriet über die *elegantia* Caesars ins Schwärmen: «Über die Schrift vom Gallischen Krieg ist helle Heiterkeit, eine einfache Anmut gegossen, welche nicht minder einzig in der Literatur dastehen, wie Caesar in der Geschichte.» (Bd. 3, 1854 ff., 569) Der Philologe Hermann Strasburger hingegen, geprägt von den Ereignissen des Zweiten Weltkriegs, kann diesem Urteil Mommsens nichts abgewinnen:

> Rein ästhetisch betrachtet, mag das gelten ... aber die Sache hat eben nicht nur eine literarische Seite, und um so unheimlicher ist die Spannung zwischen Form und Inhalt. Das furchtbare Geschehen ist mit einem Hochgefühl schriftstellerisch gestaltet, das ertragbar nur wird, wenn man ihm die höhere Unschuld vollkommener dämonischer Besessenheit zuerkennt ... Immerhin muß für jeden, der sich nur halbwegs lebendig vorzustellen versucht, was sich da für die von Caesars Kriegführung betroffenen Völker wirklich abgespielt hat, die einzigartige Immoralität in die Augen springen, mit der Caesar nicht nur handelte, sondern sich auch in eigener Aufzeichnung dieser Handlungen, also im Wortsinne authentisch, zur Darstellung brachte. (Strasburger, Bd. 1, 1982, 412 f.)

Diese wenigen ausgewählten Zitate zeigen, wie sehr man sich abmühte, den Schriftsteller und Feldherrn Caesar in ein Verhältnis zu setzen. Gewiß stehen Stil und Persönlichkeit, nach dem Motto Buffons «le style est l'homme même», in einer individuellen Wechselbeziehung, doch darf hierbei ein formaler Aspekt nicht übersehen werden. In der Antike band die einmal gewählte Gattung den Schriftsteller eng an eine bestimmte Tradition und an die mit ihr verbundenen Gattungsregeln und Stilelemente. Mit der Gattungsbezeichnung *commentarii* legt sich Caesar also grundsätzlich stilistisch fest, auch wenn er die Vorgaben der Gattung auf seine Weise erweitert und immer wieder überschreitet.

Wie sensibel solche stilistischen Feinheiten wahrgenommen und im Kennerkreis diskutiert wurden, belegt folgende Episode: Wie schon erwähnt, bemühte sich Cicero wiederholt um Literaten, die sein Konsulat des Jahres 63 v. Chr. gebührend würdigen sollten. So bat er außer Poseidonios und Lucceius auch seinen Freund Atticus, der gerade in Griechenland weilte, um diese Gefälligkeit. Atticus erklärt sich als einziger bereit und wagt einen Versuch. Gleichzeitig macht sich aber auch Cicero selbst an eine entsprechende Darstellung. Als beide fertig sind, senden sie einander ihre Schriften zu. Cicero vergleicht die beiden *commentarii* – denn so nennt er sie – und teilt seine Eindrücke Atticus brieflich mit. Dieses Schreiben gibt einen guten Einblick in die publizistisch-literarischen Überlegungen und Motive des Kommentarienschreibers Cicero:

> Am 1. Juni [60 v. Chr.] ... begegnete mir Dein Bote, der mir einen Brief und Deine in griechischer Sprache verfaßte Denkschrift über mein Konsulat überbrachte. Wie freute ich mich da, daß ich einige Tage zuvor Dir durch L. Cossinius mein ebenfalls griechisch geschriebenes Werk über das gleiche Thema hatte zustellen lassen ... So gern ich die Schrift las, so muß ich doch sagen, sie schien mir etwas zu schlicht und farblos. Allerdings fand ich auch wiederum, daß gerade der bewußte Verzicht auf Schmuck ihr eigentlicher Schmuck ist und daß von ihr, wie von Frauen, ein so feiner Duft ausgeht, weil ihr kein Duft anhaftet.
>
> Mein Werk hingegen hat den ganzen Kosmetikbestand des Isokrates und die ganzen Farbkisten seiner Schüler, ja auch den rhetorischen Zierat des Aristoteles aufgebraucht ... Ich hätte es nicht gewagt, sie Dir zu schicken, wenn ich sie nicht aufs genaueste und mit pedantischer Strenge geprüft hätte.

An Poseidonios von Rhodos hatte ich meine Denkschrift gleichfalls geschickt mit der Bitte, er möchte den Stoff noch glänzender behandeln. Er hat mir darauf geschrieben, er sei nicht nur nicht angeregt, sondern sogar gänzlich abgeschreckt worden. Ich habe also das Volk der Griechen aus dem Konzept gebracht – stimmts? So fallen mir alle die Leute, die mich immer drängten, ich möchte ihnen Stoff zu einem stilistischen Prachtwerk bieten, künftig nicht mehr lästig.

Wenn Dir mein Buch gefällt, dann sorge doch bitte dafür, daß es in Athen und den anderen Städten Griechenlands Aufnahme findet. Mir scheint, es könnte dazu beitragen, daß auf meine Taten etwas Licht fällt. (Cicero: Briefe an Atticus 2,1,1–2)

Dieser private Brief Ciceros an seinen Freund Atticus ist in mehrfacher Hinsicht aufschlußreich: Während Atticus – dem traditionellen Kommentarienstil folgend – über Ciceros Konsulat offenbar in schlichtem Stil berichtet, trägt Cicero, wie er wohl etwas übertreibend betont, richtig dick auf und nutzt die ganze Palette der Rhetorik. Damit ist Cicero der erste greifbare Vertreter des sogenannten literarischen *commentarius*. Aber er erweist sich mit diesem rhetorisierten *commentarius* gerade nicht als Vorläufer Caesars. Auch wenn Ciceros Aufzeichnungen über sein Konsulat nicht erhalten sind, ist der Unterschied zu Caesars Schrift klar. Bei Cicero übertrifft offenbar die elaborierte Ausdrucksweise, für jedermann erkennbar, die Stilhöhe eines gewöhnlichen *commentarius*, bei Caesar ist die schlichte Ausdruckweise eines herkömmlichen *commentarius* vordergründig (meist) gewahrt, dahinter jedoch entfaltet sich, von den meisten unbemerkt, die ganze Raffinesse rhetorischer Strategien. Beiden gemeinsam ist, daß sie mit der traditionellen Form des *commentarius* experimentieren, um ihre politische Selbstdarstellung zu optimieren. Daß es ihnen vor allem um diese zu tun ist, geht aus dem unverhohlen geäußerten Wunsch Ciceros hervor, sein Buch möge überall bekannt gemacht werden, damit der Ruhm seiner Taten weite Verbreitung finde. Interessant ist, daß Cicero Wert darauf legt, auch in Griechenland Eindruck zu hinterlassen – es war für den gebildeten Römer eben immer noch der kulturelle Bezugspunkt, und die griechische Sprache galt weiterhin als Weltsprache.

Wenn ferner Poseidonios Ciceros Anfrage, den Stoff seiner ohnehin schon ausgefeilten Schrift noch glänzender zu behandeln, mit dem Hinweis zurückweist, daß er durch diese Schrift nicht zu einer Ausarbeitung etwa angeregt, sondern vielmehr davon abgeschreckt würde, dann hat Ciceros Schrift auf Poseidonios dieselbe Wirkung, die Cicero – an schon zitierter Stelle (Cicero: Brutus 262) – für die potentiellen Bearbeiter des *Bellum Gallicum* vorhersagt: Kein vernünftiger Historiker wagt sich an einen allzu perfekt geschriebenen *commentarius*. Es fällt übrigens auf, daß an beiden Stellen Cicero den Vorgang stilistischer Verschönerung mit Metaphern aus der Kosmetik beschreibt: Die gleichsam ungeschminkte und unparfümierte Vorlage soll mit Make-up aufgehübscht und mit der Brennschere auffrisiert werden. Das paßt auch zu Lukians Einteilung der Arbeitsschritte beim Verfassen eines Geschichtswerks in Rohentwurf und Ausarbeitung.

Der von Poseidonios vorgebrachte Ablehnungsgrund war natürlich nur eine Höflichkeitsfloskel, die Cicero aber augenzwinkernd aufnimmt und konsequent weiterspinnt: Die Qualität seiner *commentarii*, die gar einen Poseidonios habe verzweifeln lassen, würde ihn auch sonst vor der großen Zahl derer retten, die sich nur darum rissen, seine Stoffsammlungen in literarische Kunstwerke zu verwandeln. Das ist pure Selbstironie: Cicero hatte ja vergeblich Bearbeiter gesucht, und Atticus wußte das nur zu gut.

Kehren wir zu Caesars *Commentarii* zurück. Dieser hat nicht Ciceros Weg gewählt, die Gattung des *commentarius* nach allen Regeln der Kunst zu rhetorisieren. Dennoch erntet er bei Hirtius und anderen für seinen unvergleichlichen und unerreichbaren Stil großes Lob. Die *Commentarii* sind ohne rhetorische Ausschmückung und doch voll Anmut. Der Titel suggeriert eine vorliterarische Sammlung von Berichten und anderem Stoff, und doch gelten sie nach antikem wie modernem Urteil als Kunstprosa. Ist es der herbe Charme des maßvoll Schlichten, der spröde Reiz der bescheidenen Beschränkung, die bestechen?

Die antike Rhetorik kennt fünf Qualitätsmerkmale, die einen

guten Stil ausmachen (*virtutes dicendi*), eine davon ist eben der Redeschmuck (*ornatus*), auf den Caesar verzichtet hat. Doch die anderen Qualitäten eines guten Stils erfüllt er vollkommen: korrektes Latein (*Latinitas*), Klarheit im Ausdruck (*perspicuitas*), gebotene Kürze (*brevitas*), eine dem Inhalt angemessene Darstellung (*aptum*). Es liegt auf der Hand, daß der Verzicht auf Redeschmuck ein Gewinn ist zugunsten der anderen Stilqualitäten, und es wird auch deutlich, daß Caesars Verzicht nicht nur im Einklang mit dem Attizismus steht, sondern auch mit dem allgemeinem Lehrgebäude der antiken Rhetorik. Hirtius und Cicero haben daher Caesars bewußte stilistische Beschränkung sogleich literarisch einzuordnen und zu schätzen vermocht, Quintilian, Fronto und andere haben diese, wie wir gesehen haben, in Bezug zur Klarheit, Geradlinigkeit und Angemessenheit seines Denkens und Handelns gesetzt. Es ist eine alte römische Tradition, daß der Adel die Würde seines Standes durch einen disziplinierten Lebenswandel und durch eine schlichte, auf das Nötige beschränkte Redeweise gleichermaßen demonstriert: wie der Mann, so seine Worte und Taten. Zumindest in republikanischer Zeit wurde mit aristokratischem Auftreten auch vornehmes Maßhalten verbunden. Caesars Stil stimmt also nicht nur zu seinem Tun, sondern auch zu seinem Stand.

Wie sieht nun die stilistische Selbstbeschränkung aus? Sie betrifft zunächst einmal die Sprachhöhe. Der Satzbau der *Commentarii* ist – auch wenn viele ihre Caesarlektüre anders in Erinnerung haben – meist einfach und nur dort komplexer, wo er eine verwickelte Situation abbilden soll. Vor allem aber hält sich Caesar beim Vokabular zurück. Er folgt darin einer Devise, die er selbst in seiner nur bruchstückhaft erhaltenen Schrift *De analogia*, in der er puristische Vorstellungen von Sprachrichtigkeit propagiert, anschaulich formuliert hat (Buch 1, Frg. 2 Klotz): «Wie der Kapitän das Felsenriff, so sollst du das ungebräuchliche und ungewöhnliche Wort meiden.» (vgl. Sueton: Caesar-Vita 56,5; Gellius: Attische Nächte 1,10,4) In der Tat umfaßt der Wortschatz des *Bellum Gal-*

licum insgesamt nur 2600 Wörter, davon werden nur 1200 Wörter mehr als dreimal verwendet. Caesar ist sichtlich um ein unauffälliges Vokabular bemüht. Poetische Ausdrücke, Fremdwörter, altertümliche oder umgangssprachliche Redewendungen meidet er, selbst die administrative und militärische Fachterminologie ist auf das unbedingt Notwendige reduziert. So wird eine angenehme Gleichmäßigkeit und Einheitlichkeit des Erzählflusses erreicht. Da Caesar die Erzählung ganz auf das militärische Geschehen reduziert, verringert sich der erforderliche Wortschatz nochmals. Der Philologe Eckart Mensching (1988, 80 f.) hat darüber hinaus festgestellt, daß typische Wörter des Alltags, wie ihn auch Soldaten erleben, völlig fehlen, z. B.: *mensa* (Tisch), *vestis* (Kleidung), *medicus* (Arzt), *incola* (Einwohner), *gaudium* (Freude), *dormire* (schlafen), *edere* (essen), *aegrotus* (krank), *fessus* (müde). Die Darstellung dieser Situationen und Lebensbereiche bleibt ausgespart.

Caesars Bestreben, die Zahl der benutzten Wörter klein zu halten, führt zu häufigen Wiederholungen: Dieselbe Sache wird meist ohne Abwechslung, auch dort, wo eine solche leicht möglich wäre, mit demselben Wort bezeichnet. Vor allem in den ersten beiden Büchern, in denen der konventionelle Kommentarienstil noch am ehesten gewahrt bleibt, finden sich dafür signifikante Belege, insbesondere bei der Darstellung von militärischen Standardsituationen. So wird an einer Stelle (1,49,1) die Anlage eines Lagers beschrieben und dabei innerhalb zweier Sätze das Wort *locus* (Platz) gleich fünfmal gebraucht. An anderer Stelle (1,52,2–3) kommt innerhalb zweier Sätze das Wort *hostes* (Feinde) viermal vor, obwohl dieses durch den Eigennamen *Germani* (Germanen) oder etwa den Ausdruck *barbari* (Barbaren), die übliche römische Bezeichnung für fremde Völker, ohne weiteres zu ersetzen gewesen wäre. Die Wirkung der Wiederholung ist aber keineswegs Eintönigkeit, sondern Eindeutigkeit. Daß eine unnötige Abwechslung in der Wortwahl vermieden wird, findet sich auch in mancher modernen Erzählung als Stilelement: Wird von einem Gespräch erzählt, wird dabei normalerweise das Wort ‹sagen› stereotyp wiederholt, ohne daß es dem Leser auffiele: «... sagte er ... sagte sie ... sagte er ...»

etc. Um so stärker kann dann durch eine gezielte Abweichung das Augenmerk auf die Qualität der Redeweise gelenkt werden: «... fügte sie leise hinzu ...» Genau diesen Effekt nutzt auch Caesar, und zwar äußerst stringent: Der reduzierte Wortschatz erlaubt es ihm, jederzeit durch auffällige oder auch fast unmerkliche Abwechslung Akzente zu setzen.

Um zu unserem Beispiel der Wiederholung von *hostes* zurückzukehren: Caesar schildert hier die Entscheidungsschlacht gegen die Germanen. Solange der Kampf ausgewogen verläuft, werden die Feinde mit dem allgemeinen Begriff *hostes* bezeichnet – wie gesagt innerhalb weniger Zeilen viermal. In dem Moment aber, da die Feinde den Sturmangriff der Römer unverzüglich auffangen und das Kampfgeschehen durch die Bildung einer Phalanx unter ihre Kontrolle bringen, wird dem Leser in Erinnerung gerufen, mit wem es die römischen Soldaten gerade zu tun haben: mit den Germanen (*at Germani ... impetus ... exceperunt* – «doch die Germanen fingen den Ansturm auf ...»; 1,52). Mit dem Namen der Germanen aber verbinden die Römer Angst und Schrecken, steht er doch für die verlustreichen und verheerenden Niederlagen Roms gegen die germanischen Kimbern und Teutonen, die Marius schließlich mit Mühe bezwungen hatte. Die nüchterne Bezeichnung *hostes* wird genau dann durch *Germani* ersetzt, als der römische Angriff ins Stocken gerät, die Retardierung des militärischen (und erzählerischen) Geschehens erfolgt zugleich mit der Nennung des furchterregenden Germanennamens, der den (vorübergehenden) Rückschlag implizit, aber schlagend erklärt.

Bei einer minimalistischen Wortwahl genügt also schon eine kleine Variante, um große Wirkung zu erzielen. Dieser Effekt ist auf die gesamte Erzählstrategie des *Bellum Gallicum* übertragbar. Die grundsätzlich einfache Darstellungsweise, die sich Caesar auferlegt hat, erlaubt es ihm, die Aufmerksamkeit der Leser mit wenigen Gestaltungsmitteln zu gewinnen und zu lenken. Und je unscheinbarer die erzählerischen Mittel sind, um so unsichtbarer ist auch der Erzähler und kann ungestört seine Leser führen und manipulieren.

Mit den Waffen des Wortes: Erzählstrategien eines Feldherrn

Wie Caesar Herr des militärischen Geschehens ist, so ist er es auch – und erst recht – über das literarische: Beim Erzählen seiner Geschichte bedient er sich eines ganzen Arsenals von Strategien.

Das allein ist freilich noch keine Besonderheit Caesars, sondern bis zu einem gewissen Grade unvermeidlich: Tatsachen und Ereignisse für sich sind noch keine Geschichte. Die Tatsachen zu kennen genügt nicht; diese müssen auch dargestellt, in eine Form und einen Zusammenhang gebracht werden, damit sie eine kohärente Handlung und überhaupt einen verständlichen Sinn ergeben. So finden sich Erzähltechniken und -formen nicht nur bei Caesar, sondern generell in der Historiographie.

Die antiken Historiker waren dabei unbedenklicher als die modernen: Auswahl und Anordnung, Ausführlichkeit und Erzählweise des zu behandelnden Stoffes erfolgten danach, welche Wirkung und welche Sicht der Dinge der Geschichtsschreiber beim Rezipienten erreichen wollte, ein Verfahren, das vom antiken Leser nicht als Täuschung, sondern als literarische Kunst verstanden wurde (S. 85 ff.). Die Geschichtsschreiber wollten ähnlich wie die Redner ästhetischen Ansprüchen genügen – Cicero hat den Zusammenhang zwischen Geschichtsschreibung und Rhetorik immer wieder betont. Rhetorik und Erzählkunst galten als willkommene, ja unerlässliche Instrumente, komplexe Sachverhalte auf den Punkt zu bringen und Zusammenhänge sichtbar zu machen. Die Darstellung sollte lehrreich, aber auch kurzweilig, geistreich und spannend sein. Erzähltechniken und -formen wurden je nach Bedarf gewählt – zum Beispiel konnte ein Geschichtsschreiber eigene Gedanken einer Figur in den Mund legen, ohne sich unglaubwürdig zu machen –, oder Informationen wurden an der Stelle gegeben, wo sie die größte Wirkung entfalten, und nicht dort, wo sie der Chronologie der Handlung nach eigentlich hätten stehen müssen; ja sogar die Reihenfolge des Erzählens richtete sich bisweilen nicht nach chronologischen, sondern nach ästhetischen Kriterien. Auf diese Tradition konnte Caesar zurückgreifen, nur daß er nicht den deutenden Geschichtsschreiber geben wollte, sondern den nüchternen Berichterstatter eines *commentarius*. Er mußte also seine Erzählkunst verbergen – und sich selbst.

Der versteckte Erzähler • Auf den ersten Seiten des *Bellum Gallicum* kommt Caesar nicht vor, weder als Erzähler noch als Protagonist. Im Proöm (1,1) werden Länder und Völker vorgestellt, daran schließt sich ein Bericht über die politische Situation bei den gallischen Helvetiern und Sequanern (1,2–1,6) an. Es bleibt völlig im Dunklen, wer berichtet. Es gibt – anders als in der sonstigen Kommentarienliteratur üblich – keine Widmung, die deutlich machen würde, daß es sich beim Erzähler um Caesar handelte, der nun seine Schrift als Vermächtnis einem Freund anvertraut, damit dieser sie zu treuen Händen bewahren, vielleicht erweitern oder umarbeiten und in der Welt verbreiten solle. Caesar operiert also nicht mit jener kunstvollen Selbstinszenierung als vermeintlicher *commentarius*-Schreiber, der in vornehmer Zurückhaltung Fertiges für Unfertiges verkauft. Er zieht es vor, die Erzählsituation offenzulassen und erst gar nicht zu thematisieren, wer zum Leser spricht. Der einleitende Bericht über die Verhältnisse in Gallien wirkt daher unpersönlich, aber eben auch unbefangen. Wie aus einer Vogelperspektive läßt ein allwissender anonymer Erzähler den Leser zunächst Gallien im ganzen überblicken, um dann die Aufmerksamkeit zügig auf den engeren Schauplatz zu lenken, das Land der Helvetier und die daran angrenzenden Landstriche. Zugleich wird als erster Protagonist der Helvetierfürst Orgetorix eingeführt. Man wird nicht nur über seinen Namen und Stand, sondern auch über seine politischen Ambitionen und Pläne unterrichtet: Ein Geheimabkommen mit dem Sequaner Casticus und dem Haeduer Dumnorix, die beide dem gallischen Adel angehören, soll eine reibungslose Auswanderung der Helvetier ermöglichen und gleichzeitig ihre Herrschaft über ganz Gallien vorbereiten. Die Entwicklung wird dann bis zu dem Punkt dargestellt, an dem sich die Helvetier für den 28. März 58 am Ufer der Rhone, dem Grenzfluß zur römischen Provinz Gallia Transalpina, verabreden, um über eine Route, die streckenweise durch römisches Gebiet führt, nach Westgallien auszuwandern. Formal ist dieser Überblick über die Aktivitäten der Helvetier durch die Angabe von Jahreszahlen eingerahmt, und zwar in der für Rom typischen Form der Nennung der eponymen Konsuln. Damit ist der Bericht der Vorgeschichte zeitlich genau auf die drei Jahre von 61 v. Chr. bis 58 v. Chr. beschränkt, der Einstieg in die eigentliche Handlung auf den Tag genau datiert: den 28. März 58 v. Chr. Auch der Ort, an dem sich die Helvetier gerade befinden, ist exakt angegeben: An der Rhonebrücke unweit der Stadt Genava (Genf), die im Gebiet der schon länger unterworfenen Allobroger und somit bereits im Grenzgebiet der römischen Provinz lag. In den ersten sechs Kapiteln erfolgt also eine räumliche und zeitliche Fokussierung: Die Erzählung führt den Leser von Gallien im allgemeinen bis zu einem bestimmten Tag an der Rhonebrücke bei Genf.

Wer erzählt, wird nicht thematisiert. Werden für die Vorgeschichte des Gallischen Krieges, wie wir gesehen haben, die eponymen Konsuln der Jahre 61 und 58 als Eckdaten namentlich genannt, so nimmt Caesar diese Gelegenheit nicht wahr, um seinen eigenen Namen mit seinem Konsulat des Jahres 59 einzuführen – obwohl gerade sein Konsulat die Voraussetzung des Gallischen Krieges und somit ein zentrales Element der Vorgeschichte ist. Der Erzähler stellt sich nicht vor, ja er versteckt sich sogar, indem er sich und seine persönliche Erzählperspektive mit keinem Wort erwähnt: Kein einziges Mal sagt er «Ich». Man erfährt nur, daß er offenbar ein Römer ist und aus römischer Sicht erzählt, da er die Provinz Gallia Transalpina als «unsere Provinz» bezeichnet (1,2,3 und 1,6,2). Das Ergebnis ist, daß man den Erzähler, der auch stilistisch nicht viel Aufhebens von sich macht, sondern ganz hinter dem schlichten Bericht mit Jahres- und Kalenderangaben verschwindet, nach und nach nicht mehr vermißt.

Der Erzähler macht sich so unscheinbar wie nur möglich, damit der Leser vergißt, daß Caesar der Erzähler ist. Das ist aber die entscheidende Voraussetzung für einen erzähltechnischen Kunstgriff, den Caesar nahezu durchgehend einsetzt: daß er von sich in der dritten Person spricht. Diese Art von Er-Erzählung ist in der antiken Literaturgeschichte einmalig. Es kam zwar vor, daß ein Autor über sich schrieb, dabei im Werk seinen richtigen Namen beibehielt, als Autor aber ein Pseudonym annahm: Dann hatte er kaum eine andere Wahl, als von sich in der Er-Form zu schreiben. Der griechische Historiker Xenophon berichtet so in seiner *Anabasis* ganz ungeniert über sich und seine Rolle im Feldzug gegen den persischen Großkönig. Caesar hingegen bekannte sich als Autor des *Bellum Gallicum*, dennoch wählte er aus verschiedenen Gründen, die wir gleich näher kennenlernen werden, die Er-Erzählung. Um aber sprachliche und inhaltliche Härten zu vermeiden, mußte er dann auch im Proöm die Ich-Form und damit zugleich jede Art von Widmung vermeiden und dafür sorgen, daß der Einstieg in die Er-Erzählung unauffällig gelang. Dazu durften in den ersten Kapiteln der Erzähler Caesar und der Protagonist Caesar nicht aufeinanderprallen: Der Erzähler Caesar etabliert sich, ohne groß von sich reden zu machen, im Proöm und der Vorgeschichte, und der Protagonist Caesar hat im Proöm und in der Vorgeschichte noch keinen Auftritt. Als am Anfang des 7. Kapitels der Name Caesars schließlich zum ersten Mal fällt, fügt sich dieser neue Protagonist so nahtlos in die Helvetiergeschichte ein, daß hier ein unvermittelter Wechsel in die Ich-Erzählung sogar als störend empfunden würde.

Wie gut es Caesar geglückt ist, sich als Erzähler und Autor unsichtbar zu machen, belegt die spätere Rezeptionsgeschichte des *Bellum Gallicum*. Denn in der Spätantike wurde dieses Werk nicht Caesar, sondern dem kaiserzeitlichen Biographen Sueton zugeschrieben, so etwa von dem christlichen Historiker Orosius (Orosius: Geschichte gegen die Heiden 6,7,2), vermutlich aber auch von dem Dichter Sidonius Apollinaris (Sidonius Apollinaris: Briefe 4,3,6; 9,14,7). Daß Sueton als angeblicher Verfasser fast anderthalb Jahrhunderte nach Caesar lebte, aber schon Zeitgenossen Caesars wie Cicero und Hirtius sich zum *Bellum Gallicum* äußerten, konnte diesen kuriosen Irrtum offenbar nicht verhindern.

Betrachten wir die ersten Sätze näher, in denen uns der Erzähler Caesar vom Feldherrn Caesar berichtet. Sie lauten:

> Als Caesar gemeldet wurde, daß die Helvetier den Versuch unternähmen, durch unsere Provinz zu ziehen, brach er sofort von Rom auf, eilte in Gewaltmärschen in das jenseitige Gallien und gelangte in die Umgebung von Genf. Der ganzen Provinz legte er die Stellung einer möglichst großen Zahl von Soldaten auf – befand sich doch im jenseitigen Gallien überhaupt nur eine Legion. Die Brücke bei Genf ließ er sofort abbrechen. Die Helvetier erfuhren von seiner Ankunft und schickten daraufhin eine Gesandtschaft ... er antwortete den Gesandten, er müsse sich die Sache überlegen; wenn sie etwas wollten, sollten sie am 13. April wiederkommen. (1,7,1. 6)

Das erste, was auffällt, ist, daß die Person Caesars ohne weitere Erklärung eingeführt wird. Während Stand und Stellung des Orgetorix und der anderen keltischen Fürsten dort, wo sie zuerst genannt werden, mit den üblichen Formeln kurz eingeführt werden, fehlt bei Caesar jeder Hinweis etwa darauf, daß er der Konsul des Vorjahres war, daß er nun als Prokonsul dreier Provinzen, nämlich von Illyrien, Gallia Cisalpina und Gallia Transalpina, sein Amt antritt und zudem mit einem außerordentlichen Kommando für fünf Jahre beauftragt ist – sein Konsulat, wie überhaupt das politische Rom findet in der Vorgeschichte keine Erwähnung. Nicht einmal der volle Name Gaius Julius Caesar wird genannt, sondern nur der bloße Beiname Caesar; diese lapidare Namensform wird auch für den Rest des *Bellum Gallicum* beibehalten und – anders als bei seinen Legaten – nie mit einer Funktionsbezeichnung wie *imperator* oder *proconsul* verbunden. Hie und da wird Caesar in Kampfszenen zwar als *imperator* bezeichnet, dann aber ohne seinen Eigennamen.

Die fehlende Vorstellung Caesars läßt sich leicht erklären: Der Erzähler Caesar will seine eigene Person möglichst beiläufig in die Er-Erzählung einführen, und eine aufwendige Würdigung hätte den Leser vielleicht erst auf die seltsame Doppelrolle Caesars als Autor und Protagonist aufmerksam gemacht. Der Statthalter Caesar wird einfach als bekannt vorausgesetzt und so schnell in die Dynamik des Geschehens eingebunden, daß dem

Leser an dieser kritischen Übergangsstelle, wo erstmals der Erzähler über sich in Er-Form spricht, keine Zeit zum Nachdenken bleibt. Ehe man sich's versieht, befindet sich Caesar schon an dem Ort, an dem die helvetische Vorgeschichte geendet hatte: an der Rhonebrücke. Und auch der Zeitpunkt stimmt: Das 6. Kapitel schließt mit dem 28. März, an dem sich die Helvetier an der Rhone trafen, das 7. Kapitel schließt mit dem 13. April, an dem Caesar, nachdem er die Rhonebrücke hatte einreißen und mehrfach Truppen ausheben lassen, die helvetische Delegation zum zweiten Mal empfängt. Diese beiden genauen Datumsangaben, die einzigen im ganzen *Bellum Gallicum*, haben die Funktion, die Helvetier-Handlung und die Caesar-Handlung zu synchronisieren und zugleich das blitzschnelle Agieren des Statthalters zu illustrieren. Die Geschwindigkeit des Erzählens entspricht der Schnelligkeit der Ereignisse, und das hohe Tempo der Handlung lenkt von der Erzählsituation ab. Der Erzähler behält übrigens seine allgemein-römische Perspektive bei, indem er, wie schon in der Vorgeschichte, Gallia Transalpina schlicht «unsere Provinz» nennt: «Als Caesar gemeldet wurde, daß die Helvetier den Versuch unternähmen, durch unsere Provinz zu ziehen ...» Mit dieser Wir-Form bleibt also neben dem Protagonisten Caesar auch der Erzähler Caesar irgendwie präsent, aber so unaufdringlich, daß er nicht in einen größeren Konflikt mit dem Caesar der Er-Erzählung gerät.

Das Erzähler-Wir findet sich auch anderenorts neben dem Protagonisten-Er. Immer wieder wird nämlich im *Bellum Gallicum* auf vorhergehende Buchstellen verwiesen: «wie wir oben gesagt haben ...», «wie wir oben gezeigt haben ...» (zum Beispiel 2,1,1). Diese Formeln belegen übrigens, daß Caesar an Leser und nicht an Hörer seiner Schriften dachte – in der Antike war es der Normalfall, daß Bücher vorgelesen wurden. Denn mit «oben» (*supra*) wird auf eine weiter oben stehende Buchstelle verwiesen, während in Schriften, die zum Vorlesen gedacht waren, statt dessen üblicherweise das zeitliche Adverb «vorher» (*antea*) verwandt wurde: «wie wir vorher gesagt haben ...»

Die eigenartige Kombination eines Wir-Erzählers, der von sich in Form einer Er-Erzählung berichtet, ist Caesars neue Antwort auf das alte Problem, wie man literarische Selbstdarstellung möglichst unaufdringlich gestaltet. Die Er-Erzählung schafft eine künstliche Distanz zwischen dem Protagonisten und seiner Selbstdarstellung und baut eine scheinbare Objektivität auf. Ein kleines Experiment macht schnell die große Wirkung dieser Erzählstrategie deutlich. Zu diesem Zweck sei folgende Szene zuerst in der originalen Er-Form, dann versuchsweise in der Ich-Form eines Berichts geboten:

> Er sah, daß höchste Not bestand und es keine Reserven mehr gab, die man hätte in die Schlacht werfen können. Da entriß er einem im hinteren Glied stehenden Mann den Schild – er selbst war ohne Schild gekommen – und trat ins erste Glied ein. Er rief die Centurionen einzeln beim Namen und feuerte die übrigen Soldaten zum Angriff an; er befahl, die Reihen zu lockern, damit die Soldaten vom Schwert leichter Gebrauch machen könnten. Seine Ankunft ließ die Soldaten wieder hoffen; der Mut kehrte zurück und der feindliche Angriff wurde ein wenig aufgehalten, da jeder im Angesicht des Feldherrn auch in höchster persönlicher Not sein Letztes geben wollte. (2,25)

Und nun zum Vergleich, wie diese Passage als Ich-Erzählung klingen würde:

> Ich sah, daß höchste Not bestand und es keine Reserven mehr gab, die man hätte in die Schlacht werfen können. Da entriß ich einem im hinteren Glied stehenden Mann den Schild – ich selbst war ohne Schild gekommen – und trat ins erste Glied ein. Ich rief die Centurionen einzeln beim Namen und feuerte die übrigen Soldaten zum Angriff an; ich befahl, die Reihen zu lockern, damit die Soldaten vom Schwert leichter Gebrauch machen könnten. Meine Ankunft ließ die Soldaten wieder hoffen; der Mut kehrte zurück und der feindliche Angriff wurde ein wenig aufgehalten, da jeder vor meinen Augen auch in höchster persönlicher Not sein Letztes geben wollte.

Der Unterschied ist verblüffend. In der Er-Variante wird der Leser dem mutigen und selbstlosen Feldherrn unweigerlich Anerkennung und Respekt zollen, in der Ich-Variante hingegen wird er die Selbstdarstellung als maßlos und unerträglich empfinden. Ein Satz wie «Meine Ankunft ließ die Soldaten wieder hoffen ...» wäre in einer Ich-Erzählung nicht möglich. Es zeigt sich, daß eine sogenannte Aristie, also eine anschaulich erzählte Schilderung einer einzelnen Heldentat, in der Ich-Form nicht funktioniert. Dies dürfte für alle Gattungen des ernsten Genres gelten. In den großen Ich-Erzählungen der homerischen *Odyssee* und der vergilischen *Aeneis* berichten die Titelfiguren von ihren Heldentaten nicht in der verherrlichenden Form einer Aristie, sondern sie schildern ihre Leistungen als leidvolle Mühen. Der Ruhm eines Helden dagegen wird entweder aus der auktorialen Perspektive des Dichters oder aus der Perspektive einer anderen Handlungsfigur gefeiert, also in Form einer Er-Erzählung. Berichtet jedoch ein Protagonist seine Heldentaten detailliert und wortreich selbst, womöglich ohne vor Übertreibungen und anderen die Wirkung steigernden Elementen, die für Panegyrik, also verherrlichende Dichtung, typisch sind, zurückzuschrecken, erscheint er nicht nur plump und prahlerisch, sondern auch unglaubwürdig und oft unfreiwillig komisch. Aus diesem Grunde erntete Cicero für sein Epos über sein eigenes Konsulat (S. 90) bei der Nachwelt mehr Spott als Anerkennung, so daß Seneca das Bonmot prägte, Cicero habe sich nicht ohne Grund, doch ohne Ende gerühmt. Es ist auch kein Zufall, daß viele komische oder satirische Romane sich diesen Effekt zunutze machen, indem sie die Form der bekenntnishaften Ich-Erzählung verwenden; als Beispiele sei für die Antike auf Petrons *Satyricon* und Apuleius' *Goldener Esel* verwiesen. Bei Petron berichtet der Ich-Erzähler Encolpius von seinem exzessiven Leben in der dekadenten römischen Gesellschaft, bei Apuleius der Ich-Erzähler Lucius von seiner Verwandlung in einen Esel und den Abenteuern, die er in dieser Gestalt erleben mußte. In neuzeitlichen Ich-Erzählungen wie den *Lügengeschichten* des Barons von Münchhausen oder den *Bekenntnissen des Hochstaplers Felix Krull* von Thomas

Mann funktioniert die Komik bisweilen ähnlich: Sie beruht auf dem Bekenntnishaften und auf der beschränkten Perspektive des Ich-Erzählers, der, bald prahlerisch, bald mitleidheischend, die Welt, die er schildert, nur teilweise begreift. Diese zugegebenermaßen pointierten Beispiele machen deutlich, in welche Gefahr ein Ich-Erzähler geraten kann, wenn er zu viel von sich preisgibt – und seien es auch große Taten.

Aber Caesar hatte auch ganz praktische Gründe für die von ihm gewählte Erzählform. Die Darstellung des sieben Jahre währenden Krieges mit seinen zahlreichen Schauplätzen und Akteuren machte es erforderlich, nicht nur die eigenen Notizen und Senatsberichte, sondern auch die seiner in allen Teilen Galliens agierenden Offiziere zu sichten, zu sortieren und in eine literarische Form zu bringen. Denn selbst der Oberbefehlshaber Caesar konnte nicht an allen Kriegsschauplätzen zugleich präsent sein: So manche große Schlacht fand in seiner Abwesenheit und unter Führung eines Stellvertreters statt. Im dritten Kriegsjahr etwa leiteten die Legaten Crassus, Sabinus und Labienus drei militärische Offensiven, die parallel zu Caesars eigenen Operationen liefen. Von diesen eigenständig geführten Kommandos seiner Legaten konnte Caesar aber nur in Er-Form berichten. Hätte er nun für sich die Ich-Form gewählt, so hätten im *Bellum Gallicum* zwei Erzählformen nebeneinander gestanden und die Erzählperspektive wäre uneinheitlich. Neben der stilistischen Homogenität brachte die durchgängige Er-Erzählung noch einen weiteren Vorteil: Der Blickwinkel wurde auf einen Erzähler reduziert, der Caesars Aktivitäten und die seiner Legaten gleichermaßen aus der Vogelperspektive überblicken konnte. Er konnte also von Schauplatz zu Schauplatz springen, ohne dem Leser seine Omnipräsenz und Allwissenheit erklären zu müssen. Die ansonsten berechtigte und möglicherweise entlarvende Frage, wie Caesar es nur anstellt, immer über alles Bescheid zu wissen, kommt nicht auf: Ein auktorialer Erzähler ist eben dazu in der Lage. Ein Ich-Erzähler hingegen müßte, solange er seine Erzählperspektive aufrechterhalten wollte, umständlich darlegen, wie er zur Kenntnis von Ereignissen fernab von dem Ort, wo er selbst weilte, gelangen konnte.

Ein Beispiel aus dem Anfang des 3. Buches: Dort beauftragt Caesar, bevor er sich für den Winter nach Italien zurückzieht, Servius Galba mit der Sicherung der Alpenstraße und führt aus:

> Caesar erlaubte ihm, wenn er es für nötig erachte, seine Legion in dieser Gegend in die Winterquartiere zu legen. Galba hatte etliche kriegerische Erfolge und konnte den Feinden mehrere Verschanzungen abnehmen, was zur Folge hatte, daß jene von überall her Gesandte an ihn abordneten. (3,1,3)

In der Ich-Form würde die Textpassage so lauten:

> Ich erlaubte ihm, wenn er es für nötig erachte, seine Legion in dieser Gegend in die Winterquartiere zu legen. Galba hatte etliche kriegerische Erfolge und konnte den Feinden mehrere Verschanzungen abnehmen, was zur Folge hatte, daß jene von überall her Gesandte an ihn abordneten.

Bei der zweiten Variante fehlt die Information, woher Caesar weiß, was nach seiner Abreise geschah. Man hat zudem den Eindruck eines Zeitsprungs. Der Ich-Erzähler kann ja erst nach seiner Rückkehr aus Italien erfahren haben, wie es Galba in den Alpen ergangen ist. Daher müßte in dieser Variante eine Erklärung wie diese eingefügt werden:

> Galba hatte, wie man mir später berichtete, etliche kriegerische Erfolge …

In der ersten Variante dagegen ist die zeitliche Kontinuität der Erzählung gewahrt: Galba erhält einen Auftrag, und dieser Auftrag führt zu militärischen Erfolgen. Das kurze Beispiel macht deutlich, wie kompliziert die Integration von Er-Erzählungen in eine Ich-Erzählung gewesen wäre.

Es sind literarische Mittel, mit denen Caesar die Erzählperspektive und damit den Blick auf seine eigene Person gestaltet: Die Er-Erzählung, indem sie den wahren Erzähler verschleiert, vermittelt den Eindruck einer objektiven Perspektive auf den Protagonisten Caesar, die jene positive Selbstdarstellung ermöglicht, die in Form einer Ich-Erzählung unglaubwürdig und aufdringlich wirken würde. Zudem geht es um einen Blickwinkel, der nicht nur Caesar, sondern das ganze Geschehen umfaßt. Die Er-Erzählung erlaubt eine alles überblickende Perspektive, die nicht nur die Darstellung harmonisiert und wie aus einem Guß erscheinen, sondern auch mögliche Fragen nach den Informationsquellen in den Hintergrund treten läßt, so daß Caesar bei der Informationsvergabe einen großen Spielraum behält. Den Leser hätte die allwissende Erzählerperspektive, die sich immer wieder auftut, bei einem Ich-Erzähler Caesar sicherlich mehr gestört als bei dem anonymen Er-Erzähler.

Wie wirksam das literarische Mittel der Er-Erzählung sein kann, belegt die ebenso überschwengliche wie veraltete Einschätzung des Philologen Hans Oppermann. Er sieht in Caesars Er-Erzählung «die großartigste Selbstobjektivierung, die die Geschichte kennt» (Oppermann, 1960, 482) und erweist sich mit diesem Urteil just als Opfer dieser geschickten Erzählstrategie.

Geschichtsschreibung im Jahrestakt • Die Grundstruktur des *Bellum Gallicum* ist denkbar einfach: pro Jahr ein Buch, also für die Jahre 58 bis 52 v. Chr. insgesamt sieben Bücher (vgl. die Inhaltsübersicht S. 243). Objektiver geht es scheinbar kaum: Diese Struktur ergibt sich aus den Dienstberichten, die Caesar jährlich an den Senat zu senden hatte und die, wie wir bereits gesehen haben (S. 101), die Grundlage für die Gesamtdarstellung des Gallischen Krieges boten. Sie entspricht aber auch der Gattungstradition der sogenannten annalistischen Geschichtsschreibung, in der über den Verlauf der Geschichte – eines bestimmten Zeitraums oder mit der Gründung Roms beginnend – Jahr für Jahr berichtet wurde. Im annalistischen Gliederungsprinzip konvergieren also die Gattungstraditionen der *commentarii* und der Historiographie, ja man kann sagen, es stellt das ebenso unauffällige wie simple Grundraster dar, in das Caesar je nach Bedarf Gattungselemente aus beiden Traditionen einfügen kann. Auf diese Weise wird es ihm möglich, den schlichten Kommentarienstil, in dem er beginnt, Buch für Buch rhetorischer zu gestalten und mit typischen Erzählformen der römischen Geschichtsschreibung anzureichern, vor allem mit Reden, Exkursen, Einzelerzählungen (S. 141, 150, 156). So findet man die ersten in wörtlicher Rede wiedergegebenen Sätze im 4. Buch (4,25), im 5. die erste größere Rede, im 7. die längste, so ab dem 4. Buch kleinere Exkurse, im 6. den längsten, so ab dem 4. Buch kleine ausgefeilte Binnenerzählungen, die die Darstellung beleben. Auch insgesamt wird die Erzählweise detaillierter, anschaulicher, farbiger: Das 7. Buch schließlich hat mit dem nüchternen Stil des Anfangs nur noch wenig gemein. Man erfährt nun etwa, wie die Namen von einzelnen tapferen Soldaten lauten (7,47,7; 7,50,4), daß der Schnee in den Cevennen-Bergen genau sechs Fuß hoch liegt (7,8,2), daß Teutomatus, der König der Nitiobrigen, von den Feinden beim Mittagsschlaf überrascht wurde und daher mit halbnacktem Oberkörper floh (7,46,5), daß die Frauen im belagerten Gergovia von den Mauern herab mit entblößten Brüsten die Römer um Schonung baten (7,47,5), daß Caesar an der auffälligen Farbe seiner Kleidung erkannt wurde (7,88,1), daß er die zehnte Legion durch lautes Rufen anhalten ließ (7,47,1), daß sich die Gallier durch wildes Kampfgeschrei gegenseitig Mut machten (7,80,4) – lauter Einzelheiten, wie sie im 1. Buch an vergleichbarer Stelle in der Regel unerwähnt bleiben.

Es zeigt sich also – Buch für Buch fortschreitend – eine Entwicklung in der Erzählweise: Hat sie zunächst den Charakter eines amtlichen Dienstberichts, so nähert sie sich gegen Ende dem Duktus einer historischen Monographie. Der Philologe Detlef Rasmussen hat es folgendermaßen ausgedrückt: «Das gesamte bellum Gallicum wird intensiver; die Vergrößerung, in der die Dinge gesehen werden, wird immer schärfer und deutlicher. Die Optik ändert sich – und wir erleben aufs Ganze gesehen einen Übergang vom Bericht zur Darstellung» (Rasmussen, 1963, 156). Dabei legt Rasmussen Wert darauf, daß die zunehmende Rhetorisierung bewußt von Caesar so geplant und in seiner abschließenden Gesamtredaktion umgesetzt wurde, mit dem Ziel, die Darstellung des Kriegsgeschehens dort, wo es ihm wichtig war, dynamischer zu gestalten und schließlich bis zum Höhepunkt der entscheidenden Auseinandersetzung mit Vercingetorix zu steigern. Die Einfachkeit der annalistischen Struktur verdeckt die Vielfalt an Möglichkeiten, die Caesar nutzt, um durch Anordnung und Auswahl, Straffung und Erweiterung seines Stoffes Akzente und Schwerpunkte zu setzen: «Der äußerlich vorgegebenen Gliederung des Stoffes nach Jahresfeldzügen ist das der Darstellung immanente Stilmittel einer raffiniert sich verbergenden Gewichtsverteilung zugeordnet.» (Rasmussen, 1963, 157)

Hinter dem annalistischen Gliederungsprinzip, das den objektiven Eindruck einer rein chronologischen Anordnung der Ereignisse Jahr für Jahr erweckt, verbirgt sich eine Erzählkunst, die mit Spannungsaufbau, Höhepunkten und Retardierungen arbeitet. Die sieben Bücher, obwohl jedes nur zu berichten scheint, was das jeweilige Jahr mit sich brachte, ergeben insgesamt auf wundersame Weise einen runden Spannungsbogen: In den ersten drei Büchern (1–3) wird die Unterwerfung der Gallier geschildert, die nächsten drei Bücher (4–6) greifen mit Exkursionen in die Gebiete der Germanen und Britannier weit aus, das letzte Buch (7) schlägt mit dem großen Aufstand der Gallier den Bogen zum Anfang zurück und endet triumphal mit dem Sieg über Vercingetorix. Caesar gestaltet wie ein Dramaturg den Verlauf seines gallischen Feldzuges und stellt ihn in ein für ihn günstiges Licht.

Ein argloser Leser könnte meinen, daß die Grobstruktur doch wohl durch den tatsächlichen Ablauf der Ereignisse vorgegeben sei. Doch bei genauerer Betrachtung der Tatsachen stellt man Irritierendes fest: Bereits das zweite Kriegsjahr (Buch 2) endet mit der Eroberung Galliens, im dritten Kriegsjahr geschieht wenig, und die Kriegsjahre 55 bis 53, also jene Bücher 4 bis 6, die im Gesamtplan des *Bellum Gallicum* wie eine farbenreich gestaltete Retardation vor dem Entscheidungsjahr 52 wirken, weisen erhebliche militärische Mißerfolge auf: Caesars aufsehenerregende Expeditionen nach Germanien verpuffen folgenlos, die großangelegte Offensive, die Insel der Britannier zu erobern, scheitert. Am Ende von Buch 6 steht Caesar vor einem Scherbenhaufen, denn die nur für den Augenblick bezwungenen Gallier haben die Zeit genutzt, neue Allianzen zu bilden und neue Aufstände zu planen.

Es sind einfache, aber wirkungsvolle erzähltechnische Kunstgriffe, mit denen es Caesar – trotz des annalistischen Korsetts – gelingt, diese ernsthaften Fehlschläge so in die Gesamterzählung des gallischen Kriegsgeschehens einzufügen, daß sie vom Leser kaum als solche wahrgenommen werden. Zunächst sind die Exkurse, vor allem die ethnographischen über Land und Leben der Sueben, Britannier, Gallier und Germanen zu nennen, die in die Schilderung der schwierigen Kriegsjahre 55 bis 53 eingeschaltet werden. Der Suebenexkurs eröffnet die Reihe: Er steht an prominenter Stelle, nämlich am Beginn von Buch 4, das damit merklich eine andere Tonart anschlägt: Neue Themen, neue, exotische Handlungsräume tun sich auf. Dabei ist es nicht so, als hätte man von den Sueben noch nie gehört: Sie haben bereits im 1. Buch unter ihrem König Ariovist eine wichtige Rolle gespielt. Die Reihe der ethnographischen Exkurse ab Buch 4 entfaltet, wie noch genauer darzulegen sein wird (S. 150 ff.), eine wohlkalkulierte Wirkung, einerseits die weitgehende Ereignis- und Ergebnislosigkeit der Vorstöße Caesars ins Germanenland zu verdecken, andererseits seine germanischen und britischen Kriegszüge eher als Sondierungsexpeditionen denn als mißlungene Eroberungsfeldzüge darzustellen.

Der Gesamtaufbau unterstützt diesen Eindruck: Bereits im Proöm – das Caesar selbstverständlich erst zum Schluß verfaßte – steht die geographische Beschreibung Galliens und seiner Grenzen im Fokus, so daß «ganz Gallien» als eigentliches Thema und Objekt von Caesars Bemühungen benannt ist, die Gebiete der Briten und Germanen hingegen lediglich als zusätzliche Betätigungsfelder erscheinen, deren Eroberung von vornherein nicht ernsthaft in den Blick genommen worden ist. Dem entspricht auch, daß im Titel der Schrift nur der Name Galliens auftaucht. Schließlich macht die ausführliche und anschauliche Schilderung des Kriegsgeschehens im 7. und längsten Buch des *Bellum Gallicum*, das mit dem Gesamtsieg Caesars endet, die Ergebnisse der militärischen Operationen in den Büchern 4 bis 6 fast vergessen, sofern die sieben Bücher im Zusammenhang gelesen werden.

Caesar spannt über das annalistische Gliederungsprinzip hinweg zudem viele kleinere Bögen, die die einzelnen Bücher übergreifen und sie zu einem Gesamtwerk vereinigen, zum Beispiel, indem «ganz Gallien», um das es in den Anfangsbüchern ging, im 7. Buch wiederkehrt, oder indem der Haeduer Diviciacus und seine Rede von den zwei Parteien Galliens (1,31,3) in Buch 6 (6,12,1–5) im Gallienexkurs wiederaufgegriffen wird, der seinerseits die Voraussetzungen schafft, um die Vorgänge im 7. Buch richtig einzuordnen. Vor allem ist es das 7. Buch, in dem diese Klammern rückwirkend geschaffen und so den Ereignissen im nachhinein Sinn und Zusammenhang verliehen werden. Selbst die rechtsrheinischen Expeditionen erweisen sich hier zuletzt noch als nützlich, da Caesar nun, nach dem Abfall ganz Galliens, plötzlich die Germanen als neue Verbündete hervorzaubern kann (7,65).

Der Handlungsgang des *Bellum Gallicum*, mit seinen Rückschlägen, Stagnationen und Erfolgen, bildet also die zahlreichen Wechselfälle des historischen Geschehens nicht einfach nur ab, sondern gestaltet sie aus. Die Bücher 4 bis 6 werden durch die zahlreichen Exkurse wie durch eine Klammer zusammengehalten, das 7. Buch schlägt den Bogen zu den Anfangsbüchern zurück und läßt diese im nachhinein als Exposition des großen Finales erscheinen: der gewaltigen, fast episch ausgemalten Entscheidungsschlacht um Alesia, mit der Caesars *Bellum Gallicum* endet. Auch das ist eine Konstruktion. Ausgerechnet Hirtius, der mit seiner Fortsetzung des *Bellum Gallicum* (Buch 8) so getreulich in die Fußstapfen des Meisters tritt, verrät ihn: Denn bei Hirtius beginnt das achte Kriegsjahr sogleich wieder mit einer Verschwörung der gallischen Stämme – als wäre nichts geschehen.

Es ist also nicht nur der Feldherr, sondern mindestens so sehr der Erzähler Caesar, der durch eine kunstvolle Disposition des Stoffes und durch den Einsatz erzählerischer Mittel ebenso wie durch den wohlüberlegten Verzicht auf sie die Dynamik des Kriegsgeschehens in Gallien letztlich erzeugt hat; das formale annalistische Gliederungsprinzip steht dem nur scheinbar entgegen.

Wie Caesar das Prinzip ‹ein Jahr – ein Buch› durch eine übergreifende erzählerische Dynamik überwindet, so unterwirft er seine Erzählweise in anderer Hinsicht wiederum mit Bedacht der vorgegebenen Struktur. Denn obwohl er die sieben Bücher des *Bellum Gallicum* in einer abschließenden Redaktion bearbeitet, zu einer Einheit zusammengefügt und im Rückblick das ganze Kriegsgeschehen von sieben Jahren vor Augen hat, gibt er innerhalb der einzelnen Bücher fast immer – der Hinweis auf das spätere Schicksal der Boier ist die einzige echte Ausnahme (1,28,5) – nur seinen Wissensstand des jeweiligen Jahres wieder und vermeidet Vorverweise auf spätere Ereignisse und Erkenntnisse. Diese Selbstbeschränkung auf den zeitlichen Rahmen eines Amtsjahres hat mehrere beabsichtigte Folgen. Grundsätzlich wird das Situative der Lage betont, in der sich der Protagonist Caesar befindet, und besonders in Krisenmomenten das Unübersichtliche und sich Überstürzende der Ereignisse. Der Leser wird in die Perspektive Caesars versetzt, in Bann gezogen und nimmt die Entscheidungen und das Handeln des Oberfeldherrn gleichsam mit dessen Augen wahr. Caesars Sorgen, Kalküle, Entscheidungen werden unmittelbar nachvollziehbar und finden auch dann die Billigung des Lesers, wenn Caesar getäuscht wird oder eine Entscheidung trifft, die sich im nachhinein als problematisch erweist. Da aber der Erzähler Caesar natürlich stets mehr weiß, als er dem Leser preisgibt, kann er sein souveränes Wissen um den Ausgang der Ereignisse bei seiner Darstellung unbemerkt in seinem Sinne nutzen.

Ein letzter Aspekt, wie Caesar das annalistische Gliederungsprinzip für seine Zwecke instrumentalisiert hat, sei hier ausgeführt. Da stets klar ist, in welches Jahr die berichteten Ereignisse fallen, sah sich Caesar der Notwendigkeit enthoben, weitere absolute Zeitangaben zu machen (mit zwei einzigen Ausnahmen am Anfang des 1. Buches; S. 115), ja auch die relativen Zeitangaben – wie übrigens auch die Distanzangaben – sind erstaunlich selten und ziemlich ungenau. Wir erfahren zum Beispiel nicht, an welchem Tag die Schlacht bei Bibracte gegen die Helvetier, die Schlacht bei Vesontio gegen Ariovist oder die Schlacht bei Alesia gegen Vercingetorix geschlagen wurden. Der Philologe Eckart Mensching kommt zu dem Schluß:

> Der Verzicht auf Zeit- und Distanzangaben führt zu einem verschwommenen Bild des Geschehens: Irgendwann im Frühjahr oder Frühsommer beginnen die Aktionen, die Erzählung schreitet ... fort, bis die Legionen ins Winterlager gehen ... Das Ausparen der Daten dagegen, insbesondere der absoluten Chronologie, macht es dem Leser unmöglich, wesentliche Teile der militärischen Leistungen von Imperator und Heer selbständig zu beurteilen. Bei allem, was der Autor über die römische *celeritas* [Schnelligkeit] und – andeutend – über logistische Aufgaben sagt, bleibt dem Leser nichts anderes, als dies zu glauben (oder auch nicht) ... Maßgeblich scheinen mir erzähltechnische bzw. erzählerische Motive. Eine größere Zahl von Daten hätte den Leser ... nur verwirren müssen. (Mensching, 1988, 72 f.)

Selbst an solchen Stellen also, bei etwas so Unauffälligem wie Datumsangaben, überwiegen ästhetische Überlegungen das Bedürfnis nach Exaktheit. Daneben hat bei der Entscheidung, auf Datumsangaben zu verzichten, gewiß ein weiterer Punkt eine wichtige Rolle gespielt: Der Erzähler erweitert somit seine Möglichkeiten, sich innerhalb des zeitlichen Rahmens des jeweiligen Kriegsjahres frei zu bewegen und über Sachverhalte und Ereignisse in der Reihenfolge und in dem Umfang zu berichten, wie es ihm am besten schien: Zeiträume können gedehnt oder zum Verschwinden gebracht werden, ohne daß dies bemerkt wird. Caesar schuf so nicht nur seiner Erzählkunst, sondern auch seiner Deutungshoheit größere Spielräume. Formal aber unterwarf er sich dem engen Zeitraster eines Jahresberichts und gab dem *Bellum*

Gallicum als ganzem äußerlich ein streng chronologisches Erscheinungsbild.

Informationsvermittlung und Erzähltempo • Neben den großen Erzählformen der Historiographie – Rede, Exkurs und Einzelerzählung – verwendet Caesar subtilere Erzähltechniken, mit denen er die Stoffülle seines umfangreichen Materials meistert und in eine übersichtliche und verständliche Form bringt. Ehe wir zu den großen Erzählformen kommen, wollen wir zwei erzählerische Eigenheiten Caesars herausgreifen und exemplarisch vorstellen, die allenthalben zum Einsatz kommen: zum einen die raffinierte Anordnung des Stoffes beziehungsweise die effektvolle Plazierung von Informationen, zum anderen die starke Variation der Erzählgeschwindigkeit.

Zunächst zur Organisation des Stoffes und der Informationsvermittlung: Je nachdem, in welcher Reihenfolge das Handlungsgeschehen erzählt und welches Hintergrundwissen wann vermittelt wird, ändert sich das Gesamtbild, das der Leser vom Handlungsverlauf gewinnt. Die tatsächliche Kausalkette der Ereignisse auf der Handlungsebene kann durch eine geänderte Reihenfolge der Ereignisse auf der Erzählerebene verstärkt, verkehrt oder verdeckt werden. Dazu ein Beispiel: Bekanntlich wird im 1. Buch nacheinander von zwei Kriegen berichtet, zuerst von dem gegen die Helvetier, dann von dem gegen die Sueben und ihren König Ariovist. Beide Kriege werden für sich beschrieben, denn weder werden die Sueben und Ariovist im Bericht über den Helvetierkrieg erwähnt, noch die Helvetier im Bericht über den Suebenkrieg (außer einem kurzen Hinweis 1,31,14). Gegen die Helvetier zog Caesar auf Wunsch der Haeduer, eines mit Rom verbündeten Gallierstammes, zu Felde; nach dem Sieg über die Helvetier wird er erneut von den Haeduern gebeten, einen Feldzug zu unternehmen, diesmal gegen Ariovist. In einer langen (indirekten) Rede des Haeduerfürsten Diviciacus erfährt Caesar (und mit ihm der Leser), warum er nun gegen Ariovist kämpfen solle und welche Gefahr von den Sueben ausgehe.

In Caesars Darstellung haben also beide Kriege nichts miteinander zu tun. Sie finden zwar rasch hintereinander statt, sind aber scheinbar durch unterschiedliche Gründe motiviert, die jeweils erst kurz vor den Feldzügen Caesar (und dem Leser) zur Kenntnis gebracht werden. Doch in welchem Verhältnis standen diese beiden Kriege tatsächlich zueinander und seit wann waren Caesar die diesbezüglichen Hintergründe in Wirklichkeit bekannt?

Zunächst ist klarzustellen: Caesar war schon im Vorfeld umfassend im Bilde und erfuhr nicht erst nach dem Helvetierkrieg durch Diviciacus von der Suebengefahr. Bereits Ende 61 v. Chr. waren die Haeduer bei Magetobriga von Ariovist vernichtend geschlagen worden, und dies war der Anlaß, weshalb Diviciacus im Jahr darauf nach Rom reiste und um militärische Unterstützung bat. Doch dort interessierte man sich noch wenig für die Konflikte in Gallien und verabschiedete nur einen allgemein gehaltenen Senatsbeschluß, durch den die römischen Statthalter von Gallien fortan angehalten wurden, die Haeduer zu schützen, wenn es für den römischen Staat vorteilhaft schiene. Da Diviciacus einige Zeit in Rom weilte – er war auch bei Cicero Gast (Cicero: Über die Weissagung 1,90) –, konnte man sich in Rom über die innergallischen Verhältnisse aus erster Hand informieren. Caesar seinerseits stärkte während seines Konsulats im Jahr 59 v. Chr. seine diplomatischen Beziehungen zum Suebenfürsten Ariovist und verlieh ihm sogar den Titel ‹König› und ‹Freund des römischen Volkes› (1,35,2; 1,43,4). Der Gallier Diviciacus und der Germane Ariovist waren für die Römer also bekannte Persönlichkeiten und Caesar spätestens seit dem Romaufenthalt des Diviciacus über die Angriffe Ariovists auf Gallien im Bilde. Beide Tatsachen – der Senatsbeschluß zugunsten der Haeduer und Ariovists Freundestitel – werden übrigens auch mehrfach im *Bellum Gallicum* erwähnt und spielen eine wichtige Rolle in Caesars Strategie der Rechtfertigung seiner Kriegsgründe. Doch erwähnt der Erzähler diese Tatsachen erst dann und genau dort, wo sie in sein Konzept passen. Als Caesar die Statthalterschaft in den gallischen Provinzen antrat, war er jedenfalls mit den politischen Verhältnissen in Gallien viel vertrauter, als seine Erzählung erkennen läßt; und sicherlich holte er weitere Informationen ein, bevor er sich auf den helvetischen Krieg einließ. Im übrigen weist er in der Vorgeschichte seines Krieges gegen die Helvetier selbst darauf hin, daß diese von den Germanen bedrängt würden und unter anderem auch aus diesem Grund auswandern wollten, und er erwähnt außerdem auch, daß der helvetische Fürst Orgetorix mit dem Adel der Haeduer und anderer gallischer Stämme konspirierte.

Mit der Rede des Diviciacus indessen erweckt Caesar den Eindruck, als würden die innergallischen Konflikte erst nach der Niederlage der Helvetier in ihrem ganzen Umfang bekannt. Der Erzähler Caesar hat also bewußt die beiden Kriege getrennt behandelt, obwohl beide denselben Anlaß und denselben, ihm schon längst bekannten politischen Hintergrund hatten: Beide Kriege wurden durch Bittgesuche der Haeduer veranlaßt; die Helvetier wurden ebenso wie die Haeduer und andere Gallierstämme von Germanen bedrängt, und alle diese Stämme standen miteinander in Verbindung. Auch muß man sich die Kürze der Zeit vor Augen halten: Nur Monate vor dem Zeitpunkt, da das *Bellum Gallicum* beginnt, waren die Sueben für die Haeduer das drängendste Problem, und höchstens zwei Monate später, nach Ende des Helvetierkrieges, waren sie es wieder. Das legt die Vermutung nahe, daß das Thema auch in der Zwischenzeit präsent war – und daß Caesar den Suebenkrieg schon vor dem Helvetierkrieg ins Auge gefaßt hatte und nicht erst nach der eindringlichen Rede des Diviciacus. Dennoch zieht es Caesar vor, den beiden Feldzügen jeweils eine eigene Vorgeschichte zu geben und keinerlei Bezüge zwischen ihnen herzustellen, obgleich dies leicht möglich und von der Sache her auch sinnvoll gewesen wäre.

Im Rahmen seiner Informationsstrategie wählt Caesar zudem unterschiedliche Erzählformen: Der Helvetierkrieg erhält eine Einführung aus auktorialer Perspektive (S. 114 f.), der Suebenkrieg eine aus der Perspektive des Diviciacus. Damit wird die Funktion jeder der beiden Vorgeschichten, nämlich die Kriegsgründe deutlich zu machen, auf unterschiedliche Weise erfüllt und so die an sich gegebene inhaltliche Parallelität der Stofforganisation auf der Erzählerebene durchbrochen.

Durch diese geschickte Stoffdisposition und Informationsvermittlung erreicht Caesar mehrerlei: Die Darstellung wird in überschaubare Einheiten portioniert und so dem Leser das Verständnis erleichtert. Der Handlungsverlauf ist gut nachvollziehbar und damit auch Caesars Handeln. Die Nennung der Kriegsgründe nacheinander erweckt den Eindruck, daß Caesar jeden der beiden Kriege für sich wohl bedacht hatte und um jeden gesondert von den Haeduern gebeten wurde. Dadurch wird jeder Krieg einzeln motiviert und legitimiert, Caesar agiert nicht als mutwilliger Agressor, der er zweifellos war, sondern als Schutzpatron der Haeduer; er stürzt sich nicht bedenkenlos in einen Konflikt unbekannten Ausmaßes, sondern wird Stück für Stück hineingezogen. Dieser Anschein wird mit erzählerischen Mitteln verstärkt, da in beiden Kriegsfällen das Hilfsgesuch der Haeduer ausführlich in indirekten Reden (des auktorialen Erzählers beziehungsweise des Diviciacus) wiedergegeben wird. Caesar wußte um die emotionale Wirkung der Rede und schaltete das Bittgesuch des Diviciacus daher unmittelbar vor der Auseinandersetzung mit Ariovist ein, um dem Leser die Untaten und die herrische Art des Suebenkönigs anschaulich und aus der Perspektive der leidtragenden Haeduer vor Augen zu führen. Caesars Entschluß, Ariovist zu bekriegen, wird dadurch vom Leser nicht nur gebilligt, sondern geradezu erwartet. Damit ist es Caesar durch eine geschickte Komposition und wirkungsvolle Erzählweise gelungen, die Wahrnehmung des Lesers zu steuern und ihn dabei auch noch zu unterhalten.

Das zweite erzählerische Mittel, das wir näher betrachten wollen, ist die Variation der Erzählgeschwindigkeit: Als Erzähler entscheidet Caesar darüber, was er dem Leser ausführlich vortragen, nur kurz berichten oder gar verschweigen will. Für jede Erzählung gilt, daß die sogenannte erzählte Zeit, also der reale Ablauf der Ereignisse, und die sogenannte Erzählzeit, also die Dauer und Reihenfolge, die die Ereignisse in der Erzählung einnehmen, nicht identisch sind, es sei denn bei szenenartigen Darstellungsweisen. So handelt Caesar im größten Teil seines *Bellum Gallicum* nur von den Sommermonaten, in denen allein Kriege geführt werden konnten, während auf die Wintermonate meist nur wenige Sätze entfallen. Und für die Sommerzeit wiederum stellt er die Kriegshandlungen in den Mittelpunkt, während die langen Ruhezeiten und das alltägliche Lagerleben ebensowenig Erwähnung finden wie die wilden Beutezüge oder die ausgelassenen Feiern, die er laut Sueton (Sueton: Caesar-Vita 54,2 und 67,1) seinen Soldaten gerne nach Siegen gewährte. Mit der Entscheidung, was ausführlich zur Sprache kommt und was hingegen nur kurz angerissen bzw. was ganz übergangen wird, setzt der Erzähler Schwerpunkte. Die jeweilige Erzählgeschwindigkeit, also ob ein Ereignis zeitlich gedehnt, deckungsgleich, gerafft oder gar nicht dargestellt wird, ist ein wichtiges Mittel, den Blick des Lesers zu lenken und das Verständnis, das er vom Geschehen gewinnt, zu beeinflussen. Durch die Fokussierung auf das militärische Geschehen etwa nimmt die Handlungsdichte scheinbar zu, und es entsteht der Eindruck, als ob Caesar und seine Soldaten in ständiger Bewegung seien.

Zunächst ein Beispiel, wie Caesar einen kurzen, aber kritischen Moment in seiner Erzählung dehnt und warum er das tut: Als der Volkstamm der Nervier die römischen Truppen, die teils noch auf dem Marsch, teils mit der Errichtung eines Lagers beschäftigt sind, völlig überraschend angreift, schildert Caesar den Augenblick höchster Verwirrung aus seiner Sicht:

> Mit ... Geschwindigkeit stürmten sie [sc. die Feinde] den Hügel ... hinauf, gegen unser Lager und die mit Schanzarbeit beschäftigten Soldaten. Caesar hätte jetzt in einem einzigen Augenblick alles auf einmal tun müssen: die rote Fahne aufziehen – das war das Zeichen, daß man zu den Waffen eilen mußte –, die Soldaten von der Schanzarbeit abrufen, diejenigen, die, um Dammerde herbeizuschaffen, sich ein wenig weiter entfernt hatten, herbeiholen lassen, die Schlachtreihe aufstellen, an die Soldaten eine Ansprache halten und mit der Tuba das Angriffssignal blasen lassen. Einen großen Teil davon machte die Kürze der

> Zeit und der Ansturm der Feinde unmöglich. In dieser schwierigen Lage gewährte nur zweierlei Abhilfe: die theoretische und praktische Erfahrung der Soldaten, daß sie, in früheren Kämpfen geübt, sich ebensogut das Nötige selbst befehlen wie von einem andern zeigen lassen konnten, und die Tatsache, daß Caesar den Legaten verboten hatte, vor Fertigstellung des Lagers sich von den Schanzarbeiten und ihren Legionen zu entfernen. Angesichts der Nähe und Schnelligkeit der Feinde erwarteten diese gar nicht mehr Caesars Befehl, sondern ordneten von sich aus das Erforderliche an. Caesar konnte nur die nötigsten Befehle geben. Um die Soldaten anzufeuern, eilte er zu dem Teil des Heeres herab, wohin der Zufall ihn gerade trug. (2,19,8–21,1)

Der Augenblick größter Zeitnot, der ein geordnetes Handeln des Feldherrn Caesar unmöglich macht, wird durch eine detaillierte Ausführung dessen, was dieser alles hätte tun müssen, vom Erzähler Caesar gedehnt. Es wird zudem – durchaus umständlich – auf die militärische Erfahrung der Soldaten aus früheren Kämpfen hingewiesen, die sich in dieser Situation bewähre. Beide Anmerkungen – die Aufzählung der unerledigten Agenda des Feldherrn und der Hinweis auf «die theoretische und praktische Erfahrung der Soldaten» – führen von der Handlungsebene der sich überstürzenden Ereignisse hin zu einer reflektierenden Ebene. Das ordnende und umsichtige Handeln des Feldherrn, das im Eifer des Gefechts nicht erfolgen konnte, wird auf der Erzählerebene in Form allgemeiner Betrachtungen gleichsam nachgeholt. In die Erzählung wird eine Denkpause eingeschaltet und der fortlaufende Bericht unterbrochen, mit dem Ergebnis, daß weniger die augenblickliche Ohnmacht des Feldherrn ins Auge fällt als vielmehr, wie ruhig und souverän er in schwieriger Lage agiert: er überblickt, was alles routinemäßig zu tun wäre, und erkennt in Sekundenschnelle, wo gerade jetzt ein persönliches Eingreifen des Feldherrn wirklich erforderlich ist. Der Effekt des erzählerischen Kunstgriffs wird erkennbar, wenn man die erläuternden Anmerkungen aus der Passage streicht und nur die Informationen stehen läßt, die für die Handlung unmittelbar relevant sind:

> Mit ... Geschwindigkeit stürmten sie [sc. die Feinde] den Hügel ... hinauf, gegen unser Lager und die mit Schanzarbeit beschäftigten Soldaten. Da Caesar den Legaten verboten hatte, sich vor Fertigstellung des Lagers von den Schanzarbeiten und ihren Legionen zu entfernen, erwarteten diese angesichts der Nähe und Schnelligkeit der Feinde gar nicht mehr Caesars Befehl, sondern ordneten von sich aus das Erforderliche an. Caesar konnte nur die nötigsten Befehle geben. Um die Soldaten anzufeuern, eilte er zu dem Teil des Heeres herab, wohin der Zufall ihn gerade trug.

In diesem Text kommt die Handlungsunfähigkeit Caesars viel deutlicher zum Ausdruck: Seine «nötigsten Befehle» erscheinen nicht, wie in der ungekürzten Variante, als kluge Auswahl aus den sonst üblichen Vorbereitungen einer Schlacht, sondern als hilflose Reaktion eines Überrumpelten.

Caesar ist aber auch ein Meister der gerafften Erzählkunst. Im Mittelpunkt der Jahresberichte stehen die jeweiligen Höhepunkte der militärischen Operationen. Sind die spektakulären Aktionen erzählt, wird das Erzähltempo so beschleunigt, daß die weiteren Vorkommnisse nur noch kurz am Ende der einzelnen Bücher notiert werden. Selbst der Schluß des 7. und letzten Buches klingt in diesem trocken referierenden Kommentarienstil aus, ohne etwa eine abschließende Bilanz der sieben Kriegsjahre zu ziehen. Nach dem Bericht über die Gefangennahme des Vercingetorix im vorletzten Absatz werden im letzten alle weiteren Maßnahmen, die Caesar nach seinem Sieg in Gallien trifft, kurz zusammengestellt: wie er im einzelnen mit den Haeduern und Arvernern verfährt und zu welchem Winterlager er welchen seiner zehn Legaten schickt. Die letzten beiden Sätze sind Caesar selbst gewidmet:

> Er selbst beschloß, in Bibracte zu überwintern. Nachdem man aus dem Schreiben Caesars von den Ereignissen dieses Jahres Kenntnis genommen hatte, vergalt man in Rom den Sieg mit einem zwanzigtägigen Dankfest. (7,90,7 f.)

So findet die Erzählung, sowohl am Ende eines jeden Buches als auch am Ende aller sieben Bücher, zum Stil der schmucklosen Berichterstattung zurück und wahrt so die äußere Form eines *commentarius.*

Caesar verfolgt jedoch mit dem Einsatz eines hohen Erzähltempos noch andere Ziele. In einem knappen Bericht, der Ereignisse nur benennt, ohne sie weiter auszuführen, kann er leicht jene Aspekte des Krieges klein halten, die ihm nicht zielführend scheinen oder aus anderen Gründen unliebsam sind. Auch im Vergleich zu antiker Geschichtsschreibung fällt beispielsweise auf, daß Caesar die Perspektive der Kriegsopfer fast völlig ausblendet. Gewiß werden die Ansichten von Ariovist, Vercingetorix und anderen bedeutenden Gegnern an wohlüberlegter Stelle vorgetragen, die Leiden des einfachen Volkes jedoch oder der Untergang seiner Fürsten meist nur trocken konstatiert. Die Verheerung der gallischen Felder und Dörfer etwa, die Caesar zur Abschreckung oder Bestrafung anordnet, werden jeweils im letzten Absatz des 3. und 4. Buches beziehungsweise im vorletzten Absatz des 6. Buches kurz erwähnt; das 3. Buch endet etwa mit diesen Sätzen:

> Die anhaltenden Regengüsse machten es unmöglich, die Soldaten noch weiter in den Zelten zu lassen. Daher befahl Caesar, alle Felder des Feindes zu verwüsten und die Dörfer und Gehöfte in Brand zu stecken. Dann führte er sein Heer zurück und legte es ... in die Winterlager. (3,29,2 f.)

Auch die Tötungen der Gallierfürsten Indutiomarus und Acco finden jeweils im letzten Absatz des 5. und 6. Buches nur eine lapidare Notiz, so etwa über Acco:

> Dann führte Caesar unter Verlust von zwei Kohorten sein Heer nach Durocortorum im Remerland zurück. Er sagte dorthin für Gallien einen Landtag an, auf dem er eine Untersuchung über die Verschwörung der Senonen und Carnuten abzuhalten beschloß. Über Acco als Anstifter zu diesem Unternehmen wurde ein hartes Urteil verkündet;

> Caesar ließ ihn nach der Sitte seiner Vorfahren hinrichten. Einige fürchteten sich vor der Strafe und flüchteten, worauf sie geächtet wurden. Zwei Legionen legte Caesar in der Nähe des Trevererlandes in die Winterlager, zwei bei den Lingonen und die übrigen sechs in Agedincum im Land der Senonen. Auch sorgte er für die Verpflegung des Heeres, wie er es stets tat. Darauf eilte er nach Italien, um dort die Gerichtstage abzuhalten. (6,44)

Mit dieser nüchternen Darstellung, in der die Hinrichtung Accos beiläufig neben Truppenbewegungen und logistischen Vorkehrungen für den Winter vermerkt ist, spart Caesar die Perspektive des besiegten Feindes aus und vermeidet damit, daß der Leser womöglich Verständnis oder gar Mitgefühl für Acco und sein Volk entwickelt. Diese Strategie findet auch beim Untergang des Vercingetorix Anwendung, dem der Erzähler Caesar zwar vor der Schlacht viel Aufmerksamkeit schenkt, danach aber kaum mehr. In wenigen Sätzen wird referiert, daß Vercingetorix den Galliern zur Wahl gestellt hatte, ihn zu töten oder ihn Caesar lebend auszuliefern. Dann heißt es im Bericht weiter:

> Man entsendet in dieser Sache an Caesar eine Abordnung. Er gibt den Befehl, die Waffen auszuliefern und die Fürsten vorzuführen. Er selbst setzt sich innerhalb der Befestigung vor dem Lager nieder; dort werden die Führer vor ihn gebracht. Vercingetorix wird ausgeliefert, die Waffen wirft man zusammen. (7,89,3–5 f.)

Mehr Worte verliert Caesar nicht über den großen Anführer der vereinigten gallischen Stämme und nimmt dadurch der Situation jede Tragik. Wie anders er die Auslieferungsszene des Vercingetorix hätte ausmalen können, zeigt ein Vergleich mit der Version, die Plutarch bietet:

> So war die gewaltige Macht wie ein Traum oder Spuk im Augenblick verweht, und die meisten im Gefecht gefallen. Endlich ergaben sich auch die Verteidiger nach unsäglichen Leiden und Mühen, die sie

> selbst wie Caesar hatten ertragen müssen. Vercingetorix, der große Führer des Krieges, legte seine glänzendsten Waffen an und begab sich auf prächtig geschmücktem Pferd zum Tor aus der Stadt hinaus. Im römischen Lager ritt er einmal um das Tribunal herum, auf dem Caesar thronte, dann sprang er vom Pferd, warf die Rüstung ab und setzte sich zu Caesars Füßen. Dort wartete er schweigend, bis man ihn fortführte, um ihn für den Triumph in Haft zu halten. (Plutarch: Caesar-Vita 27,8–10)

Plutarch inszeniert den jähen und tiefen Sturz des Vercingetorix wie das Ende eines Dramas: An einem Tag wurde das Schicksal des mächtigen Fürsten entschieden, der noch einmal in seiner ganzen Pracht in Caesars Lager einzieht, um dann die Demütigung der Unterwerfung auf sich zu nehmen. Der Leser empfindet schaudernd jenes Mitgefühl, das man einem gefallenen Helden entgegenzubringen pflegt. Was Caesar überhaupt verschweigt, hier und auch sonst im *Bellum Gallicum*, ist, daß er einst Vercingetorix mit dem Titel eines Freundes geehrt hatte, um sich seiner zu versichern (Cassius Dio: Römische Geschichte 40,41,1) – ob es freilich wirklich ein offizieller Titel war wie bei Ariovist (S. 131; 144 f.), scheint nicht ganz klar. Bis heute ist sich die Forschung uneins, wie das auffällige Verhalten des Vercingetorix, das Plutarch schildert, zu verstehen sei: Es gibt die These, daß er nicht mit seiner Gefangennahme gerechnet, sondern darauf gehofft hatte, als ehemaliger Freund von Caesar begnadigt zu werden. Doch Caesar blieb in diesem Fall hart: Der Gallier mußte sechs Jahre in einem römischen Kerker ausharren, bis Caesar seinen Triumph feiern konnte, ihn im Triumphzug mitführen und dann, wie es Brauch war, erdrosseln ließ.

Ein hohes, bloße Fakten referierendes Erzähltempo kann dazu führen, daß sogar eine menschliche Katastrophe großen Ausmaßes in der Fülle der Informationen untergeht und überlesen wird. Ein besonders eindringliches Beispiel bietet die Randnotiz zum Schicksal, das die Mandubier während der Schlacht um Alesia erlitten. Die Mandubier waren die eigentlichen Einwohner der Stadt, die von Vercingetorix und seinen Kriegern in Besitz genommen und zur Kriegsfestung gemacht wurde. Als infolge der Belagerung durch Caesar eine Hungersnot droht, treffen die Kämpfer folgende Maßnahme:

> Die Mandubier, von denen die Gallier in Alesia aufgenommen worden waren, werden mit Weib und Kind zum Abzug [aus Alesia] gezwungen. Als sie zu den römischen Befestigungen kamen, baten sie unter Tränen inständig, man möchte sie in die Knechtschaft aufnehmen und ihnen zu essen geben. Caesar aber verhinderte durch die auf dem Wall verteilten Wachen ihre Aufnahme. (7,78,3–5)

Ohne über das weitere Schicksal der Mandubier ein Wort zu verlieren, fährt Caesar in seinem Bericht über den Verlauf der Schlacht fort. Was aber auf den Befehl des römischen Feldherrn gefolgt sein muß, ist eine menschliche Katastrophe, die der Text völlig übergeht: Ausgestoßen aus der bedrängten Stadt und eingeschlossen vom Belagerungsring Caesars sind die Mandubier samt Frauen und Kindern zwischen den Fronten verhungert (Cassius Dio: Römische Geschichte 40,40,3). Ihre Verzweiflung war so groß, daß sie die Sklaverei dem Hungertod vorgezogen hätten. Doch selbst diese Option wurde ihnen verwehrt. Es muß tagelang herzzerreißende Szenen gegeben haben, als die Wehrlosen römische Soldaten um ihr Leben anflehten, bis sie keine Kraft mehr hatten und qualvoll starben. All das verschweigt der Erzähler. Er wollte zwar die Episode einschließlich des Flehens von Frauen und Kindern nicht ganz unerwähnt lassen, offenbar, weil die Grausamkeit zunächst auf das Konto der Feinde geht: Ihre Erbarmungslosigkeit auch gegen die eigenen Leute, die Caesar zuvor (in Form der Critognatusrede, S. 204 ff.) schon ausführlich dargelegt hat, findet hier ihren Höhepunkt. Doch durch Caesars Befehl werden er und die Römer zu Mittätern; dessen Folgen werden daher rasch übergangen.

Daß Caesar die Aufnahme der Mandubier verbot, war im übrigen – rein militärlogistisch gesehen – eine konsequente Maßnahme; denn Caesars Truppen drohten ihrerseits vom großen gallischen Entsatzheer, das Alesia zu Hilfe kam, eingeschlossen zu werden, so daß ihnen nicht nur ein Zweifrontenkrieg bevorstand, sondern auch Versorgungsengpässe zu befürchten waren. Die Verpflegung der Mandubier hätte die Situation zusätzlich verschärft. Doch Caesar führt dies nicht eigens als Begründung an; er sieht dafür keine Notwendigkeit.

Der Erzählkünstler Caesar variiert das Erzähltempo nach Belieben. Er dehnt einen kleinen Augenblick und verkürzt wiederum einen langwierigen Vorgang. Manchmal aber, wo es ihm wichtig ist, erzählt er szenisch, also gleichsam in Echtzeit. Paradebeispiel dafür sind die eingebauten Reden.

Reden • Seit Herodot (5. Jahrhundert v. Chr.), den Cicero als *pater historiae* – «Vater der Geschichtsschreibung» (Cicero: Über die Gesetze 1,5) – bezeichnet hat, gehören wörtliche Reden zu den zentralen Gestaltungsmitteln in der Kunst, Geschichte zu erzählen. Wie schon erwähnt, waren diese Reden keineswegs wörtliche Zitate, sondern wurden von den Historikern, manchmal auf der Basis überlieferter Dokumente oder eigener Erinnerungen, frei gestaltet. Der griechische Historiker Thukydides (4. Jahrhundert v. Chr.), an dessen Monographie über den Peloponnesischen Krieg römische Historiker wie beispielsweise Sallust methodisch anknüpften, hat den Kunstcharakter der Reden in seinem Geschichtswerk betont und ihre Funktion so beschrieben:

> Was nun in den Reden hier und dort vorgebracht wurde …, davon die wörtliche Genauigkeit wiederzugeben war schwierig sowohl für mich, wo ich selber zuhörte, wie auch für meine Gewährsleute von anderwärts; nur wie meiner Meinung nach ein jeder in seiner Lage etwa sprechen mußte, so stehen die Reden da, in möglichst engem Anschluß an den Gesamtsinn dessen, was in Wirklichkeit gesagt wurde. (Thukydides: Der Peloponnesische Krieg 1,22)

Man beachte hier die Formulierung «wie ein jeder … sprechen mußte». Der deutende Historiker, der die grundsätzliche Problematik einer Situation herausarbeiten will, orientiert sich an dem, was die Situation erfordert – was einem realen Sprecher zufällig dazu in den Sinn gekommen ist, kann dann zweitrangig sein. Hier unterscheiden sich antike und moderne Geschichtsschreibung diametral voneinander: Während die wörtliche Rede (beispielsweise eines Politikers) in der modernen Historiographie ein zitiertes Dokument darstellt, also den authentischen und objektiven Befund, der vom Historiker erst interpretiert wird, ist sie in der antiken Historiographie nur nachempfunden oder gar frei erfunden und gehört damit zu den literarischen Elementen eines Geschichtswerkes. Reden wurden tatsächlich von den Historikern besonders sorgsam ausgearbeitet, denn sie galten als die Glanzpunkte im Strom der Erzählung: Typisch dafür ist, daß Kopisten manchmal nur die Reden aus einem Geschichtswerk exzerpierten, so wie bei Sallust, von dessen *Historien* – von einigen kurzen Fragmenten abgesehen – nur die Reden und Briefe erhalten sind.

Die Funktion einer Rede war, historische Gestalten möglichst lebendig zu zeichnen, deren – oft genug nur vermutete – Ansichten und Motive anschaulich zu machen, die Bedeutung eines historischen Augenblicks hervorzuheben oder das zentrale Dilemma einer Entscheidungssituation darzulegen. Die wörtliche Rede trägt zugleich zur Dramatisierung der Darstellung bei, der Bericht wird zur Szene. In den Reden also kann der antike Historiker die Motive und Beweggründe zur Sprache bringen, die seiner Meinung nach das Handeln der historischen Gestalten bestimmt haben. So ist gerade die emotional ansprechende Erzählform der Rede das Vehikel, mit dem der Historiker das Geschehen reflektiert und Deutungen an den Leser vermittelt.

Die Sichtweise, die ein Historiker in einer Rede zum Ausdruck bringt, ist jedoch selten ungefiltert seine eigene, denn sie dient auch der Charakterisierung der historischen Gestalten. Auch dadurch wird die Wahrnehmung des Lesers beinflußt. Durch Reden werden etwa Barbaren als unmenschlich oder überheblich stilisiert, Feldherren als umsichtig, zu zögerlich oder blind agierend, Politiker als weitblickend, verlogen oder in Parteiinteressen befangen. Oft sind es Redepaare oder Rededuelle, die eine gewichtige Entscheidungssituation markieren und erläutern; sie geben dem Historiker die Möglichkeit, beide Seiten einer Auseinandersetzung – etwa Barbar gegen Römer – vor Augen zu führen: Keine der beiden gibt die Auffassung des Historikers wieder, doch beide sind von ihr gefärbt.

Es verwundert nicht, daß Caesar daran gelegen war, die Möglichkeiten der Rede zu nutzen, obgleich sie in der Gattungstradition des *commentarius* wohl nicht vorgesehen war. Zumindest beschränkt er sich in den ersten drei Büchern des *Bellum Gallicum* auf die indirekte Rede, die besser zum Berichtsstil eines *commentarius* paßt, um ab dem 4. Buch in zunehmendem Maße wörtliche Reden einzubauen. Doch die indirekten Reden überwiegen im *Bellum Gallicum* bei weitem, nur etwa ein Siebtel sind direkte Reden.

Gerade die indirekte Rede aber eignet sich ganz entschieden dazu, den (vorgeblichen) Beweggründen der historischen Gestalten Ausdruck zu verleihen und durch sie eine bestimmte Deutung der Vorgänge nahezulegen. Wenn Caesar bestimmte Charakterzüge oder Handlungsmotive seiner Protagonisten (oder seiner eigenen Person) betonen, abschwächen oder nur insinuieren will, dann ist die harmlose indirekte Rede, die ohne rhetorischen Schmuck auskommt und scheinbar nur das Gesagte referiert, dafür wie geschaffen. Denn durch sie wird der Übergang zwischen Erzähler- und Figurenperspektive fließender und unauffälliger als bei der Einfügung einer direkten Rede, und das, was der Erzähler an Motiven oder Absichten vermutet oder gar unterstellt, wird wie die anderen Vorgänge auf der Handlungsebene als Faktum hingestellt. Diese Möglichkeiten schöpft Caesar voll aus, wenn er seine Auseinandersetzung mit Ariovist zunächst als eine verbale Auseinandersetzung inszeniert, die nach Austausch von Gesandten in einem persönlichen Treffen gipfelt, das in jeder Hinsicht einem Rededuell in der Art eines antiken Historikers gleicht – nur daß dieses bei Caesar eben in indirekter Rede geboten wird. Darin äußert sich Ariovist folgendermaßen:

> Er [sc. Ariovist] müsse annehmen, daß Caesar – unter dem Vorwand der Freundschaft – das Heer, das er in Gallien habe, nur zu seiner Vernichtung bereithalte. Wenn er sich nicht zurückziehe und sein Heer aus diesen Gebieten nicht abziehe, werde er ihn nicht wie einen Freund, sondern als Feind behandeln. (1,44,10–11)

Ob eine solche Unterredung überhaupt stattgefunden hat, ist fraglich; und was im einzelnen besprochen wurde, konnte Caesar ohnehin frei gestalten. Er läßt Ariovist Überlegungen äußern, von denen wir nie wissen werden, ob Ariovist sie je angestellt, und wenn ja, Caesar auch mitgeteilt hat. Aber diese Überlegungen sind von größter Bedeutung, denn sie enthalten das entscheidende Motiv, weshalb es zwischen Ariovist, dem Caesar einst den Titel ‹Freund des römischen Volkes› gewährte, und Caesar zum Bruch kam: Es ist die (böswillige) Annahme des Ariovist, daß Caesar seine Freundschaft nur heuchle und in Wirklichkeit weder Freundschaft mit ihm noch mit den Haeduern wolle, sondern daß es ihm eigentlich nur um die Niederwerfung des Ariovist und der Sueben gehe. Vermutlich ist diese Annahme nicht so weit von der Wahrheit entfernt – das ficht den Erzähler Caesar aber nicht an. Entscheidend ist vielmehr, daß Ariovist als erster die Konsequenzen aus der von ihm nur unterstellten Lage zieht – daß er es ist, der die Freundschaft aufkündigt, an die Caesar in seiner Rede zuvor appelliert hat. Die Gegenprobe zeigt, welche Fragen die zitierte Passage in einfacher Erzählung aufwerfen würde:

> Ariovist nahm an, daß Caesar – unter dem Vorwand der Freundschaft – das Heer, das er in Gallien hatte, nur zu seiner Vernichtung bereithielt. Aufgrund dieser Annahme kam er zu dem Schluß, Caesar, für den Fall, daß er sich nicht zurückziehe und sein Heer aus diesen Gebieten nicht abziehe, nicht wie einen Freund, sondern als Feind behandeln zu müssen.

Abgesehen davon, daß die Passage weniger eindringlich ist, könnte sich der Leser fragen, woher Caesar wissen könne, was Ariovist annahm. Sofern Caesar sich nicht auf die Perspektive eines allwissenden Erzählers zurückziehen wollte, wäre die Angabe einer Quelle fällig. Vor allem aber wäre Ariovists wichtiger Entschluß, Caesar nicht länger als Freund zu sehen, als Aussage Caesars vollkommen bedeutungslos. Nur indem er Ariovist diesen Entschluß sowohl fassen als auch offen aussprechen läßt, kann Caesar ihm die Verantwortung für den Kriegsausbruch zuschieben: Ariovist kündigt Caesar explizit die Freundschaft, ehe Caesar sie brechen kann. Der Ertrag des scheinbar sinnlosen verbalen Duells, das auf der Handlungsebene ergebnislos abgebrochen wird, ist also auf der Deutungsebene ganz beträchtlich: Da Ariovist den Titel eines «Freundes des Römischen Volkes» leichtfertig weggeworfen und praktisch den Krieg erklärt hat, ist Caesar der Angegriffene und aller Verpflichtungen ledig, wenn er nun den Krieg gegen Ariovist beginnt.

Die indirekte Rede ist also ein entscheidender Kanal, den der Erzähler nutzen kann, um dem Leser vermutete oder erfundene Motive seiner Handlungsfiguren so zu vermitteln, daß sie nicht weiter hinterfragt werden. Da sich zudem die indirekte Rede gut in den Berichtsstil eines *commentarius* fügt, gehen die Erzählung der Handlung und die Erklärung der Handlungsmotive ineinander über und durchdringen sich. Auf diese Weise kann Caesar immer wieder vermutete Motive in die Erzählung der Ereignisse einfließen lassen und dadurch die Hintergründe und Zusammenhänge des Geschehens in seinem Sinne darstellen. Wie der Erzähler Caesar die einfache Erzählung mit der indirekten Rede kombiniert und welche Wirkung er damit erzielt, sei an folgendem Textbeispiel illustriert:

> Nach diesem Gefecht ließ Caesar, um die Hauptmacht der Helvetier einzuholen, eine Brücke über den Arar schlagen und führte sein Heer hinüber [**Aussage über einen Vorgang**].
>
> Die Helvetier erschraken über seine plötzliche Ankunft, weil sie sahen, daß Caesar an nur einem Tag den Fluß überschritten hatte, über den sie selbst mit knapper Not kaum in 20 Tagen gekommen wa-

ren [**Aussage über Gefühle, die der Erzähler nur vermuten kann**], und schickten Gesandte zu ihm [**Aussage über eine Handlung**].

Der Sprecher dieser Gesandtschaft war Divico, Anführer der Helvetier im Cassianischen Krieg [**Aussage über ein Faktum, das Assoziationen an eine verlorene Schlacht in alter Zeit weckt**]:

Schließe das römische Volk mit den Helvetiern Frieden, so würden sie dorthin ziehen und dort bleiben, wo ihnen Caesar Land zuweise und ihre Ansiedlung wünsche; setze er jedoch den Krieg gegen sie fort, solle er an die alte Niederlage des römischen Volkes [sc. des Cassianischen Krieges] und an die bewährte Tapferkeit der Helvetier denken [**indirekte Rede, die sich nahtlos in den Berichtsstil fügt**]. (1,13 f.)

An dieser Stelle wird das den Helvetiern unterstellte Motiv, daß sie aus Schrecken über die unvermutete Ankunft des Statthalters Caesar – woher sollte der Erzähler Caesar das wissen? – ihm Gesandte schicken, in die einfache Erzählung aus auktorialer Perspektive gepackt. Die Verknüpfung der Aussage über ein vermutetes Motiv mit der Aussage über eine Handlung ergibt eine schlüssig motivierte Handlung. Daran schließt die indirekt wiedergegebene Rede des Divico an, der Caesar zwar ein durchaus diplomatisches Angebot macht, diesem aber, falls Caesar nicht darauf eingehen sollte, selbstbewußt eine Drohung folgen läßt. Nun erst entfaltet die beiläufige Erwähnung des angeblich ‹eigentlichen› Motivs der helvetischen Gesandtschaft, nämlich der Schrecken über Caesars schnelle Ankunft, ihre beabsichtigte Wirkung: Das selbstbewußte Auftreten des Divico wirkt unecht und nur gespielt, meint doch der Leser über den wahren Grund der Gesandtschaft Bescheid zu wissen. Im gleichen Maß, wie der Leser die Taktik des Divico zu durchschauen glaubt, stellt er den Wortlaut der indirekt wiedergegebenen Rede, die Divico als überheblich und anmaßend entlarven soll, nicht mehr in Frage und nimmt also zur Kenntnis: Ein Barbar wagt Caesar mit dem Hinweis auf eine frühere römische Niederlage zu drohen. Dieser beunruhigende Eindruck, den der Leser gewinnen muß, ist ganz im Sinne Caesars, der die Verhandlung mit Divico so darstellen will, daß ihr Scheitern und damit der Krieg gegen die Helvetier unvermeidbar erscheinen.

Es ist kein Zufall, daß die meisten indirekten Reden, deren manipulative Kraft nun deutlich geworden ist, vor allem zu Beginn des *Bellum Gallicum* zu finden sind, wo es darum geht, die angebliche Notwendigkeit der gallischen Offensive der Öffentlichkeit plausibel zu machen. Vor allem im 1. Buch flankieren (indirekte) Reden die Ereignisse und liefern insbesondere die Motive, die das Handeln Caesars, der Gallier und der Germanen bestimmen, während im 2. und 3. Buch die Reden zugunsten der Kriegsberichterstattung zurücktreten. Da die Unterredungen mit Gesandten oder Fürsten zwar indirekt, aber ausführlich referiert werden, zeigt sich Caesar zunächst ganz als diplomatischer Statthalter und Taktiker der Worte, bis er schließlich doch zur militärischen Intervention – wie er glaubhaft machen will – regelrecht gezwungen wird. Das 1. Buch gleicht daher streckenweise eher einem Protokoll fortlaufender Verhandlungen als einem Kriegsbericht. Dieser erstaunliche Befund hat mit Caesars geschickter Selbstinszenierung zu tun. Er geht nicht als Kriegsherr nach Gallien, sondern als Statthalter, der so lange verhandelt, bis es die römischen Interessen nicht mehr erlauben.

Ab dem 4. Buch schließlich will Caesar auch auf das Gestaltungsmittel der wörtlichen Rede nicht mehr verzichten. Er führt sie allerdings nicht mit einem Paukenschlag, sondern behutsam ein. Vorbereitet durch die vielfache Verwendung der indirekten Rede, findet sich im 4. Buch eine erste, nur zwei Zeilen lange direkte Rede (4,25), im 5. schon zwei, davon eine etwas längere, die acht Zeilen umfaßt (5,30); im 6. Buch hält Labienus – nicht Caesar! – die einzige ‹klassische› römische Feldherrnrede des *Bellum Gallicum*. Die Weichen für die großen Reden im 7. Buch sind gestellt, deren Höhepunkt die Rede des Critognatus darstellt (S. 204 ff.).

Wörtliche Reden bei Caesar kündigen ein bedeutendes Ereignis an und markieren den dramatischen Moment unmittelbar vor dem Höhepunkt des Geschehens. Sie geben in einer Debatte den Ausschlag für die endgültige Entscheidung (5,30), leiten in einer Versammlung den Stimmungsumschwung ein (7,20. 38), bringen eine noch schwankende Menge dazu, geeint und entschlossen zu handeln (4,25). Durch die wörtliche Rede wird der entscheidende Augenblick, von dem die weitere Entwicklung der Handlung abhängt, in Jetztzeit inszeniert: Die Vergangenheit wird zur Gegenwart, die Perspektive des Redners zu der des Lesers; sogar die Worte des Redners werden zu denen des Lesers – denn in der Antike las man stets laut.

Betrachten wir die erste direkte Rede, die uns im *Bellum Gallicum* begegnet. Als die römische Flotte vor der Küste Britanniens anlandet, werden die Soldaten von den anstürmenden Feinden hart bedrängt. Wie gelähmt wagen sie nicht von den Schiffen zu springen und und durch das Wasser an Land zu waten, die Invasion droht ins Stocken zu geraten. In diesem Moment ergreift der Adlerträger der zehnten Legion die Initiative:

> Als unsere Soldaten vor allem wegen der Tiefe des Wassers immer noch zögerten, beschwor der Adlerträger der zehnten Legion die Götter, daß sie der Legion einen glücklichen Ausgang dieses Unternehmens gewähren möchten, und rief: «Springt herab, Kameraden, wenn ihr den Adler nicht den Feiden ausliefern wollt. Ich jedenfalls werde meine Pflicht gegen den Staat und gegen den Feldherrn erfüllen.» Sobald er dies mit lauter Stimme gerufen hatte, sprang er vom Schiff und trug den Adler gegen die Feinde voran. Da feuerten sich unsere Soldaten gegenseitig an und sprangen alle vom Schiff. Als die Soldaten von den nächsten Schiffen sie beobachteten, folgten sie ihnen sofort und rückten gegen die Feinde vor. (4,25)

Es fällt auf, daß die Rede zunächst in den bisher bei Caesar gewohnten Erzählformen referiert wird. Die Tatsache, daß der Adlerträger sich an die Götter wendet, wird in einem einfachen Aussagesatz berichtet, der bei der Bitte um einen glücklichen Ausgang in indirekte Rede übergeht. Hier setzt die direkte Rede mit einem eindringlichen Appell an die Soldaten ein, an dessen Beginn die alles entscheidende Aufforderung steht: «Springt herab ...» Der Appell wird gehört und bewirkt einen Stimmungsumschwung unter den Soldaten; sie fassen Mut und greifen den Feind an. Die Rede des Adlerträgers bezeichnet den Wendepunkt zum Sieg und dient der dramatischen Vergegenwärtigung einer Krisensituation. Caesar scheut sich also nicht, dem Leser den Moment höchster Gefahr mit allen Mitteln seiner Erzählkunst eindringlich vor Augen zu führen und ihm beinahe das Gefühl zu geben, sich gar selbst mitten in der geschilderten Notlage zu befinden – um so wirkungsvoller, als es eben die erste direkte Rede im ganzen Werk ist.

Man könnte fragen, warum Caesar diesen bedeutsamen Moment dem Adlerträger überläßt und nicht mit einer eigenen Feldherrnrede markiert: Die Antwort lautet wahrscheinlich, daß ihm dies zu durchsichtig und zu billig war. Außerdem sieht er seine Hauptaufgabe woanders – seine Leistung besteht nicht darin, voranzugehen, sondern darin, die Verhältnisse zu schaffen, in denen die Soldaten ihren Mut beweisen können. Die außerordentliche Motivation seiner Männer (die natürlich das Ergebnis seiner Führung ist) und das Glück Caesars tun das übrige. Darauf legt Caesar viel Wert: daß bei allen Widrigkeiten und Rückschlägen letztlich das Glück – die wichtige Feldherrntugend der *fortuna*/Fortune – auf seiner Seite steht. Sein Selbstverständnis ist umfassend: Alles, was unter seiner Führung geschieht, ist sein Erfolg. Es nimmt ihm nichts, wenn er den Leistungen anderer ihr Recht zuteil werden läßt, ganz im Gegenteil. Es kann durchaus auch ein anderer den maßgeblichen Anstoß zum Erfolg geben, ein Offizier, ein einfacher Soldat oder, wie hier, der Adlerträger, der mit seiner kleinen ‹Feldherrnrede› geradezu die Aufgabe Caesars übernimmt. Die Rede appelliert denn auch an typische Soldatentugenden: Kameradschaft, denn die Soldaten müssen dem Adlerträger folgen, wenn sie ihn nicht im Stich lassen wollen; Ehre, denn der Verlust des Legionsadlers galt als Schande; Treue gegenüber dem Vaterland und dem Feldherrn, die der Adlerträger vorbildlich erfüllt. Zuvor werden noch die Götter angerufen und günstig gestimmt. Die wenigen Worte des Adlerträgers bieten tatsächlich eine Feldherrnrede *in nuce*.

Daß Caesar die Feldherrnrede nicht selbst hält, hat einen weiteren Grund. Im gesamten *Bellum Gallicum* findet sich keine wörtliche Rede von ihm, seine Ansprachen als Feldherr stehen sämtlich in indirekter Rede. Auf diese Weise kollidiert der Erzähler Caesar nicht mit dem Feldherrn Caesar. Überhaupt legt Caesar die direkten Reden, vor allem die längeren, gerne in den Mund der Gegner, Vercingetorix und vor allem Critognatus (S. 204 ff.). Der Leser gewinnt durch diese Reden eine (genau kalkulierte) Vorstellung von Charakter, Gesinnung und Entschlossenheit des Feindes, mit dem es Caesar jeweils zu tun hat, und zwar stets in dem Moment, da die entscheidenden Auseinandersetzungen unmittelbar bevorstehen. Die großen Reden geben den Gegnern nicht nur ein Gesicht, sondern verleihen ihnen auch Größe und Ebenbürtigkeit. Nur ein großer Gegner bringt einen großen Sieger hervor. Daher läßt Caesar seine Feinde zu Wort kommen, ehe seine Siege sie verstummen machen.

Exkurse • Exkurse sind ein unverzichtbares Element der antiken Historiographie. Tacitus (1. Jahrhundert n. Chr.) nennt sie als eines von drei typischen Elementen, neben den Schlachtbeschreibungen und dem Tod berühmter Männer, die die traditionelle Geschichtsschreibung ausmachen (Tacitus: Annalen 4,33). Exkurse bieten im Einerlei der Kriegserzählungen Abwechslung und Unterhaltung, und stehen damit auch wieder für den literarischen Anspruch der antiken Geschichtsschreibung.

Haben wir für den Einsatz der Reden als Gestaltungsmittel eine steigende Kurve feststellen können, die mit dem alleinigen Gebrauch der indirekten Rede beginnt, dann über eine erste kurze direkte Rede im 4. schließlich zu der längsten im 7. Buch führt, die Critognatus vor der alles entscheidenden Schlacht um Alesia hält, so finden wir einen ähnlichen Verlauf für die Verwendung von Exkursen. Erfährt der Leser Hintergrundinformationen zunächst nur in kurzen erläuternden Aussagesätzen oder im Rahmen indirekter Reden, also in die fortlaufende Handlung unauffällig eingeflochten, so werden ihm mit dem Exkurs über die Sueben am Anfang des 4. Buches erstmals umfangreichere Sachinformationen vermittelt, die vom unmittelbaren Handlungsgeschehen wegführen. Es folgen weitere Exkurse zu Sachthemen wie zur Konstruktion der Rheinbrücke (4,17) oder zur Streitwagentechnik der Britannier (4,33), dann ein etwas weiterführender zu deren Geographie und Lebensweise (5,13–14), dessen Echtheit allerdings teilweise umstritten ist, bis schließlich im 6. Buch der bei weitem längste Exkurs – fast gänzlich losgelöst vom Handlungsgeschehen – einen grundsätzlichen Vergleich zwischen Germanen und Galliern bietet (6,11–28). Auch dieser Befund ist dem nun schon mehrfach beobachteten Stilwandel innerhalb des *Bellum Gallicum* zuzuschreiben, durch den die Gattung des *commentarius* zunehmend mit Erzählformen der Geschichtsschreibung angereichert wird.

In der Geschichtserzählung bedeutet ein Exkurs immer eine Pause, die Erzählzeit wird gedehnt, die Berichterstattung des Kriegsgeschehens unterbrochen. Dieses Innehalten nutzt Caesar, um den Leser mit Sachinformationen zu versorgen, die ihm für das Verständnis der weiteren Ereignisse, vor allem seiner Entscheidungen als Feldherr, wichtig erscheinen. Damit wird auch der Exkurs, der scheinbar nur objektives Sachwissen vermittelt, zu einem Instrument, den Leser zu lenken und auch abzulenken. Denn daß gerade die Bücher 4 bis 6 besonders von Exkursen geprägt sind, mag zwar auf den ersten Blick den neuen Erkenntnissen geschuldet sein, die die Expeditionen nach Germanien und Britannien erbracht hatten; ein Sueben- und vor allem ein Gallienexkurs wäre aber auch schon an früherer Stelle nicht fehl am Platze gewesen. So ist die Häufung von Exkursen vor allem auch als geschicktes Ablenkmanöver von den militärischen Fehlschlägen der Jahre 55 bis 53 v. Chr. zu werten.

Insbesondere der lange Exkurs über die Gallier und Germanen ist dafür ein gutes Beispiel: Nachdem Caesar im Jahr 53 v. Chr. zum zweiten Mal eine Brücke über den Rhein gebaut und seine Truppen hinübergeführt hat, erreicht ihn durch Kundschafter der Ubier die Nachricht, daß sich die Sueben, gegen die er eine Strafaktion durchführen will (er spricht mit Blick auf die rechtsrheinischen Operationen nicht von Unterwerfung), sich tief im Landesinneren in sumpfiges Waldgelände zurückgezogen hätten.

Daraufhin bricht er den Vorstoß ab und kehrt unverrichteter Dinge um. Zwischen die Überschreitung des Rheins und den Rückzug ist nun ein mehrere Seiten umfassender ethnographischer Exkurs eingeschoben, der detailliert und ausführlich die Unterschiede zwischen Galliern und Germanen erläutert, aber zum besseren Verständnis der gegenwärtigen Lage wenig beiträgt. Man könnte den Exkurs streichen, ohne daß der Erzählfluß gestört würde, ja im Gegenteil, ohne den Exkurs wäre Caesars Bericht über die Vorgänge um seinen zweiten Rheinübergang viel klarer und verständlicher. Doch an dieser Textstelle wird Verständlichkeit geradezu gemieden und das faktische Geschehen geschickt verschleiert. Nimmt man nämlich den eingerückten Exkurs heraus, fällt sogleich die Ergebnislosigkeit des militärischen Unternehmens ins Auge, wie die Probe zeigt:

> (10) Die Sueben hätten beschlossen [so die Ubier], die Ankunft der Römer am Rande dieses Waldes abzuwarten. [... Exkurs ...] (29) Nachdem Caesar durch die Späher der Ubier erfahren hatte, daß sich die Sueben in die Waldgebiete zurückgezogen hatten, entschloß er sich, nicht weiter vorzurücken. Er fürchtete nämlich, das Getreide werde ausgehen, da sich die Germanen insgesamt sehr wenig um Ackerbau kümmern, wie wir oben dargelegt haben. (6,10–29 ohne den Exkurs 6,11–28)

In der Versuchsvariante ohne Exkurs baut Caesar eine Brücke, überschreitet sie mit seinem Heer und erfährt, daß die Sueben sich tief in ihr Land zurückgezogen haben. Daraufhin bläst er zum Rückzug und gibt als Grund hierfür Versorgungsschwierigkeiten an. Die Militäraktion erscheint in dieser Version nicht nur als Fehlschlag, sondern auch ziemlich unüberlegt. Denn daß die Germanen kaum Ackerbau betrieben, wußte Caesar nicht erst in Buch 6, («wie wir oben dargelegt haben», nämlich im Exkurs, 6,22), sondern schon seit seiner ersten Suebenexpedition (4,1,8). Mit dem Exkurs wird also ein großer Mißerfolg kaschiert und die peinliche Tatenlosigkeit überbrückt, zu der sich Caesar durch den Rückzug der Sueben gezwungen sah.

Man geht heute davon aus, daß Caesar den Exkurs aus diesem Grund in der abschließenden Redaktion nachträglich eingefügt hat. Er selbst liefert eine ziemlich umständliche und nicht sonderlich überzeugende Begründung:

> Da wir bis zu dieser Stelle unseres Berichtes vorgedrungen sind, scheint es mir nicht unangebracht zu sein, die Bräuche Galliens und Germaniens zu schildern und dabei auf die Punkte einzugehen, in denen sich diese Stämme unterscheiden. In Gallien gibt es ... (6,11,1 f.)

Der lange Exkurs lenkt den Leser von der unrühmlichen Expedition ab und erfreut ihn statt dessen mit interessanten Hintergrundinformationen. Es ist kein Zufall, daß diese Passage mit zu den kurzweiligsten im *Bellum Gallicum* gehört, denn Caesar berichtet nicht nur über Lebensweise, Religion und Gesellschaft der beiden Volksgruppen, sondern er gibt am Ende auch Einblicke in die geheimnisvolle Tierwelt der finsteren Wälder Germaniens. Diese märchenhaften und an Jägerlatein erinnernden Geschichten trauten einige Forscher Caesar nicht zu und werteten sie als spätere Zutat eines unbekannten Schreibers. Dabei verkannten sie womöglich die Absichten, die Caesar verfolgte, wenn er im Land der Germanen, das er mit seinem Heer nicht nur nicht bekriegen, sondern nicht einmal durchziehen konnte, äußerst sonderbare Tiere hausen ließ. Caesar beschreibt drei Tierarten, vermutlich das Rentier, das bei ihm aber als Einhorn erscheint, den Elch und den Auerochsen; nur letzteren hatte er in der Rheingegend selbst gesehen. Daß er den Elch (wie auch das Rentier) nur vom Hörensagen kannte, zeigen die fehlerhafte Beschreibung der Gestalt dieses Tieres und die daraus fälschlich abgeleitete und reichlich merkwürdige Methode der Einheimischen, es zu jagen:

> Daneben gibt es Tiere, die Elche genannt werden. Sie sehen ähnlich aus wie Ziegen und haben auch ein buntes Fell. Sie sind jedoch etwas größer als Ziegen, haben stumpfe Hörner und Beine ohne Gelenkknöchel. Sie legen sich zur Ruhe nicht nieder und können nicht wieder auf

> die Beine kommen oder sich wenigstens vom Boden erheben, wenn sie zufällig zu Fall kommen und stürzen. Sie benutzen daher Bäume als Ruhestätten; daran lehnen sie sich und können so, etwas zur Seite geneigt, ausruhen. Wenn Jäger aus ihren Spuren herausfinden, wohin sie sich gewöhnlich zur Ruhe zurückziehen, untergraben sie von den Wurzeln her alle Bäume an dieser Stelle oder schneiden sie nur soweit an, daß der Eindruck erhalten bleibt, als stünden die Bäume fest. Wenn sich die Tiere nach ihrer Gewohnheit daran lehnen, bringen sie mit ihrem Gewicht die ihres Halts beraubten Bäume zu Fall und stürzen zusammen mit ihnen um. (6,27)

Diese Schilderung erweckt den Eindruck, daß die Wälder Germaniens voller unbekannter Gefahren seien – und zugleich ohne jeden Anreiz, der Römer dazu bringen könnte, diese Gefahren auf sich zu nehmen. Es entsteht ein Bild primitiver Jäger, die (anders als die zuvor beschriebenen Germanen, die näher am Rhein leben) noch nicht einmal Viehhaltung kennen und bei denen weder Nahrung noch sonst etwas von Wert zu holen ist – allenfalls silberbeschlagene Trinkhörner (6,28,6). Der Leser wird es daher billigen, daß Caesar sein Heer nicht durch solche Wälder führen wollte – die Sueben haben sich ja tief in ihren Wäldern versteckt –, und wird es auch nicht für sinnvoll halten, daß ein so unwirtliches und fremdartiges Land für Rom erobert wird. Daß Caesar die Strafaktion gegen die Sueben abbrach, wird durch diese beunruhigende Schilderung der Wälder jenseits des Rheins indirekt gerechtfertigt. Der Gallier-Germanen-Exkurs dient also nicht nur der Ablenkung des Lesers von der ergebnislosen Offensive, sondern liefert auch Gründe, weshalb Caesars Entscheidung richtig war, die rechtsrheinischen Gebiete den Germanen zu überlassen.

Es sei an dieser Stelle jedoch die Frage erlaubt, was es mit dem einhörnigen Rentier und dem Elch ohne Beingelenke auf sich hat. Der Philologe Otto Seel (1967b, 37 ff.) fand die Quelle zu diesen Tiergeschichten: Caesars Informationen stammten gar nicht aus Germanien, etwa aus Erzählungen germanischer Händler, Dolmetscher oder Söldner, sondern aus Griechenland. Es wurde bereits erwähnt, daß Caesar in Gallien nicht nur eine Kanzlei, sondern auch eine Bibliothek mit reicher ethnographischer Literatur zur Verfügung stand. Darin muß er (oder einer seiner Schreiber) auf ein Buch mit griechischer Zoologie gestoßen sein, dessen phantastische Tierwelt ihm gut zu den wilden Wäldern Germaniens zu passen schien. Das Buch, das Caesar benutzte, ist verlorengegangen, aber seine Geschichten gingen in ein späteres Werk ein, das uns unter dem Titel *Physiologus* (Der Naturforscher) überliefert ist. Darin findet sich folgende Beschreibung eines Elephanten, deren Parallelen zu Caesars Elch-Exkurs nicht zu übersehen sind:

> Dieses Tier hat einen Rüssel ..., aber es hat keine Gelenke und kann sich deshalb nicht bücken und nicht schlafenlegen. Wenn der Elephant aber schlafen will, dann geht er weg zu schräggeneigten Bäumen und lehnt sich an ... Der Jäger aber merkt sich die Bäume und hackt sie mit dem Beil kräftig an. Nun lehnt der Elephant daran, und gleich bricht der Baum ab, und jetzt kommt der Jäger und findet ihn daliegen und macht mit ihm zu seinem Vorteil, was er will. (Übersetzung Seel, 1967b, 40)

Daß in der volkstümlichen Vorstellungswelt der Elephant keine Beingelenke hat, kann man sich gut vorstellen: Er hat dicke Beine, als trüge er eine weite Hose. Die fehlenden Gelenke machen ihn angreifbar und lassen die Legende vom Jäger entstehen, der die Schlafbäume der Elephanten ansägt. Läßt sich für den Elephanten die Legendenbildung nachvollziehen, fällt dies beim Elch, der größten Hirschart, schwer. Hier liegt offenbar eine Verwechslung von Hirsch und Elephant vor, und dies konnte nur im Griechischen passieren. Denn auf Griechisch heißt ‹Elephant› *elephas* und ‹Hirsch› *elaphos*. Caesars Quelle muß also ein griechisches Buch gewesen sein, in dem die kuriose Form der Elephantenjagd irrtümlich auf die Jagd der germanischen Elche übertragen wurde. Und in diesem Buch wurde auch die uralte Sage vom Einhorn, das übrigens im *Physiologus* ebenfalls wieder auftaucht, mit der Beschreibung des Rentiers verknüpft. Caesar konnte es nur recht sein, denn je wunderlicher das Leben in den germanischen Wäldern war, desto sinnvoller seine Entscheidung, den Rhein nicht mehr zu überschreiten.

Es gibt keinen rechten Grund, die Tierbeschreibungen am Ende des Gallier- und Germanen-Exkurses für unecht zu erklären; sie haben, wie wir gesehen haben, eine klare erzählstrategische Funktion, zudem gehören Wundergeschichten zur Gattungstradition der antiken Ethnographie und Geographie, vor allem, wenn es sich um Gebiete und Völker am Rande der Welt handelt. Sind die Tierexkurse also echt, dann werfen sie ein Schlaglicht auf Caesars Arbeitsweise als Kommentarienschreiber: Er nutzte offensichtlich seine mitgeführte Fachbibliothek, um die Exkurse mit Material anzureichern, und er verwertete alte griechische Quellen auch dann, wenn es sich um Völker und Länder handelte, die er selbst gesehen und kennengelernt hatte. Freilich steht er auch damit durchaus in einer historiographischen Tradition, die Lektüre oftmals höher schätzt als Autopsie. So sind auch die Exkurse nicht immer Zeugnisse, die der Expeditionsleiter und Entdecker Caesar aus eigener Anschauung, sondern literarische Dokumente, die in erster Linie der Schriftsteller und Politiker Caesar vorlegt.

Einzelerzählungen • Die wörtliche Rede ist oft der Höhepunkt einer in sich abgeschlossenen Einzelerzählung, die exemplarisch einen bestimmten Ausschnitt eines größeren Geschehens, etwa einer Schlacht, veranschaulicht. Die Geschichtsschreiber, allen voran Livius, haben in ihre Werke mit Vorliebe Einzelerzählungen eingebaut, die also wie die Reden der Gattungstradition der Historiographie zuzurechnen sind. Es sind kleine Geschichten innerhalb der großen Geschichtserzählung, die dem Leser Identifikationsmöglichkeiten und erhebende oder erschütternde Beispiele bieten. Oft sind die Einzelerzählungen sorgsam nach dem Fünf-Akte-Schema des klassischen Dramas gegliedert – und konsequenterweise haben manche von ihnen, wie etwa Livius' Sophonisbe-Erzählung (Livius: Seit der Gründung Roms 30,12 ff.), in späteren Jahrhunderten den Stoff zu Dramen oder Opern geliefert.

Mit ihrer Hilfe inszeniert und erweckt der Autor jedenfalls Emotionen: Die historische Berichterstattung gewinnt an Dramatik, da der Mensch in den Mittelpunkt gestellt wird.

Auch Caesar hat die Einzelerzählung, in ausgeprägter Form zuerst im 4. Buch und von da an häufiger, in die von ihm geschaffene Gattungsvariante des *commentarius* integriert. Damit stimmt seine Verwendung der Einzelerzählung zur bekannten Kurve, nach der die aus der Historiographie entlehnten Erzählformen mit der Zahl der Bücher zunehmen. Ähnlich wie die Exkurse sorgen sie für Unterhaltung und Abwechslung; sie verweilen an einzelnen Momenten des historischen Geschehens und machen sie zu Höhepunkten der Erzählung. Für einen kurzen Moment konzentriert Caesar, der sonst den gesamten Schauplatz im Blick hat, seine Erzählkunst auf eine kleine Episode inmitten der großen Geschehnisse. Damit kann er fast nach Belieben Akzente setzen, von Schwierigkeiten ablenken oder große Momente unterstreichen und sie auch emotional an den Leser vermitteln. Besonders sorgfältig ausgestaltet ist die Geschichte von den zwei konkurrierenden Centurionen Pullo und Vorenus, die hier deshalb ungekürzt geboten sei:

> **Es waren damals** [*erant*] in dieser Legion zwei außerordentlich tapfere Centurionen, die schon vor der Beförderung zum höchsten Rang standen, Titus Pullo und Lucius Vorenus. Diese standen im ständigen **Wettstreit** [*controversiae*] miteinander, wer den anderen übertreffe. In all jenen Jahren hatten sie als erbitterte Rivalen miteinander um ihren Rang gekämpft.
>
> Von diesen beiden sagte Pullo, als **bei** [*ad*] **der Lagerbefestigung** aufs härteste gekämpft wurde: «Was zögerst du noch, Vorenus? Auf welche Gelegenheit wartest du noch, deine **Tapferkeit** [*virtus*] zu beweisen? Dieser Tag wird unseren **Wettstreit** [*controversiae*] entscheiden.» Mit diesen Worten rückte er **über** [*extra*] **die Lagerbefestigung hinaus** vor und stürzte sich auf den Feind dort, wo er am dichtesten zu stehen schien. Da hielt es auch Vorenus nicht auf dem Lagerwall, er folgte Pullo auf dem Fuß, weil er um sein Ansehen bei allen anderen

fürchtete. Aus einer gewissen Entfernung schleuderte Pullo seinen Wurfspieß in die Feinde und durchbohrte einen, der gerade aus der feindlichen Menge nach vorn stürmte. Als dieser schwer getroffen starb, bedeckten ihn die Feinde mit ihren Schilden, schleuderten alle ihre Wurfgeschosse auf Pullo und machten ihm so ein weiteres Vorrücken unmöglich. Pullos Schild wurde durchbohrt, und ein Wurfgeschoß blieb in seinem Wehrgehänge stecken, so daß sich seine Schwertscheide durch den Treffer verschob. Als er versuchte, sein Schwert zu ziehen, war daher seine rechte Hand behindert, so daß er wehrlos war, als die Feinde ihn umzingelten. Da kam ihm sein Feind Vorenus zu Hilfe und stand dem Bedrängten bei. Sofort wandte sich daraufhin die feindliche Menge von Pullo ab und Vorenus zu, da sie glaubten, der Speer habe Pullo durchbohrt. Vorenus kämpfte im Handgemenge mit dem Schwert, tötete einen Feind und trieb die übrigen ein Stück zurück. Während er jedoch allzu stürmisch vordrang, stolperte er in eine Bodenvertiefung und stürzte. Als die Feinde ihn einkreisten, brachte ihm wiederum Pullo Unterstützung, so daß sich beide, nachdem sie mehrere Feinde niedergemacht hatten, unversehrt und mit höchstem Ruhm bedeckt in die Befestigung zurückziehen konnten.

So [**sic**] trieb das Schicksal mit der heftigen Rivalität der beiden sein Spiel, daß nämlich jeder dem Rivalen zu Hilfe kam und ihn rettete und daß nicht zu entscheiden war, wen von den beiden man als den tapfersten ansehen mußte. (5,44)

Auch wenn man diese Textpassage losgelöst vom übrigen Kontext betrachtet, bildet sie in Form eines Exempels eine sinnvolle, in sich geschlossene Erzählung mit einem klar umrissenen Thema: Lob auf die *virtus* (Tapferkeit) der römischen Soldaten. Detlef Rasmussen hat die kunstvolle zyklische Komposition dieser Erzählung analysiert (Rasmussen, 1963, 28): Die Geschichte beginnt mit einem vorangestellten *erant* ... (es waren damals ...), dem typischen Beginn antiker Märchen, und endet mit einem klaren Fazit: *sic* ... (so ...). Das zentrale Wort *virtus* fällt erstmals in der direkten Rede des Pullo, der sich mit Vorenus schon seit langem einen Wettstreit liefert, wer über die größere *virtus* verfüge; der Kampf um die höchste *virtus* wird im Text gewissermaßen dadurch abgebildet, daß das Wort *controversia* (Wettstreit) vor und nach dem Wort *virtus* zu stehen kommt und *virtus* gleichsam von der *controversia* der beiden eingerahmt ist. Die Worte des Pullo sind der Auslöser dafür, daß die beiden nun die endgültige Entscheidung ihres Wettstreits suchen – wie so oft, bringt die direkte Rede den Umschwung. Im Anschluß daran werden die Heldentaten der beiden Centurionen geschildert, die beide exakt den gleichen Ablauf aufweisen: Pullo kämpft mutig, gerät jedoch in Bedrängnis und wird von Vorenus gerettet; dann kämpft Vorenus mutig, gerät ebenfalls in Bedrängnis und wird von Pullo gerettet. Dann kämpfen beide gemeinsam mutig und kehren mit Ruhm bedeckt ins Lager zurück. Die Ebenbürtigkeit der beiden Soldaten spiegelt sich in den exakten Parallelen im Ablauf ihrer Kämpfe wider. Im Schlußsatz werden die Motive ‹Tapferkeit› und ‹Streit› wieder zusammengeführt und mit der Pointe gekrönt, daß hier ein ‹Feind› dem anderen das Leben rettete.

Auch stilistisch bildet die Erzählung eine Einheit. Caesar weicht hier entschieden von seiner – oben schon erwähnten (S. 111 f.) – Gewohnheit ab, einen möglichst schlichten Wortschatz zu gebrauchen und auch Wortwiederholungen zuzulassen. In der Erzählung von Pullo und Vorenus finden sich durchaus Ausdrücke der hohen Stilebene, zum Beispiel: *verutum in balteo* (Wurfgeschoß im Wehrgehänge), *gladio rem gerere* (mit dem Schwert kämpfen). Wortwiederholungen werden vermieden: für ‹durchbohren› etwa werden vier verschiedene Wörter verwendet. Die Einzelerzählung, sprachlich ausgefeilt und inhaltlich durchkomponiert, strahlt als literarisches Kleinod aus dem übrigen Bericht hervor.

Welchen Zweck nun verfolgt Caesar, wenn er diese Einzelerzählung in seinen Bericht einfügt? – Zunächst bietet sie ihm eine gute Möglichkeit, die Leistung der Centurionen allgemein herauszustellen und damit seiner engen Verbundenheit zu den Soldaten Ausdruck zu verleihen. Man darf nicht vergessen, daß das Heer nicht nur für den Feldherrn Caesar, sondern auch – und zwar in zunehmendem Maß – für den Politiker Caesar die Basis all seines Erfolgs bildete: Später, als Diktator, erhob er Centurionen in den

Senatorenstand. Caesar erweist den Centurionen seine Reverenz und sichert sich damit eine zuverlässige Klientel, die seinen Einfluß im fernen Rom stärken und mehren wird.

Indes verfolgt Caesar auch als Erzähler eine gut durchdachte Strategie, indem er, wie wir bereits an anderen Beispielen gesehen haben, durch geschickte Anordnung des Stoffes auf subtile Weise Zusammenhänge erst herstellt, die möglicherweise so gar nicht gegeben waren. Die Erzählung vom Wettstreit der Centurionen ist in den Bericht über die lange Belagerung eines römischen Winterlagers durch den gallischen Volksstamm der Nervier – dieselben, die Caesar drei Jahre zuvor fast überrumpelt hatten (S. 134 ff.) – eingebettet. Die Situation im Lager ist um so gefährlicher, als Caesar nicht vor Ort ist. Zunächst einmal ist festzuhalten, daß der Erzähler verschweigt, an welchem Tag und in welchem Zusammenhang die Centurionen ihren Wettstreit ausgetragen haben. In Caesars Darstellung läßt sich ihr heldenhafter Ausfall keiner bestimmten Schlacht zuordnen – von den spärlichen Zeitangaben im *Bellum Gallicum* war schon die Rede (S. 128 f.). Es handelt sich um einen beliebigen Tag während der Belagerungszeit. Daß gerade an dieser Stelle des Kriegsgeschehens die Geschichte erzählt wird, hat also keine chronologisch-sachlichen Gründe, sondern eine besondere erzählstrategische Bewandtnis. Die Episode trägt dazu bei, dem Leser einen Begriff von der Dauer der Belagerung, der Härte der Kämpfe und der Tapferkeit der Römer in außerordentlicher Bedrängnis zu vermitteln. Kaum eine Situation im ganzen *Bellum Gallicum* wird ähnlich bedrohlich geschildert wie der Angriff auf dieses Winterlager, und selten wird den Soldaten so viel abverlangt (zum Beispiel 5,40). Unmittelbar vor der Centurionen-Episode wird von einem massiven Angriff der Gallier berichtet, bei dem die römischen Verteidiger, obwohl schon erschöpft, nochmals alles gaben. Caesar betont, daß «dieser Tag bei weitem der härteste für unsere Soldaten» (5,43,5) gewesen sei; doch gelang es ihnen, die Lage wieder in den Griff zu bekommen. Darauf folgt die Erzählung von Pullo und Vorenus; im Anschluß wird die Belagerung weiter fortgesetzt und droht vollends unerträglich zu werden (5,45,1) – doch dann setzt die Wende zum Besseren ein: Endlich gelingt es, Caesar zu benachrichtigen, und dieser eilt sogleich zum Entsatz.

Wenn gerade an dieser Stelle eine Erzählung eingerückt wird, die das schönste Exempel soldatischer *virtus* zum Inhalt hat, dann erscheint sie wie ein Denkmal für die vorige Leistung der Soldaten an ihrem härtesten Kampftag. Die Centurionen Pullo und Vorenus werden stellvertretend für alle Centurionen und die Kohorten, die sie führen, geehrt. Zugleich ist die Erzählung zwischen der Darstellung einer heißen Verteidigungsschlacht und der erfolgreichen Benachrichtigung des Imperators kurz vor dem Wendepunkt der Belagerung eingefügt. Sie dehnt also die Zeit des Wartens und Ausharrens aus. Darüber hinaus bringt sie einen neuen Ton in die Gesamterzählung – die ganze Belagerungssituation erscheint somit in einem anderen Licht: Alle sind zu Tode erschöpft, seit Tagen hat niemand geschlafen, selbst die Verwundeten müssen helfen, zum Schluß ist kaum noch jemand unverwundet – und da kommen die beiden Haudegen und führen ihr selbstbezogenes Spiel auf. Es läßt die Schlacht als Sport erscheinen und verdeckt den blutigen Ernst der Lage. Es wäre nämlich beinahe dahin gekommen, daß eine römische Legion vernichtet worden wäre, trotz all ihrer Tapferkeit und obwohl ihr Kommandeur nichts falsch gemacht hatte. So aber wird die gute Laune wiederhergestellt, mit der Caesars Soldaten auch sonst gesegnet sind, und alles vermittelt ein moralisches *fabula docet*, wie es ebensogut von Livius stammen könnte: *virtus* zahlt sich aus, Durchhalten lohnt sich, Vertrauen auf Caesar wird vom Schicksal belohnt.

Daß die Geschichte von den konkurrierenden Centurionen auch ein Gegenstück ist zu der ausführlichen Schilderung eines verhängnisvollen Streites zweier Legaten, Cotta und Sabinus (5,30 ff.), steht auf einem anderen Blatt.

Dieser kleine Einblick in das rhetorische Waffenarsenal des Erzählstrategen Caesar zeigt, daß im *Bellum Gallicum* mit einer Vielzahl von Erzähltechniken und Gestaltungsmittel gearbeitet wird, die ineinandergreifen und zusammenwirken. Verbirgt Caesar zunächst noch seine Erzählkunst hinter einem schlichten Kommentarienstil, wagt er sich nach einer Weile aus der Deckung, um immer wieder und immer häufiger – vor allem ab Buch 4 – mit Erzählformen aufzuwarten, die seinen *Commentarius* zunehmend zur historischen Monographie werden lassen. Doch der nüchterne Tonfall des Kommentarienstils bleibt der Grundton, zu dem der Erzähler jederzeit zurückkehren kann und in dem er auch seinen Bericht über den Gallischen Krieg insgesamt beschließt. Gleichwohl ist sein *Commentarius* mehr, als er vorgibt zu sein. Er ist ein Stück Meisterprosa in Form eines Tatsachenberichts, dessen Stilebenen je nach Bedarf vom schlichten Protokoll bis zur hohen Literatur reichen und doch harmonisch zusammenfinden. Kaum daß es der Leser merkt, hat Caesar, versteckt im Erzähler, für seine Geschichte eine neue Gattung geschaffen, getarnt mit dem Titel *Commentarius.*

Die Erfindung der Geschichte

Caesar hatte eine neue Form des *commentarius* geschaffen, und während er dafür in der antiken Literaturkritik gelobt und bewundert wurde, machte sich in der modernen Literaturwissenschaft Skepsis breit: Waren nicht all jene Gestaltungsmittel und Erzählformen, die Caesar mit dem nüchternen Kommentarienstil verbunden hatte, ideale Werkzeuge der Leserlenkung, der Psychagogie, der Manipulation? In einem vielbeachteten Buch gipfelten diese Bedenken im Vorwurf der Geschichtsklitterung. Der französische Philologe Michel Rambaud sah in Caesars *Bellum Gallicum* eine deutliche ‹Verformung› der Geschichte und brachte diese Einschätzung im Titel seines Buches zum Ausdruck: *L'art de la déformation historique dans les Commentaires de César* (1953). Dort heißt es:

> Caesar zeigt die Realität doch von der Seite, die seinen Interessen entspricht, und die Formen seines Berichts rufen beim Leser einen

falschen Eindruck hervor: dies ist das, was wir die Kunst der historischen Deformation nennen. (Rambaud, 1953, [2]1966, 364)

Es ist durchaus verständlich, daß nach den leidvollen Erfahrungen mit der Propaganda des Nationalsozialismus und anderer Diktaturen auch die wissenschaftliche Auseinandersetzung mit Caesars politischer Flugschrift, als die man sie betrachten mochte, kritischer wurde und eine gründliche Untersuchung ihrer politischen Tendenzen und manipulativen Techniken angezeigt schien. Rambaud und andere wurden fündig und stellten Caesars Glaubwürdigkeit prinzipiell in Frage.

Hier ist jedoch auf einen grundlegenden Unterschied hinzuweisen: Die moderne ideologische Propaganda hat wenig gemein mit der politischen Selbstinszenierung der Römer. Ein römischer Adeliger machte nicht Propaganda für eine Idee, ein Programm oder ein System. Er kannte keine Alternative zu dem ‹politischen System›, in dem er lebte: Es ist die *res publica Romana*, die er als selbstverständlich voraussetzte und daher nicht eigens ideologisch begründen oder verteidigen mußte. Rom stand nicht zur Disposition, und zur Expansionspolitik gab es weder grundlegende Kritik noch eine ernstzunehmende Alternative, auch wenn der welthistorische Auftrag Roms und die sogenannte Romidee erst in der Kaiserzeit zu ihren klassischen Formulierungen fanden. Caesar bedurfte also keiner sehr elaborierten Strategie, um zu rechtfertigen, daß er das tat, was Generationen römischer Adeliger getan haben: sich im Krieg einen Namen machen. Das Leid und das ungeheure Blutvergießen, das dadurch auch über die feindliche Zivilbevölkerung gebracht wurde, interessierten dabei in Rom kaum jemanden. Die ‹Ideologie›, auf die Caesar sich jederzeit berufen konnte und auf die er im *Bellum Gallicum* auch immer wieder verweist, ist die Tradition oder ‹Gewohnheit› (*consuetudo* oder auch *mos*) des römischen Volkes. Der Begriff der Ehre (*dignitas*) spielt eine ähnliche Rolle.

Die politische Propaganda in Rom bezog sich nicht auf Ideologien im modernen Sinne, sondern ganz auf die Selbstdarstellung der eigenen Person und der eigenen *gens* (Adelsfamilie), allenfalls noch auf die eigene *factio* (politische Gruppierung), der man vorstand (S. 52 ff.). Der römische Adel inszenierte sich selbst und damit zugleich den Staat, den er repräsentierte. Was immer er tat, tat er nach seinem Selbstverständnis auch für Rom. Es bestand daher keine klare Trennung zwischen dem Privatmann und dem öffentlichen Amtsträger: Ein *nobilis* war stets eine öffentliche Person, außenpolitisch handelte er im Namen des römischen Volkes und in seinem eigenen. So sorgten die *nobiles* auch dafür, daß die römische Geschichte, die sie ja gestaltet hatten, in der Weise dargestellt und – etwa in Reden, durch Bauprogramme oder bei Triumphzügen – öffentlich gemacht wurde, wie sie es für richtig und angemessen hielten. Römische Geschichte war ihre Geschichte, und jede *gens* eiferte danach, ihren besonderen Anteil daran geltend zu machen. Es war selbstverständlich, daß ein *nobilis* seine eigene Version der römischen Geschichte, in der er und seine Familie eine möglichst maßgebliche Rolle spielte, verbreitete und propagierte. Aus dieser Tradition erwuchs eine aristokratische Geschichtsschreibung, die teilweise auch «senatorisch» genannt wird, und in diesem Zusammenhang schrieben, wie wir schon gesehen haben (S. 89 ff.), einige Aristokraten *commentarii*. Ihre Haushistoriker und bisweilen auch sie selbst arbeiteten diese Notizen aus und hoben in ihren Geschichtswerken die Leistungen ihrer jeweiligen Adelsfamilie hervor. Dieser Umgang mit Geschichte stimmte zum Selbstverständnis der Nobilität und war nichts Ungewöhnliches.

Daneben gab es natürlich auch eine andere Form der Geschichtsschreibung, die sich bis heute erhalten hat: Sallust, Tacitus und andere betonten, daß ihre Deutung der Geschichte unabhängig von Patronen und Parteien sei, und grenzten sich in ihren Proömien (Vorworten) von den politisch gefärbten Auftragsarbeiten, die für Adelshäuser angefertigt wurden, dezidiert ab. Das bedeutete allerdings nicht, daß nicht auch sie in ihren Werken ihre Sicht der Dinge vermittelten und dabei die grundsätzliche Lizenz des antiken Geschichtsschreibers zur Erfindung in bestimmten Bereichen nutzten.

Historiographische Interpretation ging auch bei ihnen mit literarischer Erfindung einher, sofern diese nur einer höheren Wahrheit und keiner Parteimeinung verpflichtet war – davon war schon die Rede (S. 95 ff.).

In diesem Kontext erscheinen die Vorwürfe, daß Caesars Schrift über den Gallischen Krieg pure, mitunter geschichtsverfälschende Propaganda sei, in einem anderen Licht. Gewiß, Caesar inszenierte sich selbst. Aber die Selbstdarstellung stand ihm nach den damaligen Vorstellungen der römischen Gesellschaft ebenso zu wie die Darstellung seiner Sicht auf den Krieg, den er in Gallien führte. In seinem aristokratischen Selbstbild war die Notwendigkeit nicht vorstellbar, Tatsachen zu verdrehen und Leser zu täuschen: Caesar hatte eine bestimmte Wahrnehmung von dem, was in Gallien geschah, und sein *Bellum Gallicum* ist souveräner Ausdruck dieser Sichtweise. Dabei konnte er bei vielen seiner Entscheidungen und Einschätzungen durchaus auf grundsätzliche Zustimmung in Rom rechnen. Die Bereitschaft zur Aggression, der Anspruch auf die Vormachtstellung in Gallien, das Fehlen jeglichen Unrechtsbewußtseins den Völkern gegenüber, die mit Krieg überzogen wurden, die Inkaufnahme von vielfachem Tod und menschlichem Leid, wenn es nur dem Wohl des Staates diente – all das stand im Einklang mit den Prinzipien römischer Politik und brauchte nicht verschwiegen oder bemäntelt zu werden.

Der besondere Vorwurf der Manipulation sollte vielmehr einem anderen Aspekt gelten: der eigenartigen Gattungsmischung des *Bellum Gallicum*, in der Elemente des herkömmlichen *commentarius*, der Autobiographie und der historischen Monographie miteinander kombiniert werden. Dabei sind diese Gattungen zumindest in vier Punkten alles andere als kompatibel. Hinsichtlich Erzählerstandpunkt, Stilhöhe, politischer Tendenz und dem Grad ihrer Erfindungsfreudigkeit unterscheiden sie sich beträchtlich. Der *commentarius* und die Autobiographie sind Ich-Erzählungen, in der Historiographie hingegen dominiert der auktoriale Erzähler; der vorliterarische *commentarius* zeigt keinerlei stilistische Ambitionen, die Autobiographie und die Historiographie sind durch und durch literarische Genres; die Autobiographie ist naturgemäß politisch tendenziös, der *commentarius* legt in seiner Unfertigkeit noch keine politische Ausrichtung nahe, die aristokratische Historiographie bezieht Partei, die unabhängige Historiographie wiederum betont ihre Unparteilichkeit und ihr eigenständiges Urteil. Schließlich kann nicht genug betont werden, daß in Rom alle historiographischen Gattungen mit Ausnahme des *commentarius* in hohem Maße offen sind für eine erfinderische Erzählkunst, die nicht nur dem faktischen Befund eines historischen Geschehens Rechnung tragen, sondern einer tieferen Wahrheit dienen will. In Caesars Synthese der historiographischen Formen kommen nun jeweils jene gattungstypischen Aspekte zum Tragen, die für ihn von Vorteil sind: Die Gattung des nüchternen, politisch neutralen *commentarius* bietet die Grundlage für eine politisch tendenziöse Monographie mit literarisch-fiktiven Elementen, deren autobiographisch-propagandistisches Anliegen hinter einer Er-Erzählung versteckt wird. Oder einfacher gesagt: Caesar gibt seiner eigenen Version des Gallischen Krieges den Anstrich eines allgemeingültigen Tatsachenberichts; seine persönliche Deutung des Geschehens und seine Selbstdarstellung fallen dabei kaum auf – und entfalten ihre Wirkung um so mehr. Der Clou von Caesars Propaganda besteht also darin, daß sie als solche nicht zu erkennen ist.

Um sinnfälliger zu machen, wie geschickt Caesar die Vorteile der verschiedenen Gattungen und ihrer Erzählformen für sich nutzt, sei ein kleines literarhistorisches Experiment erlaubt: Wie sähe der Gallische Krieg in einer rein historiographischen Monographie aus, etwa bei einem Historiker wie Sallust – wenn man als Maßstab dessen *Bellum Jugurthinum* zugrunde legt?

Hätte ein solcher Historiker den Gallischen Krieg beschrieben, dann hätte er ihn nicht allein als die Leistung Caesars geschildert, sondern auch andere römische Kommandeure und sonstige Protagonisten stärker in Erscheinung treten lassen; er hätte die positiven Wertungen gleichmäßiger über die Protagonisten verteilt, und Caesar wäre nicht allein der zentrale ‹Held› des Geschehens; andererseits gäbe es sicher mehr Kritik an ihm, an seinem Ehrgeiz und vielleicht auch an einzelnen militärischen Entscheidungen; ein Historiker hätte gewiß auch die Vorgeschichte stärker einbezogen, etwa die römisch-gallischen Beziehungen der letzten Jahrzehnte; ferner hätte er die Innenpolitik, die bei Caesar kaum eine Erwähnung findet, und die Wechselwirkungen zwischen den Schauplätzen Rom und Gallien thematisiert; vermutlich hätte er den Gallischen Krieg auch als Folge von Caesars Konsulat problematisiert und die bedrohlichen Rückwirkungen des Krieges auf die *res publica* diskutiert, etwa die unaufhörlich wachsende Macht der Triumvirn. In diesem Zusammenhang hätte er vielleicht auch Cato, dem großen Gegenspieler Caesars, eine Rede gegeben; schließlich hätte er von den Barbaren ein etwas günstigeres Bild gezeichnet und vor allem Vercingetorix, vielleicht auch Ariovist größer, heldenhafter und tragischer gemacht. Das Ergebnis wäre eine andere Geschichte vom Gallischen Krieg gewesen, wobei der von der Gattung geforderte auktoriale Erzählerstandpunkt verschiedene und umfassendere Perspektiven bieten würde, während eine Autobiographie oder ein herkömmlicher *commentarius* nur die einseitige Ich-Perspektive zuließe.

Die erweiterten Möglichkeiten eines auktorialen Erzählerstandpunktes seien an einem konkreten Beispiel verdeutlicht, der Schlacht um Alesia: Der Feind ist in der Stadt Alesia eingeschlossen, die von den Römern belagert wird; in ihr droht eine Hungersnot, weshalb ein Rat abgehalten wird. Ein rein autobiographisch arbeitender Autor könnte nicht wissen, was in Alesia in der Beratung vor sich geht, jedenfalls nicht, ohne eine Quelle zu nennen und zuzugeben, daß er erst im nachhinein davon erfuhr. Ein rein historiographischer Autor hätte dagegen eine Rede aus dem alesischen Rat und damit auch die andere Seite zu Gehör bringen können, mit dem Ziel, Anteilnahme für die verzweifelte Lage des Gegners zu wecken. Caesar aber, als Autor einer Mischgattung, tut beides: Wie ein Historiograph gibt er vor, eine auktoriale Perspektive einzunehmen, und kann deshalb eine Rede aus Alesia bieten, nämlich die des Critognatus, aber als Selbstdarsteller formuliert er diese Rede so, daß der Feind sich und seine Tapferkeit, wie noch zu zeigen sein wird (S. 204 ff.), selbst als barbarisch demontiert.

Dennoch, was den Vorwurf der Selbstinszenierung, der gefärbten Geschichtsdeutung und der Propaganda in eigener Sache betrifft, handelte Caesar nicht anders als in der römischen Adelsgesellschaft üblich, und wenn er die verschiedenen Gattungen zu einer neuartigen Literaturform zusammenführte, um sich und seine Taten in ein günstiges Licht zu stellen, dann verfolgte er keine anderen Ziele als jene Aristokraten, die sich der herkömmlichen Wege und Formen bedienten. Caesar wollte den Gallischen Krieg als historisches Ereignis ersten Ranges darstellen und dabei als jener Feldherr erscheinen, der die Anforderungen dieses historischen Ereignisses mit überragendem Erfolg meisterte. Es ging ihm also um seine Version des Krieges, den er in Gallien führte.

Nun gehört zu einer erfolgreichen Propagandaschrift, auch wenn sie sich als solche nicht ausgibt, eine gute Geschichte, die nicht etwa deshalb gut ist, weil sie voll von Lügen und Täuschungsmanövern ist, sondern weil sie die Botschaft des Erzählers einprägsam, in klarer Sprache und mit einer Fülle überzeugender Details vermittelt: Örtlichkeiten, Motive, Figuren und ihre Charaktere, Handlungskette, Hintergründe und Zusammenhänge, Ergebnisse und Folgen sollen sich zu einer Erzählung runden, die einen Sinn ergibt. So gesehen, hat Caesar genauso Geschichte ‹erfunden› wie andere antike Geschichtsschreiber auch, und er hat für seine Geschichte – zumindest stellenweise – dieselben Mittel der Erzählkunst und Rhetorik eingesetzt wie die anderen auch. Nur hat er den Geschichtsschreiber, der er war, nicht zugegeben. Der Vorwurf der Täuschung trifft weniger seine Version der Geschichte oder seine Propaganda für die eigene Person als den Autor und seine neue Gattung.

Wir haben uns mit Bedacht die Frage nach der historischen Glaubwürdigkeit Caesars erst an dieser Stelle des Buches vorgenommen, da ihre Beantwortung ein umfassendes Verständnis seiner Zeit voraussetzt: ein Verständnis des römischen Literaturbetriebs und seiner politischen Bedeutung, der genuin römischen Kommentarientradition sowie des allgemein literarischen Charakters der antiken Historiographie und ihrer erzählerischen Mittel. Vor diesem Hintergrund gleicht es in gewisser Weise einem Anachronismus, wenn moderne Literaturwissenschaftler und Historiker Caesar der Geschichtsklitterung bezichtigen.

Hinzu kommt – und das gilt auch heute noch: Kein aktiver Politiker greift zur Feder, um eine wissenschaftliche Wahrheit zu verbreiten: Er schreibt, um zu wirken. So ist für Caesar das *Bellum Gallicum* eine Fortsetzung der Politik und des Krieges mit anderen Mitteln. Das Buch hebt die Eroberung ‹ganz Galliens› in das öffentliche Bewußtsein der Römer und macht es so zu einem Faktum. Denn, wie die antiken Historiker wußten: Zur Geschichte gehören immer zwei, einer, der sie macht, und einer, der darüber schreibt. Insofern wurde Geschichte nicht nur von den historischen Akteuren, sondern auch von den historiographischen Autoren – im doppelten Sinne – geschrieben.

Natürlich ist es legitim und auch von Interesse, danach zu fragen, wie sich Caesars Darstellung zum tatsächlichen Geschehen verhält, wo er Schwerpunkte setzte, was er überging oder nur kurz streifte und wo er vom historischen Geschehen abwich, kurz, wo Caesars Wahrheit mit dem, was wir darunter verstehen, nicht übereinstimmt; nur trifft der Vorwurf der Geschichtsklitterung den Sachverhalt nicht recht. Die Antwort auf diese Frage gestaltet sich allerdings schwierig, da für uns Caesars *Bellum Gallicum* nahezu die einzige Quelle für den Gallischen Krieg ist und fast alle weiteren Zeugnisse, die uns aus der Antike überliefert sind, von dieser Quelle abhängig sind. Es bleibt also keine andere Möglichkeit als der Versuch, anhand von Caesars eigener Darstellung den tatsächlichen Verlauf der historischen Ereignisse zu rekonstruieren. Der Philologe Will Richter hat dazu folgende Leitfragen aufgestellt und beantwortet: 1) Wo könnte Caesar manipulieren wollen? 2) Wo kann er nicht manipulieren? 3) Wo kann er manipulieren? (Richter, 1977, 99 f.)

Generell könnte Manipulation immer dann ins Spiel kommen, wenn die Gefahr besteht, daß Caesars Ansehen beschädigt wird. In diesem Zusammenhang wäre zunächst zu denken an militärische Fehlentscheidungen und Mißerfolge, an etwaige Demütigungen durch den Feind, an Erfolge der Unterfeldherren, die den des Oberfeldherrn schmälern, an Mißstimmung und Meutereien unter den Soldaten. Außerdem dürfte es für Caesar von großem Interesse gewesen sein, sein Handeln Rom gegenüber zu legitimieren, wenn er Kriege beginnt, Truppen aushebt, Strafaktionen durchführt oder offenen Rechtsbruch begeht, wie er es etwa – zur großen Empörung Catos – tat, indem er die Gesandten der Usipeter und Tencterer gefangensetzte und sie selbst, obwohl sie sich ergeben hatten, niedermetzeln ließ. Schließlich könnte es Caesar auch darum gehen, die Gebiete, die er erobert hat, als Gewinn für Rom hinzustellen, die Gebiete hingegen, die er nicht erobern konnte, als unrentabel. Eines hat er in jedem Falle dem Leser verschwiegen: seine wahren Ziele und weiteren Pläne. Im *Bellum Gallicum* wird nur der Feldherr Caesar, nicht aber der Innenpolitiker greifbar.

An bestimmten Fakten und Fixpunkten kann der Berichterstatter nicht rütteln, beispielsweise an logistischen Grundsätzen, militärischen und technischen Tatsachen, wie schnell etwa eine bestimmte Strecke zurückgelegt werden kann oder wieviele Soldaten man benötigt, um einen Wall von einer bestimmten Länge oder eine bestimmte Anzahl von Schiffen zu bauen. Korrekt müssen auch überprüfbare Fakten sein, wie die Namen der Legaten oder der Gegner, die Orte der Winterlager, die Ausgaben für den Sold, die Anzahl der Kohorten und Legionen. Auch geographische Gegebenheiten größeren Ausmaßes können bei der Darstellung nicht beliebig stark mißachtet oder maßlos verzerrt werden, ebensowenig wie bedeutende Ereignisse, für die es zahlreiche Zeugen gab, etwa Mobilmachungen, Meutereien, Truppenbewegungen, Belagerungen, der Bau von Brücken und Flotten, größere Versammlungen, Siege und Niederlagen. In solchen Kontexten kann eine raffinierte Erzählkunst Details, Tendenzen, Stimmungen, innere Zusammenhänge, Hintergründe und Motive herausarbeiten, übergehen oder suggerieren, aber die manifesten Ergebnisse und evidenten Folgen des Kriegsgeschehens entziehen sich bis zu einem gewissen Grad der Manipulation.

Gestaltungsspielräume bieten Caesar vor allem Geschehnisse, die kaum von Zeugen widerlegt werden können und die nicht in die Protokolle der Legaten, in die Briefe der Soldaten, in die Schreiben der Händler und Finanzleute in Caesars Gefolge, auch nicht in Caesars Senatsberichte eingegangen oder auch sonst schwer zu fassen sind: Meinungstendenzen in Stabsberatungen, Stimmungsbilder einzelner Gruppen im Heer, angenommene oder gar unterstellte Motive bei feindlichen Gesandten oder Heerführern – aber auch Caesars eigene Motive, Charakterzüge der Protagonisten, als exemplarisch beschriebene Vorfälle oder Episoden innerhalb einer Schlacht. Vor allem die innere Logik des Geschehensverlaufes wird erst, wie bereits deutlich wurde, durch den Erzähler gestiftet. Dabei ist der Manipulation Tür und Tor geöffnet, und einige Instrumente der Leserlenkung haben wir schon kennengelernt: fehlende oder undurchsichtige chronologische Angaben innerhalb eines Jahres, suggestive Stoffdisposition, geschickte Schwerpunktsetzung durch Wechsel des Erzähltempos, wohlkalkulierte Informationsvergabe, Wechsel der Perspektiven und der Erzählformen, um nur einige zu nennen. Eine subtile und oft kaum nachweisbare Form der Manipulation ist das stillschweigende Übergehen eines Sachverhalts. Will Richter hat hierzu treffend bemerkt:

> Das einzige Kriterium, das absichtsvolles Verschweigen sicher zu statuieren erlaubt, ist der Einfluß, den die Erwähnung des Nichterwähnten auf das Urteil des Lesers über den Autor als Handelnden haben würde. (Richter, 1977, 101)

Genau besehen eröffnen sich auch für Caesar vor allem dort Möglichkeiten der Leserlenkung und Manipulation, wo auch sonst die kaum minder suggestive Deutung der antiken Geschichtsschreiber ins Spiel kommt. Ob diese nun die Geschichte nach ihren eigenen unabhängigen Vorstellungen, im Sinne eines einzelnen Adelshauses oder eines Parteiführers oder, wenn es um Außenpolitik geht, aus gesamtrömischer Perspektive interpretieren, wird der antike Leser wohl bemerken und je nachdem für gut oder schlecht befinden, aber kaum grundsätzlich die Darstellungsmittel als Mittel der Täuschung tadeln.

Nimmt man dies zur Kenntnis, so entpuppt sich möglicherweise das, was Caesar als Geschichtsklitterung vorgeworfen wird, als gängige Praxis aristokratischer Selbstinszenierung. Nur hat Caesar für seine Selbstdarstellung zu einer neuen literarischen Form gefunden, in der seine Deutung und Propaganda, da sie insgeheim und hinter den Gattungskulissen eines *commentarius* stattfinden, als anstößig empfunden werden kann. Eines jedoch ist klar: So schwierig und oft auch methodisch unbefriedigend es ist, Caesar als Zeugen gegen sich selbst aufzurufen, so ist es doch möglich zu analysieren, was er erzählt, wie und zu welchem Zweck, und auf diese Weise der Frage näherzukommen, was die Geschichte, die er erfunden hat, bedeutet. Wenden wir uns also Caesars Sicht auf Gallien und seiner Version des Gallischen Krieges zu.

Der Raum

Mittlerweile schreiben wir das Jahr 52 v. Chr., Caesar steht im siebenten Kriegsjahr mit seinem Heer in Gallien und hat mit Mühe und Not einen Aufstand ganz Galliens niedergeschlagen. Doch sein militärischer Erfolg kann nicht über die politischen Probleme hinwegtäuschen, die in Rom auf ihn warten. Der einstige Verbündete, der Triumvir Pompeius, wird zunehmend zu seinem Gegenspieler und betreibt eine für Caesar ungünstige Politik. Dem siegreichen Feldherrn drohen Anklagen wegen Amtsmißbrauch, Ausbeutung der Provinzen, Verletzung des Völker- und Sakralrechts.

In dieser Situation beschließt Caesar, eine Gesamtdarstellung des Gallischen Krieges in sieben Büchern herauszubringen, um der Öffentlichkeit seinen umfassenden Erfolg zu präsentieren und damit seine machtpolitische Position in Rom zu stärken. Dieser siebenbändigen Ausgabe stellt er – wieder einmal gegen die Gattungstradition eines *commentarius* – ein Proöm voran, in dem er sein militärisches Aktionsfeld, Gallien, umreißt. Das leuchtet ein, denn in Rom war dieses Land noch weitgehend unbekannt. Diesen Umstand nutzte er ebenso ungeniert wie genial aus. Denn er beginnt sein Werk mit den Worten:

> Gallien als Ganzes (*Gallia est omnis*) zerfällt in drei Teile. In dem einen leben die Belger, in einem zweiten die Aquitaner und im dritten Völker, die in ihrer eigenen Sprache Kelten heißen, in unserer jedoch Gallier. Sie alle unterscheiden sich nach Sprache, Tradition und Gesetzen. Der Fluß Garonne trennt die Gallier von den Aquitanern, die Flüsse Marne und Seine von den Belgern. (1,1,1 f.)

Hier sind, wie es scheint, nur geographische und ethnographische Fakten notiert. Rhetorisch geschult, wie der antike Leser war, und durchaus gewohnt, Politiker zu durchschauen, blieb er in diesem Falle arglos, und Caesar nutzt dies gleich im ersten Wort aus: *Gallia.* So unverfänglich es auch scheinen mag – mit der bewußten Wahl dieses Anfangswortes hat Caesar bereits begonnen, sich zu inszenieren und politisch zu positionieren.

Denn in der Antike war es üblich, Bücher nicht nach Buchtiteln zu benennen, sondern nach den Buchanfängen: So sprach man nicht nur von Vergils *Aeneis,* sondern auch von Vergils *arma,* denn *arma* war das erste Wort dieses Epos, und nicht nur von den *Elegiae* des Properz, sondern von seiner *Cynthia,* denn mit diesem Namen beginnt sein Elegienbuch. Und so wird man auch von Caesars Büchern über den Gallischen Krieg, wo nicht von seinen *Commentarii,* schlicht von seiner *Gallia* gesprochen haben. Wenn Caesar sein Werk mit *Gallia* begann, stellte er mit einem einfachen Kunstgriff sicher, daß das von ihm eroberte Gallien immer mit seinem Namen verbunden wurde.

Aber es ging Caesar um mehr: *Gallia* steht auch für sein militärisches Programm, die Eroberung Galliens, und zwar ganz Galliens. *Gallia est omnis ...* – «Gallien ist als ganzes ...», sagt Caesar, und mit diesem wie selbstverständlich gesetzten *omnis* suggeriert er dreierlei: zum einen, daß es ein ‹ganzes› Gallien gebe, zum anderen, daß es als ein Ganzes behandelt werden müsse, und schließlich – indem er die drei Teile benennt –, was dieses ‹ganze› Gallien sei. Gallien als Einheit, mit den Grenzen Westalpen, Rhein, Ärmelkanal, Atlantik und Pyrenäen, ist aber ein Gebilde, das es so vor Caesar nicht gab. Die Griechen sprachen von der Keltiké, dem Land der Kelten, und meinten damit ein unbestimmtes Gebiet nördlich der Alpen, das im Osten in das Gebiet der Skythen überging, und der Don (Tanais) galt als Grenze zwischen Europa und Asien; von den ebenfalls schon im Proöm (1,1,4) erwähnten Germanen, die in dem Land zwischen Kelten und Skythen siedelten, wußten die Griechen nichts.

Ein Gallien in festen Grenzen – die Formulierung *Gallia* (statt *Galli*) bezeichnet ein Territorium – ist etwas, das vor Caesar nicht existierte, sondern etwas, das seine Eroberung erst schuf. Die Kelten lebten über ganz Europa verstreut, bis weit in den Osten, dazwischen und mit ihnen durchaus vermischt, die Germanen; in Südgallien lebten zudem vorindogermanische Völker wie die Iberer und Ligurer. Die Germanen siedelten zu Caesars Zeit ebenso auf beiden Seiten des Rheins wie die Kelten; seit Caesar erst gilt der Rhein als Grenze zwischen ihnen. Mit anderen Worten: Caesar definiert im ersten Satz seines Proöms das, was ‹ganz› Gallien ist, und das entspricht ‹zufällig› genau dem Gebiet, das er erobern konnte. Da Caesar das Proöm erst am Ende des Gallienfeldzuges schrieb, wußte er, wie weit er gekommen war, und konnte genau dieses eroberte Gebiet als «ganz Gallien» bezeichnen. Damit hatte er also einen vollständigen Erfolg vorzuweisen: Die Eroberung eines «ganzen» Landes. Im Grunde ist dieser erste Satz des *Bellum Gallicum* die Gründungsurkunde Galliens – und, indem Caesar den Rhein als Grenze setzt, auch Germaniens.

Mit dem so definierten Gallien nun verband Caesar weitere Ambitionen. Als er den Krieg begann, war er noch nicht der große Feldherr, den wir kennen; für seine Zeitgenossen war das ein anderer: Pompeius Magnus, der soeben für Rom Asien erobert beziehungsweise als Provinz neu geordnet hatte; Caesar, der mit

Pompeius gleichziehen, ja ihn übertrumpfen wollte, machte es sich zur Aufgabe, Gallien für Rom zu erobern: Dem prestigeträchtigen Asien-Projekt des Pompeius stellte er ostentativ sein Gegenprojekt Gallien gegenüber. *Gallia* als erstes Wort ist damit nicht nur ruhmvoller Zitiertitel, sondern ein militärisches Programm, das zugleich ein politisches ist: Denn ein Sieger von ganz Gallien ist dem großen Pompeius zumindest ebenbürtig. Caesars Position gegenüber Pompeius ist damit erheblich politisch gestärkt, das angestrebte erneute Konsulat in greifbarer Nähe.

Caesar zieht auf der für die Leser in Rom noch weißen Landkarte Galliens weitere Linien. Er spricht als erster von drei Teilen, die er durch Grenzflüsse festlegt: die Garonne trenne Aquitanien im Südwesten ab, die Seine und Marne Belgien im Nordosten – alle drei Flußnamen sind übrigens in der gesamten antiken Überlieferung erstmals bei Caesar belegt.

Seine Dreiteilung wirft jedoch Fragen auf, da nach heutigem Verständnis in allen drei Gebieten Kelten wohnen. Im südwestlichen Teil dominierten zwar die Iberer, doch im Mündungsgebiet der Garonne siedelte ein großer Teilstamm der keltischen Biturigen auf beiden Seiten dieses Flusses, im nordöstlichen Teil fanden sich neben den Kelten auch Germanen, die überhaupt die Tendenz zeigten, in den linksrheinischen Raum vorzustoßen. Dies kommt noch hinzu: Die Siedlungsgebiete waren nicht statisch, sondern es gab ständige Wanderbewegungen. Die Dreiteilung ist also ethnisch nicht festzumachen. Caesar behauptet zwar im folgenden Satz, daß diese drei Völker sich in Sprache, Institutionen und Gesetzen unterscheiden, und erweckt damit beinahe den Eindruck, als würden in ‹ganz› Gallien drei Bezirke mit je eigener Sprache und Kultur existieren. Aber das trifft nicht zu: Die Kelten haben sich allenfalls durch unterschiedliche Dialekte unterschieden, wobei gewiß wesentlich mehr als nur drei Dialekte gesprochen wurden und es auch keinen Grund für die Annahme gibt, daß die Flüsse Garonne, Seine und Marne besonders starke Dialektgrenzen gewesen seien. Was die Institutionen und Gesetze betrifft, wissen wir zum einen, daß die Kelten in Stämmen organisiert waren, von denen mindestens 64 überliefert sind, die – wie auch Caesars Kriegsberichte oft im konkreten Fall zeigen – eigenständig lebten und autonom agierten. Zum anderen gab es stammesübergreifende Einrichtungen, etwa die Druidentage, bei denen Stammesvertreter aus dem keltischen Raum zusammenkamen – vermutlich war ihr Einzugsgebiet aber erheblich kleiner als Caesars «ganz Gallien». Aber zu einer überregionalen Staatenbildung ist es im gesamten von Kelten besiedelten Raum nie gekommen.

Allerdings sind stammesübergreifende Bündnisse bekannt: So bildeten um das Jahr 100 v. Chr. die Arverner im Zentralmassiv und die Allobroger und Vocontier am Rande der Westalpen eine Allianz. Und Caesar selbst berichtet beispielsweise von zwei Stammesgruppen – er spricht von Parteien (*factiones*) –, die um die Vorherrschaft in Gallien streiten würden: die Sequaner und Arverner auf der einen Seite, die Haeduer und andere Stämme auf der anderen (1,31,3 ff.); es sind diese Gruppen, die auch später (so im Exkurs: 6,12, und im 7. Buch) von Bedeutung sind. Doch weder diese noch andere politische Verbünde, von denen wir wissen, haben einen Bezug zu den drei Gebieten, in die Caesar in seinem Proöm Gallien einteilte.

Der Befund mag überraschen: Was antike Autoren, etwa der bei Strabo überlieferte Poseidonios, und außerhalb des Proöms auch Caesar selbst über die Binnenstrukturen der in Gallien lebenden Kelten berichten, deckt sich nicht mit der ethno-geographischen Dreiteilung, die im Proöm des *Bellum Gallicum* als Tatsache präsentiert wird.

Es ist aufschlußreich, wie Caesar für die Belger (*Belgae*) – deren Name ebenfalls hier zuerst belegt ist – den Anschein erweckt, eine eigene Stammesgruppe innerhalb Galliens zu bilden: Auf Caesars Nachfrage liefern die Remer, ein belgischer Stamm, der sich dem aggressiven Feldherrn andienen will, einen Katalog aller belgischen Stämme mit genauen Angaben der Kriegerzahlen (2,4,5–10): insgesamt 308 000 Soldaten – der genaue Zensus, der hier vorgelegt wird, paßt übrigens nicht so recht zum Bild, das Caesar andernorts von den barbarischen und fern von aller Zivilisation lebenden Belgern entwirft. Die Aufzählung der unter Waffen stehenden Stämme beantwortet jedenfalls nicht die Frage, was die Stämme eigentlich eint beziehungsweise von den anderen Kelten trennt. Der Hinweis, daß die meisten von ihnen aus den Germanen hervorgegangen seien, bleibt vage und wirft zwei neue Fragen auf: Warum sind die Belger, die von den Germanen abstammen, selbst keine Germanen? Und was unterscheidet jene Belger, die nicht von den Germanen abstammen, von den keltischen Galliern? Später spricht Caesar noch von einer kleineren Einheit innerhalb des belgischen Teils Galliens: dem *Belgium* (5,12,2. 25,4). Auch dabei bleibt offen, worin die Einheit des *Belgium* bestehen soll.

Es ging Caesar offenbar nicht darum, ein differenziertes Bild von der politischen oder ethnographischen Landkarte Galliens zu zeichnen; er teilt das Land nicht nach Völkern und Stämmen ein, sondern nach geographischen Regionen: Caesars drei gallische Teilgebiete sind ebenso ein Konstrukt wie sein ‹ganzes› Gallien. Auch das Gebilde *Belgium* und die zusammenfassende Volksbezeichnung *Belgae* könnten Neuschöpfungen sein, suggestiv durch den Zensus, den die belgischen Remer vortragen, definiert und etabliert.

Caesar erfindet also offensichtlich den Raum, in dem er agiert, neu. Er bildet auf seiner Landkarte nicht Strukturen ab, die er vorfindet oder die er der Fachliteratur entnimmt, sondern er setzt schon im Proöm jene territoriale Einteilung an, die den Etappensiegen seiner Feldzüge entsprechen wird, ebenso wie er auch sein ‹ganzes› Gallien nach dem Ergebnis seines Eroberungskrieges definiert. Man könnte sein Vorgehen auf folgendes Schema reduzieren:

Im Jahr 58 (Buch 1) befriedet Caesar das ‹keltische› Gallien. Im Jahre 57 (Buch 2) siegt er über Stämme des ‹belgischen› Galliens, im Jahre 56 (Buch 3) wird das ‹aquitanische› Gallien unterworfen. In den Jahren 55, 54 und 53 (Buch 4–6) leitet Caesar mehrere ergebnislose Exkursionen gegen die Germanen und Britannier, im Jahre 52 (Buch 7) schlägt er den Aufstand fast ‹ganz› Galliens siegreich nieder.

Indem Caesar die Dreiteiligkeit Galliens als gegeben hinstellt, erweckt er den Eindruck, daß seine Feldzüge ein berechenbares und gut geplantes Unternehmen waren: Schritt für Schritt bezwang er ja in drei Jahren jeweils die drei Teilgebiete Galliens, und am Kriegsende hatte er ganz Gallien unter seine Kontrolle gebracht. Im übrigen wollte Caesar mit seiner Einteilung Galliens wohl schon die Provinzgrenzen vorwegnehmen, die er für die Verwaltung Galliens vorgesehen hatte. Zu einer abschließenden Provinzordnung ist er aber selbst nicht mehr gekommen; schließlich wurde nach einigem Hin und Her unter Augustus um 16 v. Chr. Gallien tatsächlich in drei prätorische Provinzen eingeteilt, die *tres Galliae: Provincia Aquitania, Belgica* und *Lugdunensis.* Sie sind jedoch nicht ganz deckungsgleich mit den drei Teilgebieten, die Caesar angesetzt hat.

Was Caesar in den ersten drei Sätzen seines Proöms über Gallien sagt, gibt also nicht die Situation vor dem Gallienfeldzug wieder, sondern den Zustand, den Caesar am Ende bewirkt hatte. Die schlichte ethno-geographische Einleitung stellt eine territoriale Ordnung an den Anfang des Gallischen Krieges, die erst in seiner Folge entstanden sein wird. Literarische Erfindung und historisches Handeln greifen hier untrennbar ineinander, oder, wie Detlef Rasmussen es formuliert hat: «Caesar ist wirklich der ‹Autor› dieses Krieges: und zwar faktisch – wie literarisch.» (Rasmussen, 1963, 158)

Was der Politiker und Stratege Caesar mit seinem Proöm bezwecken wollte, haben wir geklärt. Doch auch der Erzähler Caesar ist am Werk: Er muß den Leser in eine unbekannte Welt einführen, die voll von fremden Völkern, Flüssen, Bergen ist. Dem Leser bietet er daher eine erste Orientierung, indem er den Schauplatz auf seine Grundstrukturen reduziert. Zugleich läßt er es sich aber nicht nehmen, diese neue Welt, die, wenn man das Proömende (1,1,5–7) für echt hält, bis zum Oceanus reicht, durch den Klang der vielen fremdländischen Namen als groß und vielfältig erscheinen zu lassen. Der Erzähler steckt den Schauplatz in einer Beziehung zur späteren Handlung ab. Er bezeichnet den Rhein als Grenze zwischen Galliern und Germanen und bereitet damit den

Leser darauf vor, daß die militärischen Vorstöße zu den Germanen, ebenso wie die zu den Britanniern, nur als Expeditionen, nicht aber als gescheiterte Feldzüge einzuordnen sein werden. Auch der Gallier-Germanen-Exkurs im 6. Buch, in dem die zivilisierteren Gallier den wilden Germanen gegenübergestellt werden, setzt den Rhein als Völkergrenze voraus. So gelingt es Caesar, selbst geographische Gegebenheiten, also eigentlich unverrückbare Sachlagen, die sich der Manipulation zu entziehen scheinen, in einer Weise zu erzählen, die diese Informationen, ohne sie eigentlich zu fälschen, in einer seinen Interessen entsprechenden Weise vorstrukturiert.

Im Proöm charakterisiert der Erzähler im weiteren lediglich zwei Völker genauer: die Belger und die Helvetier; beide Völker sind besonders tapfer, weil sie in ständigem Kampf mit den Germanen stehen. Und beide Völker haben auch eine besondere Bedeutung im Handlungsgeschehen; die Helvetier liefern den Anlaß zum Gallischen Krieg, die Belger sind die nördlichste Volksgruppe, die Caesar unterwerfen konnte. So hebt der Erzähler mit diesen beiden Völkern gerade jene Akteure hervor, die für Anfang und Ende des eroberten Gebietes stehen; beide stehen außerdem für die Germanengefahr, womit sich andeutet, daß allein die Sicherung der Rheingrenze gegen die Germanen bereits eine große Leistung, die Eroberung von rechtsrheinischen Gebieten jedoch keine realistische Option sein wird. Die Kulissen sind aufgebaut, der Schauplatz vorgestellt: Das Stück kann beginnen.

Die Figuren

In der antiken Historiographie stehen die Akteure im Mittelpunkt, die Geschichte ist personalisiert: Der Lauf der Dinge wird von großen Männern gelenkt, die ihr Volk, eine Partei oder eine Haltung repräsentieren. Da die antiken Historiographen danach streben, das Allgemeingültige an Personen wie Ereignissen exemplarisch herauszuarbeiten, zeichnen sie die historischen Protagonisten nicht nur als Individuen, sondern auch als repräsentativ für die

Gruppen oder Typen, die sie vertreten, ausgestattet mit einem bestimmten Repertoire an Tugenden, Motiven und Handlungsmustern: So gibt es den Typus des ehrgeizigen Parteiführers, des verkommenen Aristokraten, des umsichtigen oder verblendeten Feldherrn, des tapferen, aber wilden Barbaren. Die historische Person wird auf diese Weise unversehens zu einer literarischen Figur, deren Zeichnung immer auch topische, also häufig in der Literatur wiederkehrende Elemente aufweist.

Auch Caesar, der durch Anleihen bei der Historiographie seinen erzählerischen Gestaltungsspielraum erweitert, legt große Sorgfalt auf die Einführung und Zeichnung seiner Protagonisten. Es ist bemerkenswert, auf wie unterschiedliche Weise er den Blick des Lesers auf die zentralen Figuren lenkt: Bald beschreibt der Autor eine Figur selbst (direkte Figurenzeichnung), bald charakterisiert er sie durch das, was andere Figuren über sie aussagen (indirekte Figurenzeichnung), oder er verdeutlicht das Wesen einer Figur durch ihre Taten oder Reden (implizite Figurenzeichnung). Das Urteil, das der Leser über eine Figur fällt, hängt auch davon ab, ob der Erzähler ihre Motive verrät und aus welcher Perspektive er ihm Einblick in ihr Handeln gibt: aus der Sicht der Figur, aus der Sicht anderer oder aus der olympischen Sicht des Autors. Das gilt auch für die Handlungsfigur Caesar selbst, deren Perspektive der Erzähler Caesar zunächst einnimmt, um später aber immer häufiger in die auktoriale Perspektive hinüberzuwechseln; die Form der Er-Erzählung macht, wie Woldemar Görler betont hat, rasche Änderungen des Erzählerstandpunktes möglich:

> Dadurch, daß Caesar nicht in der ersten, sondern in der dritten Person erzählt, hat er sich von den engen Beschränkungen, denen die Ich-Erzählung unterliegt, befreit. Er kann nun, wenn es ihm geboten scheint, aus der Innensicht heraustreten und sich aller Freiheiten bedienen, die dem Er-Erzähler zu Gebote stehen. Er kann nun – als auktorialer Erzähler über den Ereignissen stehend – auch Tatsachen berichten, die dem handelnden Caesar damals noch unbekannt waren; er kann nun auch anderen Handlungsfiguren ‹ins Herz sehen›. (Görler, 1976, 101)

Wie die Handlungsfiguren gestaltet sind, ist eng damit verbunden, was Caesar von ihnen erzählt. Da letztlich alle Figuren des *Bellum Gallicum* in der doppelten Perspektive Caesars erscheinen, sei es in der des Protagonisten, sei es in der des Erzählers, ist eine nähere Betrachtung ihrer Darstellung nicht zu trennen von der Selbstdarstellung Caesars.

Caesar und seine Soldaten • Es ist bekannt, daß Caesar ein enges Verhältnis zu seinen Soldaten pflegte, viele Centurionen, also Anführer von Hundertschaften, kannte er mit Namen. So konnte er sie auf den Schlachtfeld namentlich anfeuern, was seine Wirkung nicht verfehlte (2,25,2). Bei den Soldaten genoß er so großes Ansehen, daß sie im Kampf ihr Bestes gaben, wenn sie in seinen Gesichtskreis gerieten. Offenbar fand er ihnen gegenüber die richtige Balance zwischen Distanz und Nähe und wußte, wo er ihnen mit Strenge und wo mit Nachsicht begegnen mußte. Der Biograph Sueton weiß darüber mehr zu berichten:

> Weder nahm Caesar alle Vergehen zur Kenntnis noch bestrafte er sie ihrer Schwere entsprechend, Deserteuren und Meuterern aber spürte er unnachgiebig nach bestrafte sie äußerst hart. In anderen Dingen drückte ein Auge zu.
>
> Manchmal entband er nach einer großen siegreichen Schlacht seine Leute von ihren dienstlichen Pflichten und erlaubte ihnen, herumzustreichen und sich jedem Vergnügen hinzugeben, indem er sich zu brüsten pflegte, seine Soldaten könnten auch dann kämpfen, wenn sie sich parfümiert hätten.
>
> Bei Ansprachen redete er sie nicht mit «Soldaten» (*milites*) an, sondern nannte sie «Kameraden» (*commilitones*), was ihnen mehr schmeichelte ... Auf diese Weise machte er sie sich ergeben und zu äußerst tapferen Soldaten. (Sueton: Caesar-Vita 67)

Dieser Führungsstil zielt nicht nur auf seinen Offiziersstab, sondern auch auf die breite Masse der einfachen Soldaten. Das Ergebnis ist, daß Caesars Soldaten in den zehn langen Kriegsjahren in Gallien und den angrenzenden Ländern nicht ein einziges Mal meuterten – später, im Bürgerkrieg, sollte das allerdings anders werden.

Was Sueton hier über den Umgang Caesars mit seinen Soldaten berichtet, kommt im *Bellum Gallicum* so nicht vor. Caesars Darstellung konzentriert sich ganz auf die wesentlichen militärischen und logistischen Operationen und beschränkt sich auf die dienstlichen Interaktionen zwischen Feldherrn und Truppen. Der Alltag des Lagerlebens bleibt wie alles Private ausgespart. Es ist aufschlußreich, wie nun der Erzähler Caesar darangeht, den nach ihm zweitwichtigsten Akteur des *Bellum Gallicum* einzuführen: sein Heer.

Die ersten Erwähnungen von Soldaten finden sich im Zusammenhang von Truppenaushebungen und -bewegungen. Die Legionen erscheinen als anonyme militärische Einheiten, die von Caesar allein befehligt werden. Vom Offiziersstab, der den Oberfeldherrn begleitet hat – jede Legion verfügte über einen Legaten und sechs Militärtribunen, hinzu kamen die Präfekten der Reiterei und der Hilfstruppen – ist mit keinem Wort die Rede. Nur ein Name wird genannt – aber eben nur genannt, mehr nicht: Titus Labienus, dem Caesar seine Truppen an der Provinzgrenze übergab, während er weitere fünf Legionen in Oberitalien aushob (1,10,3). Obwohl Labienus zu diesem Zeitpunkt bereits ein langjähriger Vertrauter war und fortan im Gallischen Krieg stets als Caesars Stellvertreter fungierte – er hatte den Oberbefehl über alle Legionen, wenn der Feldherr nicht in Gallien weilte –, wird weder sein Rang noch seine bisherige Karriere (er war 63 v. Chr. Volkstribun) erwähnt. Die Einführung des Stellvertreters Caesars erfolgt damit denkbar beiläufig – zumal wenn man bedenkt, wie ausführlich Gallier wie Orgetorix und andere Fürsten vorgestellt werden. Sie erfolgt so knapp wie Caesars eigene, könnte man auf den ersten Blick meinen, jedoch mit gänzlich anderer Wirkung: Caesar wird dem Leser zwar nicht vorgestellt, ist aber ständig präsent. Die Rolle des Labienus hingegen wird durch die knappe Nennung zu Anfang stark heruntergespielt.

Caesars Legionen geraten dann in mehrere Scharmützel und liefern sich eine Schlacht mit den Helvetiern, ohne daß Taten einzelner Soldaten oder zumindest Namen einzelner Offiziere erwähnt würden. Der Bericht über die militärischen Aktionen ist knapp und sachlich, die Truppen bleiben anonyme Einheiten.

Doch dann kommt es zu einem Vorfall, bei dessen Schilderung der Erzähler den beteiligten Römern mehr Aufmerksamkeit schenkt (1,21 f.): Die Helvetier haben am Fuße eines Berges ihr Nachtlager aufgeschlagen, und Caesar gibt Labienus den Befehl, heimlich zwei Legionen von hinten auf den Bergrücken zu führen, während er selbst die Feinde von der Talseite her angreifen wolle. Diesmal erfährt man den genauen Titel des Labienus: Er ist *legatus pro praetore* – Legat im Range eines Prätors. Nach der Besetzung des Berges führt Caesar wie geplant seine Legionen an das Lager der Helvetier heran, wobei er Publius Considius als Aufklärer vorausreiten läßt. Dieser sonst nicht weiter bekannte Mann, der auch im gesamten *Bellum Gallicum* nicht mehr in Aktion tritt, ist nach Labienus der zweite namentlich genannte Soldat, der außerdem auch noch mit einer kurzen Charakteristik eingeführt wird:

> Gleichzeitig sandte er P. Considius, den er für einen äußerst erfahrenen Soldaten hielt und der schon unter Sulla und später unter M. Crassus gekämpft hatte, mit Kundschaftern voraus. (1,21,4)

Bei Tagesanbruch kehrt nun Considius in vollem Galopp mit der Meldung zurück, daß der Bergrücken nicht von Labienus, sondern von den Helvetiern besetzt sei. Caesar läßt daraufhin seine Legionen haltmachen, und es kommt nicht zur Schlacht. Später am Tag muß er aber erfahren, daß Labienus den Berg doch eingenommen hatte und «Considius von panischer Angst erfüllt Beobachtungen gemeldet habe, die er gar nicht gemacht hatte.» (1,22,4)

Zweierlei ist hier festzuhalten: Considius ist der erste Soldat, dem der Erzähler ein Gesicht gibt, ihn also nicht nur mit Namen, sondern auch mit einem Charakter und einem knappen Lebenslauf ausstattet; doch dieser erste Soldat, der als Figur greifbar wird, ist jemand, der in einer entscheidenden Situation einen Fehler macht: Trotz seiner Erfahrung gerät er in Panik und verhindert mit seiner Falschmeldung eine herausragende Gelegenheit, die Helvetier zum Kampf zu stellen. Ausgerechnet dies ist das erste Ereignis, das in Ansätzen erzählerisch aufbereitet wird. Es handelt sich zwar noch nicht um eine für sich stehende Geschichte – dafür ist die Schilderung des Vorfalls zu sehr in den gesamten Bericht der Truppenbewegungen eingebunden –, aber immerhin zeigt sie eine kleine Figurenzeichnung, einen angedeuteten Spannungsaufbau und eine überraschende Auflösung. Es folgt jedoch weder ein Fazit des Erzählers noch eine Bewertung durch den Feldherrn.

Weshalb macht Caesar so viel Aufhebens von dieser belanglosen, weil ergebnislosen Aktion? Die Antwort lautet, daß er sich so als akribischer Berichterstatter gibt, der dem Leser kein Detail vorenthält, und zudem als umsichtiger Feldherr, der jede Lage sorgsam prüft und geduldig auf den geeigneten Augenblick wartet, um zuzuschlagen. Was hier inszeniert wird, ist Caesars professionelle Führungsroutine oder – auf einen römischen Begriff gebracht – seine Fähigkeit zum *consilium*, der Feldherrntugend der Besonnenheit.

Viel schwieriger ist die Frage zu beantworten, weshalb Caesar als ersten Soldaten, den der Leser kennenlernt, einen solchen Unglücksraben auftreten läßt, der eine günstige Gelegenheit aus Angst vermasselt. Stellen wir aber diese Frage noch einmal zurück und verfolgen die nächsten erzählerischen Schritte, die uns Caesars Heer und seine Soldaten näherbringen.

Im Bericht über die bald darauf folgende Entscheidungsschlacht gegen die Helvetier bei Bibracte werden die Offiziere ebenfalls nicht namentlich genannt, Caesars Truppen bleiben ebenso anonym wie erfolgreich. Nach dem Sieg folgen langwierige Verhandlungen mit dem Suebenfürsten Ariovist, die schließlich scheitern. Als darauf der Krieg gegen die germanischen Sueben unmittelbar bevorsteht, bricht im römischen Lager angesichts der erschreckenden Berichte von Händlern über die barbarischen Germanen Panik aus. Der Erzähler gibt ein unerwartet differenziertes Stimmungsbild und gewährt erstmals tiefe Einblicke in das Seelenleben seiner Soldaten:

> Die Furcht ergriff zuerst die Militärtribunen, Präfekten und die Kriegsteilnehmer, die Caesar aus Freundschaft von Rom gefolgt waren und keine große Kriegserfahrung hatten. Der eine von ihnen brachte diesen, der andere jenen Grund vor, der ihn angeblich zwang aufzubrechen, und bat um die Einwilligung Caesars, abreisen zu dürfen. Die Scham veranlaßte einige, zurückzubleiben, um nicht in den Verdacht der Furchtsamkeit zu geraten. Es war ihnen allerdings unmöglich, die Mienen zu verstellen, und bisweilen konnten sie ihre Tränen nicht zurückhalten. Sie zogen sich daher in ihre Zelte zurück und beklagten ihr persönliches Schicksal oder jammerten mit Freunden über die gemeinsame Gefahr. Im ganzen Lager wurden allgemein Testamente verfaßt. Allmählich verwirrten sie mit ihrem Reden und ihrer Furcht auch die, die schon lange an den Kriegsdienst gewöhnt waren: Soldaten, Centurionen und Anführer der Reiterei. Wer unter diesen nicht als furchtsam gelten wollte, sprach davon, daß er zwar vor dem Feind keine Furcht habe, wohl aber vor der engen Wegstrecke und den weiten Wäldern, die zwischen uns und Ariovist lagen, oder daß er fürchte, der Getreidenachschub könne nicht zufriedenstellend aufrechterhalten werden. Eine Gruppe meldete Caesar sogar, wenn er den Befehl gäbe, das Lager abzubrechen und den Marsch anzutreten, würden die Soldaten aus Furcht seinen Befehl mißachten und nicht abmarschieren. (1,39,2–7)

Wenn bisher vom Heer die Rede war, dann summarisch von Legionen (*legiones*) und Truppen (*copiae*) oder von Soldaten (*milites*). Nun kommt erstmals die ganze Vielfalt und Heterogenität der unterschiedlichen Gruppierungen zum Ausdruck, aus denen sich ‹das› Heer zusammensetzt: Militärtribunen, Präfekten, politische Freunde, Centurionen, Reiterpräfekten und einfache Soldaten. Die anonymen Militäreinheiten treten in den Hintergrund, und die Menschen werden mit ihren unterschiedlichen Erfahrungen, Charakterzügen, Gefühlen und Motiven sichtbar. Der Erzähler führt den Leser so nah wie nur möglich an die Soldaten heran, er zeigt sie in ihrem Lebensraum im Lager und verfolgt sie sogar bis in ihre Zelte, wo sie allein oder mit Freunden klagen, er spürt ihren Gefühlsschwankungen zwischen Scham und Furcht nach, er durchschaut ihre vorgeschobenen Ausreden. Ebenso böse wie treffend dürfte übrigens seine Einschätzung sein, daß die Furcht zunächst bei den Militärtribunen und politischen Freunden ihren Anfang nahm, also bei jenen jungen Aristokraten, die sich aus Karrieregründen dem Kriegszug angeschlossen hatten und, wie es römische Sitte war, sogleich des Standes wegen, so unerfahren sie auch waren, in das Offizierskorps kamen. Insgesamt führt Caesar dem Leser in einem plastischen Panorama menschlichen Verhaltens die Stimmung unter den Soldaten vor Augen. So wird der nach Caesar zweitwichtigste Akteur des *Bellum Gallicum*, das Heer, vorgestellt.

Bisher hat der Erzähler Caesar den Leser also zweimal näher mit seinen Soldaten bekannt gemacht – vorhin mit Considius, diesmal mit der ganzen Truppe – und ihm Einblicke in ihr Innenleben gewährt. In beiden Fällen kommt eine tiefe Furcht zum Vorschein, durch die jeweils militärische Operationen gefährdet werden. Das Bild, das der Erzähler Caesar von seinen Soldaten zeichnet, ist ausgerechnet bei den ersten ‹persönlichen› Begegnungen, die der Leser mit ihnen hat, nicht besonders vorteilhaft, und es stellt sich erneut die Frage, weshalb in der Figurenzeichnung der Soldaten zu Beginn des *Bellum Gallicum* gerade jene Eigenschaft in Abrede gestellt wird, die als Haupttugend der Soldaten gilt: Tapferkeit (*fortitudo* oder *virtus*).

Dabei kommt Caesars Selbstdarstellung ins Spiel. Nach seiner ausführlichen Schilderung der Stimmung im Lager berichtet er nämlich von einem Kriegsrat, in dem er eine lange (indirekte) Rede hält. Punkt für Punkt führt er aus, warum alle Angst unbegründet sei, und widerlegt alle nur erdenklichen Einwände. Am Ende spricht er der zehnten Legion, deren Tapferkeit er allein lobt, sein Vertrauen aus. Der Erfolg der Rede ist überwältigend:

> Diese Rede bewirkte bei allen auf wunderbare Weise einen Sinneswandel und erfüllte sie mit höchstem Tatendrang (*alacritas*) und Kriegsbegeisterung (*cupiditas belli gerendi*). (1,41,1)

Der Stimmungsumschwung, den Caesar bewirkt hat, hält an und führt zu einem raschen und vollständigen Sieg über Ariovist und die Sueben; so schnell wie die Schlacht entschieden wird, so kurz wird über sie berichtet, und zwar in derselben sachlichen und unpersönlich gehaltenen militärischen Sprache wie bei den vorigen Schlachtendarstellungen. Allerdings erwähnt Caesar diesmal eigens, daß er jeder Legion einen Legaten und einen Quästor an die Spitze gestellt habe, damit die Soldaten Zeugen für ihre Tapferkeit haben sollten. Am Ende des 1. Buches und des ersten Kriegsjahres kann der erfolgreiche Oberfeldherr selbstbewußt konstatieren:

> Nachdem Caesar in einem Sommer zwei so bedeutende Kriege siegreich beendet hatte, ließ er sein Heer früher, als es die Jahreszeit erforderte, in das Gebiet der Sequaner ins Winterlager abrücken. Die Leitung des Winterlagers übertrug er Labienus. (1,54,2 f.)

Der Selbstdarsteller Caesar läßt seine eigene Rede, die er im Kriegsrat hält, als Wendepunkt erscheinen: Die Angst der Soldaten verfliegt, und Caesar siegt. Doch die Rede führt nicht nur den Stimmungsumschwung für den Augenblick herbei, sondern markiert einen grundlegenden Wandel: War vor Caesars Rede Angst das einzige Gefühl, das die Soldaten in der Nahperspektive gezeigt haben, so sind sie danach wie ausgewechselt – voll Tatkraft und Begeisterung für den Kampf, und vor allem werden sie an ihrem Feldherrn nie wieder zweifeln. Caesars Rede, die demonstrativ, fast provokativ mit einem Lob der vorbildlichen Tapferkeit (*virtus*) der zehnten Legion endet, bewirkt auf «wunderbare Weise» (*mirum in modum*), daß aus ängstlichen Menschen echte Soldaten werden. Nun wird verständlich, was der Erzähler Caesar bezweckt, wenn seine Charakterzeichnung von Soldaten zunächst auf deren Schwächen abhebt: Es braucht erst den Feldherrn Caesar, der aus Feiglingen Soldaten und aus einem Haufen ein Heer macht; und es ist Caesar, der dies zuwege bringt, und nicht etwa seine Legaten und Centurionen.

Überhaupt spielen die Offiziere im 1. Buch noch eine erstaunlich unbedeutende Rolle. Namentlich werden, abgesehen von Considius (und zwei Gesandten; 1,47,4), nur die Legaten Labienus und

Crassus genannt, von letzterem wird wenigstens ein Manöver erwähnt. Das 1. Buch schließt denn auch mit Caesar als dem großen Sieger in zwei Kriegen und – mit einem Labienus, dem die Leitung des Winterlagers anvertraut wird. Insgesamt entsteht durch die Art, wie die Soldaten und Offiziere eingeführt und dargestellt werden, der Eindruck eines übermächtigen Oberfeldherrn, der in Alleinregie sein Heer nicht nur führt, sondern überhaupt erst aufbaut und in die Form bringt, die es am Ende unschlagbar macht.

Das Heer samt seinen Offizieren bildet die Kulisse, vor der Caesar sich in Szene setzt. So wird der Kriegsrat zum Schauplatz einer doppelten Selbstinszenierung: Caesar stellt sich als Feldherr den Sorgen der Soldaten, spricht ihnen Mut zu, leistet Überzeugungsarbeit. Zugleich nutzt der Erzähler Caesar diese Rede, um dem Leser Caesar als Oberfeldherrn vorzustellen. Ihn kennzeichnen psychologisches Geschick und viel Verständnis für die Ängste der Soldaten, andererseits aber auch kompromisslose Härte bei jeder Andeutung von Unbotmäßigkeit gerade bei den Offizieren und Centurionen: Scharf grenzt er sich von den unteren und mittleren Führungsebenen ab und verbittet sich jegliche Einmischung in seine strategischen Entscheidungen:

> Als Caesar die Lage erkannte, berief er den Kriegsrat ein und zog die Centurionen aller Einheiten hinzu. Hier erhob er schwere Vorwürfe: Erstens darüber, daß sie glaubten, es sei ihre Aufgabe, Überlegungen darüber anzustellen, wohin und nach welchem strategischen Plan sie geführt würden ... (10) Wer dagegen seine Furcht unter dem Vorwand der Sorge um den Getreidenachschub oder die schlechten Wegverhältnisse verberge, handle anmaßend, denn er mißtraue entweder der Pflichterfüllung (*officium*) seines Feldherrn oder wage es, ihm Vorschriften zu machen. Dies sei seine Sorge ... (12) Was sie aber über die Weigerung der Soldaten, ihm zu gehorchen und abzumarschieren, sagten, beunruhige ihn nicht, denn wenn jemals ein Heer den Gehorsam verweigert habe, dann habe das, wie er wisse, daran gelegen, daß den Feldherrn nach einer Niederlage das Glück (*fortuna*) verlassen habe oder daß er nach Entdeckung eines Verbrechens der Habsucht

> (*avaritia*) überführt worden sei. Seine eigene Uneigennützigkeit (*innocentia*) sei jedoch an seinem ganzen Leben, sein Glück (*felicitas*) am Krieg gegen die Helvetier abzulesen ... (1,40,1–15)

Hier spricht ein Kriegsherr, der zugleich ein Aristokrat ist, und bittet sich unbedingten Gehorsam aus. Im Gegenzug ist für ihn die Erfüllung seiner Feldherrnaufgaben unbedingte Pflicht: Er trägt die Verantwortung für die Gesamtstrategie und hat die Oberaufsicht über die Logistik, er entscheidet, wann und wohin das Heer zieht, und er ist niemandem Rechenschaft schuldig. Kluge Planung (*consilium*) und umsichtige Vorsorge (*providentia*) sind seine Sache. Daß seine Soldaten ihm folgen werden, davon ist er aufgrund seiner Unbescholtenheit und seines Kriegsglücks überzeugt. Es mag vielleicht überraschen, daß sich Caesar angesichts der Gefahr von Meuterei nicht auf spezifisch militärische Fähigkeiten oder Tugenden beruft, sondern auf seine Uneigennützigkeit und sein Glück. Warum ist ausgerechnet Uneigennützigkeit, die Tugend eines Politikers, hier wichtig? Gemeint ist ganz pragmatisch und konkret die Aussicht auf Beute: Caesars Glück im Krieg wird reiche Beute bescheren und Caesars Uneigennützigkeit garantieren, daß das Beutegut bei den Soldaten auch ankommt. Wie der Erzähler Caesar oft gleichsam einen olympischen Standpunkt einnimmt, von dem aus er alles überblickt, so steht also auch der Oberfeldherr Caesar unangefochten über seinen Offizieren und hat das große Ganze im Auge.

Dies bestätigt sich auch in den folgenden Büchern des *Bellum Gallicum*: Caesar stilisiert sich nicht etwa als ‹erster Soldat› unter Soldaten und nimmt auch nicht die Soldatentugend der Tapferkeit für sich in Anspruch. Es ist kein Zufall, daß er gerade den Wettstreit, den sich zwei Centurionen, Pullo und Vorenus, um die größere *virtus* liefern, als Musterbeispiel von Tapferkeit vorführt (S. 157 ff.). Tapferkeit gehört zum Kampf und ist Sache der Soldaten, die ihn ausführen. Caesar selbst greift kaum jemals direkt in das blutige Geschehen ein, und wenn doch, dann gerade nicht, indem er sich als Kämpfer selbst in die Frontlinie stellt. In der einschlägigen Szene in der Nervierschlacht (2,25,2) entreißt er in höchster Not einem im hinteren Glied stehenden Soldaten nicht das Schwert, sondern den Schild, und stürmt in die vorderste Linie, nicht um dort zu kämpfen, sondern um die Kämpfer anzufeuern und ihre Reihen neu zu ordnen (S. 119 f.).

Aus Caesars Darstellung geht die Arbeitsteilung klar hervor: Für das eigentliche Kriegshandwerk sind die Soldaten zuständig, über die die Offiziere – in einem vom Oberfeldherrn genau angewiesenen Umfang – die Aufsicht führen. Kampf ist Handwerk und will geübt sein; deswegen verweist Caesar immer wieder mit Stolz auf die große Erfahrung (*usus*) seiner Truppe. Dazu muß jener Kampfeseifer (*cupido belli gerendi* oder *studium pugnandi*) treten, den Caesar mit seiner Rede vor der Schlacht gegen die Sueben nachhaltig entfachen konnte. Typische weitere Eigenschaften, die Caesar seinen Soldaten zuschreibt, sind neben der Tapferkeit (*virtus* oder *fortitudo*) vor allem Disziplin (*disciplina*) und jene zupackende gute Laune (*alacritas*), die zur Fortune ihres Feldherrn paßt.

Sich selbst, den Oberbefehlshaber, zeichnet Caesar also den Niederungen des Krieges bemerkenswert entrückt – er tut nicht einmal so, als sei sein Platz mitten im Kampfgetümmel. Er erkundet sorgsam die Gelegenheit für eine Schlacht, entscheidet, wann sie wirklich günstig ist, führt das Heer heraus, stellt es auf und läßt zum Angriff blasen. Dann übernehmen die Soldaten und werden zum handelnden Subjekt, und zwar so vollständig, daß oft nicht einmal zu erkennen ist, wo der Feldherr sich unterdessen befindet: Ein ungreifbarer Erzähler überblickt die Schlacht, in seiner strengen Objektivität ist ihm der Verbleib des Feldherrn Caesar unwichtig, wenn dieser im Augenblick nichts zum Geschehen beiträgt. Dabei färbt die kühle Ferne des Erzählers natürlich auch den Eindruck, den der Leser von Caesars Feldherrntätigkeit gewinnt – olympische Überlegenheit auf dem Feldherrnhügel.

Es fügt sich in dieses Bild, daß Schlachten in Caesars Darstellung eine – für eine Kriegserzählung – unerwartet geringe Rolle spielen. Über viele Kampfhandlungen geht die Erzählung mit knappen Worten hinweg, dramatische Schlachtschilderungen, wie sie die Geschichtsschreibung prägen, sind alles in allem recht selten. Was statt dessen auffällt, sind eigentümlich detaillierte Anweisungen und Beschreibungen beim Bau von Brücken, Schanzen oder Belagerungswerken. Caesar ist der Architekt einer militärischen Strategie, die nicht nur auf die Schlagkraft der Soldaten baut, sondern auch auf die technische Überlegenheit über den Feind. Und, wie der Erzähler mehrfach betont: Immer wieder ist es allein schon der Anblick der römischen Bauleistungen, der den Feind so demoralisiert, daß die Legionen leichtes Spiel haben. So ist es eben doch immer wieder Caesars persönlicher Beitrag, der einen Kampf zugunsten Roms entscheidet – auch ohne Schwertgefuchtel auf dem Schlachtfeld.

Insgesamt strahlt der Befehlshaber Caesar einen Eindruck souveräner Überlegenheit aus, der gerade dadurch verstärkt wird, daß er als Persönlichkeit mit ihren Eigenheiten oder ‹Ecken und Kanten› kaum fassbar wird. Abgesehen von ganz wenigen Situationen wie der ersten langen, indirekten Feldherrnrede (S. 188 f.) oder seinem Eingreifen in der Nervierschlacht (S. 119 f.), fehlt es an konkreten Situationen und Interaktionen, in denen ihm allmählich ein Profil zuwachsen könnte. Doch offenbar war dem Erzähler an einem solchen Profil auch nicht gelegen; darum fehlt auch eine direkte Feldherrnrede. Ungreifbar, wie er in seiner olympischen Position zu sein scheint, entzieht er sich und seine Entschlüsse jeder Kritik.

Offenbar liegt Caesar daran, seinen Aufgabenbereich von denen der untergeordneten Befehlshaber wie Labienus und Crassus abzugrenzen und ihm eine staatsmännische Dimension zu geben. Er ist nicht nur Oberfeldherr, sondern auch Provinzstatthalter und insbesondere Gouverneur eines neu eroberten Landes. In dieser Funktion ist er Diplomat und Politiker, schmiedet Bündnisse, diktiert Friedensbedingungen, nimmt Kapitulationen an oder auch nicht, spricht Recht, beruft Gerichts- und Landtage ein – kurz: Er gestaltet die politische Landschaft in Gallien nach seinen Vorstellungen. Da Caesar für sich allein grundsätzlich nur übergeordnete

Aufgaben beansprucht, kostet es ihn nichts, wenn er, was er immer wieder tut, im untergeordneten Einzelfall die Initiativen und Aktionen anderer duldet und sogar lobt. So kann er es in seiner unangefochtenen Position ohne weiteres zulassen, daß ein namenloser Adlerträger das ins Stocken geratene Landemanöver an der britannischen Küste durch eine beherzte Tat und ein mitreißendes Wort wieder in Gang bringt (S. 148 f.). Und er kann seinen Legaten die nötigen Handlungsspielräume zugestehen und ihnen Erfolge gönnen – sofern jedem, auch dem Leser, klar ist, daß diese Teilerfolge ihm, der alles leitet, geschuldet sind. Caesar tritt hinter seinen Generälen zurück, um mehr zu sein als sie. Sogar die einzige echte Feldherrnrede hält nicht Caesar, sondern Labienus, der, da Caesar abwesend ist, seine Soldaten mahnt:

> Jetzt ist die ersehnte Gelegenheit da, Soldaten. Ihr habt den Feind in ungünstigem und für ihn hinderlichem Gelände, zeigt nun unter meiner Führung dieselbe Tapferkeit, die ihr sooft unter eurem Feldherrn bewiesen habt. Stellt euch vor, er sei hier und sehe allen zu. (6,8,3 f.)

Labienus ist Caesars bester Legat, und Caesar hebt ihn durch die Rede auf eine Weise hervor, die eine hohe Auszeichnung darstellt. Dennoch – er selbst bleibt der Meister. Caesars Ausstrahlung als der geistige Leiter des Gallischen Krieges entfaltet, jedenfalls in seiner eigenen Erzählung, selbst dann ihre Wirkung, wenn der Oberfeldherr physisch nicht anwesend sein kann.

Caesar und seine Feinde ◆ Das Proöm zum *Bellum Gallicum* gibt einen geographischen Überblick über die Völker Galliens und stellt damit zugleich – der Leser weiß es – Völker vor, gegen die Caesar kämpfen wird. Daher verwundert es nicht, wenn der Feldherr bereits hier einen Aspekt besonders betont, der für die Kriegsführung relevant sein wird: die Tapferkeit der Helvetier und Belger, die in den täglichen Kämpfen mit den Germanen und – bei den Belgern – auch in ihrer primitiven Lebensweise ihren Ursprung hat. Durch diese Aussage werden indirekt auch die Germanen als kriegerisch charakterisiert. Damit sind just jene drei Völker, gegen die Caesar in den ersten beiden Kriegsjahren zu Felde zieht, von Anfang an als bedrohlich eingestuft.

Tapferkeit ist die häufigste Eigenschaft, die Caesar den feindlichen Völkern zuschreibt und die er auch, römischer Auffassung entsprechend, mehrfach auf deren ungebändigte Freiheitsliebe (4,1,9) und ihr hartes kriegerisches Leben fern der römischen Zivilisation zurückführt. Der primitiven, affektgeladenen Tapferkeit des Gegners stellt er seinerseits die technische und strategische Überlegenheit der Römer gegenüber – jedenfalls in den ersten Büchern, später verschieben sich die Gewichte: Im 7. Buch wird zum einen die römische Tapferkeit stärker akzentuiert, zum anderen der Fähigkeit der Gallier, römische Kriegstechnik zu imitieren, eine gewisse, etwas gönnerhafte Anerkennung gezollt. Auch in den Exkursen finden zivilisatorische Errungenschaften der Gallier durchaus Erwähnung; und einmal lobt Caesar sogar ausdrücklich, daß die gallischen Stadtmauern nicht nur wirkungsvoll, sondern auch schön seien (7,23,5). Den Germanen hingegen, die kaum Ackerbau betreiben, spricht er jede Form kultivierten Lebens ab. So macht er den Rhein nicht nur zur Grenze zwischen zwei Völkern, sondern auch zwischen zwei unterschiedlich hoch entwickelten Kulturen. Den Gallier Diviciacus etwa, der die Germanen aus eigener Erfahrung kennt, läßt er sagen: «Das Land der Germanen sei nämlich mit dem der Gallier überhaupt nicht zu vergleichen, ebensowenig wie die gallische Lebensweise mit der germanischen.» (1,31,11)

Dem entspricht auch, daß Caesar den abwertenden Ausdruck Barbaren nur auf die Germanen und Britannier anwendet, auf die Gallier jedoch nicht. Lediglich die in der Bretagne am Oceanus, also am Rande der Welt lebenden Veneter werden einmal als Barbaren bezeichnet. Beim Leser entsteht so der Eindruck, daß Gallien eine wichtige Pufferzone zur Welt der wirklichen Barbaren darstelle: Die Konturen der beiden wichtigsten Feindbilder sind damit skizziert.

In der Feinzeichnung allerdings gestalten sich die Feindbilder komplizierter, da die Frage, wer Caesars Gegner ist, gar nicht so leicht zu beantworten ist. Sowohl der Feldherr als auch der Erzähler Caesar sehen sich mit einer Vielzahl von Stämmen und Völkern konfrontiert, deren Verhältnis zu Caesar und Rom ganz unterschiedlich sein kann. Die Haeduer sind zu Anfang und bis ins letzte Kriegsjahr treue Verbündete, in deren Interesse der Feldzug überhaupt erst begonnen wird (so jedenfalls Caesars Rechtfertigung, S. 130 ff.); auch die belgischen Remer zeigen sich romfreundlich, während die meisten anderen gallischen und belgischen Stämme romfeindlich gesinnt sind. Und die Bündnisse wechseln im Verlauf des Krieges. Selbst innerhalb der romfreundlichen Stämme besteht immer wieder die Gefahr, daß in der grundsätzlich romtreuen Führungsriege ein romfeindlicher Gegenspieler sein Unwesen treibt: Bei den Haeduern ist es ausgerechnet Dumnorix, der Bruder jenes Diviciacus, der Caesar um Hilfe gegen die Sueben gebeten hatte. Und als ob das nicht genug wäre, fallen auch scheinbar sichere Verbündete von Caesar ab, im siebenten Kriegsjahr sogar die bislang stets treuen Haeduer. Aus Freunden werden Feinde, aus Feinden Verbündete. Kurz und gut: Der Feldherr Caesar zieht nicht gegen einen feststehenden Feind zu Felde, und dementsprechend kann auch der Erzähler kein einfaches Feindbild aufbauen.

Bisher war nur von Stämmen und Völkern die Rede, und hier kommen wir zu einem weiteren Dilemma, mit dem wiederum sowohl der Feldherr als auch der Erzähler Caesar kämpft: Es gibt – zumindest in den ersten Kriegsjahren – keine große Einzelgestalt, die das Feindesland als ganzes militärisch und als charakteristische Figur repräsentieren würde. Pompeius hatte es im Osten mit Monarchien zu tun; als er etwa Mithridates besiegt hatte, war auch dessen Herrschaftsgebiet erobert. Caesar hingegen mußte gegen eine Vielzahl von Stämmen kämpfen, die von mehr oder weniger regionalen Häuptlingen geführt wurden – bloße Namen in Caesars Darstellung –, die ihrerseits wieder Bestandteil größerer, aber instabiler Bündnissysteme waren; ein einzelner Sieg bedeutete hier wenig. Oft vermochten Diplomatie, Überredung oder Erpressung mehr als Waffengewalt, aber auch die Wirksamkeit dieser Mittel war begrenzt: Die regionalen Machthaber suchten ihren Vorteil für den Augenblick und fielen wieder ab, sobald die Gelegenheit günstig erschien. Auch lernten die Gallier bald, Caesar nicht in offener Schlacht gegenüberzutreten, wenn Einlenken fürs erste aussichtsreicher schien. Fehlt aber der eine große Gegner, der besiegt und an dessen Fall der Sieg eindeutig festgemacht werden kann, bietet Terror einen Ausweg: Er trägt den Krieg zu jedem einzelnen und zeigt ihm, wer die Macht im Lande hat. Caesar geht diesen Weg mehr als einmal: Wenn er die Feinde nicht in offener Schlacht schlagen kann, weil sie sich zurückziehen oder er keinen geeigneten gegnerischen Anführer findet, dem er seine Bedingungen aufzwingen könnte, gibt er immer wieder seinen Soldaten den Befehl, das gesamte Siedlungsgebiet eines Stammes zu verwüsten und zu verbrennen – bis hin zum Völkermord.

Caesar hat also die meiste Zeit in Gallien nicht den einen großen Gegner, den der Feldherr herausfordern und besiegen und dem der Erzähler Caesar ein Gesicht geben könnte – bis auf zwei Ausnahmen: den Germanen Ariovist, der ihm Gallien streitig macht, und den Arverner Vercingetorix, der die Stämme Galliens einigt und gegen Caesar aufwiegelt; Orgetorix hingegen, der die Auswanderung der Helvetier vorbereitet, kommt vor der eigentlichen Auseinandersetzung ums Leben, so daß Caesar ihm nicht mehr begegnet.

Als Erzähler steht Caesar nun vor der Aufgabe, seine unterschiedlichen Feinde so zu zeichnen, daß auch der Leser sie als solche wahrnimmt und zugleich Caesars Handeln als Feldherr nicht nur billigt, sondern auch bewundert. Der Erzähler löst die Aufgabe, indem er immer wieder den Feind ‹neu erfindet›. Mit den zahllosen Einzelstämmen, die ohne charismatischen Anführer agieren, verfährt er anders als mit dem Suebenkönig Ariovist, den er als Paradebeispiel eines stolzen und prahlerischen Barbaren zeichnet; Vercingetorix schließlich erscheint als beinahe ebenbürtiger

Gegner, der in einer großen Entscheidungsschlacht geschlagen wird und dessen Kapitulation Caesar, wie er suggeriert, den Sieg über ganz Gallien einbringt. Für alle drei Gegner, für die feindlichen Stämme, für den Germanenkönig und für den Feldherrn der Gallier, entwirft er unterschiedliche Feindbilder, die er mit unterschiedlichen erzählerischen Mitteln ausmalt – jedesmal die eigene Selbstinszenierung fest im Blick.

Stämme, Völker, ja die Gallier schlechthin werden in bestimmten Situationen vom auktorialen Erzähler pauschal charakterisiert. Ausführlich äußert sich Caesar über die Unzuverlässigkeit der Gallier vor dem Krieg gegen die Usipeter und Tencterer, zwei germanische Stämme, die den Rhein überschritten hatten und nun Caesars Frieden in Gallien gefährdeten:

> Als Caesar davon [von der Vertreibung der belgischen Menapier durch die Usipeter und Tencterer] erfuhr, fürchtete er die Unzuverlässigkeit (*infirmitas*) der Gallier, weil sie in ihren Beschlüssen und Absichten unberechenbar und immer darauf aus sind, einen politischen Umsturz herbeizuführen. Er glaubte daher, er dürfe ihnen nichts in eigener Verantwortung überlassen ... (3) Durch Auskünfte, die häufig auf Hörensagen beruhen, lassen sie sich leicht beeinflussen und fassen oft Pläne in höchst wichtigen politischen Angelegenheiten, die sie sofort bereuen müssen, da sie unsicheren Gerüchten anhängen, denn die meisten geben fingierte Auskünfte, um den Galliern nach dem Mund zu reden. Da Caesar diese Angewohnheit bekannt war, brach er früher als gewöhnlich zu seinem Heer auf, um dem Entstehen eines größeren Krieges zuvorzukommen. (4,5,1–4,6,1)

Auf den ersten Blick wirkt die Klage über den Wankelmut der Gallier an dieser Stelle unpassend. Eben noch war von zwei germanischen Stämmen die Rede, die sich mit Gewalt den Übergang über den Rhein verschafft hatten (4,1 und 4,4), nachdem sie ihrerseits von den Sueben vertrieben worden waren. Im Anschluß an den zitierten Abschnitt wird Caesar den Galliern seine Absicht verkünden, gegen die Eindringlinge Krieg zu führen, und sie in die

Tat umsetzen: Als wenig später, während einer Waffenruhe – so stellt es Caesar dar –, die germanische Reiterei die römische überraschend angreift und in die Flucht schlägt, nimmt der Erzähler dies zum Anlaß, um in einem zweiten Schritt das Verständnis des Lesers für sein Vorgehen gegen die Usipeter und Tencterer sicherzustellen:

> Caesar war nach dieser Schlacht der Ansicht, daß er weder weitere Gesandtschaften [der Usipeter und Tencterer] anhören noch auf Bedingungen einzugehen brauche, die Leute stellten, welche in der hinterlistigen Absicht (*dolus*), ihn in eine Falle zu locken (*insidiae*), um Frieden gebeten, jetzt dagegen selbst den Krieg angefangen hatten. Er hielt es für die größte Dummheit, abzuwarten, bis die feindlichen Truppen Verstärkung erhielten und ihre Reiterei zurückkehrte ... An dem auf die Schlacht folgenden Tag kam morgens eine zahlreiche Gesandtschaft der Germanen zu ihm ins Lager, die aus allen ihren Führern und Ältesten bestanden. Sie bewiesen damit die schon bekannte Wortbrüchigkeit (*perfidia*) und Verstellung (*simulatio*) ... Caesar war hocherfreut, sie in seine Gewalt zu bekommen, und befahl, sie festzuhalten. (4,13,1–6)

Was ist hier geschehen? Der Wankelmut der Gallier zuvor war eigentlich nur thematisiert worden, um ein schnelles und entschlossenes Vorgehen gegen die Usipeter und Tenkterer, noch ehe die Gallier mit ihnen Bündnisse hätten schließen können, zu begründen; doch hätte es dafür kaum so vieler Worte bedurft. Nun aber fließt die pauschale Charakterisierung der Gallier als unzuverlässig mit der fallbezogenen Verurteilung der Germanen als hinterlistig und verlogen zusammen und macht so Caesars Entschluß plausibel, in dieser unübersichtlichen Situation mit harter Hand durchzugreifen. Immerhin war es von Anfang an Caesar, der die Usipeter und Tencterer um jeden Preis wieder aus Gallien vertreiben wollte; an weiteren Verhandlungen hatte er so wenig Interesse, daß er auch einen Verstoß gegen das römische Völkerrecht in Kauf nahm: die Festnahme der germanischen Gesandten, denn Gesandte galten in der Antike als sakrosankt. In der Zwischenzeit, während sie noch auf ihre Gesandten warteten, griff Caesar die Usipeter und Tencterer völlig überraschend an und machte sie nieder, nach seinen eigenen Angaben etwa 400 000 Menschen einschließlich Frauen und Kindern.

Dieser Völkermord in Verbindung mit dem Bruch des Gesandtenrechts war auch für römische Verhältnisse jenseits des im Kriege Üblichen oder Akzeptablen. Jedenfalls nutzten Caesars zahlreiche Feinde in Rom, die seit seinem Konsulat auf eine Gelegenheit lauerten, den Vorfall nach Kräften aus: Cato stellte sogar im Senat den Antrag, Caesar an die Usipeter und Tencterer auszuliefern – übrigens ein Szenario, für das er aus der römischen Geschichte durchaus Präzedenzfälle anführen konnte (Plutarch: Caesar-Vita 22). Doch in seiner Gesamtdarstellung des Gallischen Krieges sah Caesar offenbar keinen Sinn darin, die Fakten zu leugnen oder auch nur zu beschönigen – geradezu im Gegenteil: Nicht nur gibt er die Tötung von Frauen und Kindern unumwunden zu, sondern er, der sonst fast nie über seine Gefühle spricht, bekennt gerade hier seine Freude über die Arglosigkeit der Gesandten, die sich in seine Gewalt begeben. Doch wird vor diesem Hintergrund noch verständlicher, warum der Erzähler Caesar gerade hier so sehr auf eine moralisierende Charakterisierung der feindlichen Völker setzt – oder, anders gesagt, auf verbreitete Vorurteile. Wenn er zur Rechtfertigung seines eigenen Handelns fremden Völkern Unberechenbarkeit und Verschlagenheit zuschrieb, fand er in Rom wohl nur wenig Widerspruch.

Als im siebenten Kriegsjahr die Haeduer, langjährige Verbündete, abfallen, bemüht Caesar dieselbe Topik, um seinen Lesern diesen herben Rückschlag zu erklären. Er spricht von ihrer Treulosigkeit (*perfidia*) – ein sehr emotionsgeladenes Wort, das Caesar im *Bellum Gallicum* nur für drei Vorfälle gebraucht, von denen einer der erwähnte Reiterangriff der Usipeter ist, der zweite ein Mord an römischen Kaufleuten in Cenabum (Orléans), den Caesar im 7. Buch gleich mehrfach als Vorwand für harte ‹Vergeltungsaktionen› heranzieht. *perfidia* auf der Gegenseite rechtfertigte auf seiten der Römer, die sich selbst als Volk der *fides* ansahen, so gut wie alles. Aber die Haeduer waren seit Jahrzehnten und während des ganzen Gallischen Krieges treue Verbündete gewesen, und diesmal schlägt Caesar einen gänzlich anderen Ton an als beim Umgang mit den Germanen: Den Haeduern gegenüber gibt er sich gleichsam als Patron und verweist auf seine Verdienste um sie:

> ... legte er ihnen kurz seine Verdienste gegenüber ihrem Stamm dar: Wie er sie als schwachen Stamm vorgefunden habe, auf ihre Städte zurückgeworfen und ihres Landes beraubt, nachdem die Feinde ihnen alle Bundesgenossen genommen, Tribut auferlegt und sie gegen ihren Willen höchst schmachvoll zur Stellung von Geiseln gezwungen hätten. Wie er ihnen in der Folgezeit wieder zu Reichtum und Macht verholfen habe, so daß sie nicht allein ihre frühere Stellung wieder eingenommen, sondern offensichtlich mehr Ansehen und Einfluß als je zuvor besessen hätten. (7,54,3 f.)

Obwohl der Abfall der Haeduer eine empfindliche diplomatische Niederlage darstellt, die durchaus Zweifel an Caesars politischem Geschick aufwerfen könnte, kann Caesar auch diesen unschönen Anlaß für sich nutzen. Er stilisiert sich als Wohltäter und umsichtiger Gouverneur. Die grundsätzliche Unfähigkeit der Gallier, zuverlässige Politik zu betreiben, ruft nicht nur den harten Feldherrn auf den Plan, sondern verlangt auch nach dem wohltätigen Statthalter, der den Galliern, sofern sie kooperativ sind, Hilfe und Vorteile angedeihen lässt. Das positive Wirken Caesars in Gallien wird bereits früher Thema, nämlich im Gallier-Germanen-Exkurs:

> Da mit dem Eintreffen Caesars ein Wandel eintrat, erhielten die Haeduer ihre Geiseln zurück, ihre alten Klientelen bildeten sich wieder, und Caesar verschaffte ihnen obendrein neue, weil die, die einen Freundschaftsvertrag mit den Haeduern eingegangen waren, sahen, daß sie sich nun in einer besseren Lage befanden und unter einer gerechteren Herrschaft lebten. Auch durch anderes war die Beliebtheit

> und das Ansehen der Haeduer so vermehrt worden, daß die Sequaner ihre frühere Stellung eingebüßt hatten. An ihre Stelle waren die Remer getreten. Da zu erkennen war, daß sie bei Caesar in der gleichen Gunst standen wie die Haeduer, begaben sich auch Stämme, die sich wegen alter Streitigkeiten unter keinen Umständen den Haeduern anschließen konnten, in die Klientel der Remer. Diese übernahmen gewissenhaft ihren Schutz. So besaßen sie einen frischen, schnell erworbenen Einfluß. Die Lage war damals so, daß den Haeduern die unbestrittene Führung zuerkannt wurde, die Remer aber den zweiten Platz im allgemeinen Ansehen einnahmen. (6,12,6–9)

Hier bilden die innergallischen Konflikte gleichsam eine Folie, vor der Caesar als Gouverneur erscheint, der die Verhältnisse ordnet und Frieden bringt. Caesar bietet den Galliern beides an – Krieg und Unterjochung, aber auch Bündnisse und Vorteile. Die Botschaft ist aber stets, daß die Gallier ohne Caesar nicht zurechtkommen, oder mit anderen Worten: Die den Galliern und Germanen unterstellte Neigung zur Unzuverlässigkeit wirft auf Caesars Leistungen ein günstiges Licht und rechtfertigt sein Handeln als Feldherr und als Statthalter.

Einen anderen Weg geht Caesar bei der Darstellung des Ariovist. Unter Verzicht auf eine direkte auktoriale Charakterisierung führt er den Leser Schritt für Schritt und aus unterschiedlichen Perspektiven an die Figur des Ariovist heran, bis man dem Barbarenkönig geradezu persönlich gegenüberzustehen meint.

Der erste Schritt erfolgt schon im Proöm, in dem deutlich wird, daß die Nachbarvölker der Germanen in täglichen Kämpfen mit diesen ihre Tapferkeit beweisen müssen. Die Germanen sind also nicht nur Krieger, sondern besonders streitsüchtige Krieger, die ihren Gegnern alles abverlangen. Genauere Nachricht erhalten wir aus dem Mund des Haeduers Diviciacus, dessen Volk unter der Aggression der germanischen Sueben unmittelbar zu leiden hatte und der deshalb Caesar um Hilfe bittet. Der Haeduer beklagt sich bitter über den Suebenkönig:

> Nachdem Ariovist jedoch einmal die Gallier in der Schlacht bei Magetobriga geschlagen habe, regiere er selbstherrlich (*superbe*) und grausam (*crudeliter*), fordere die Kinder des höchsten Adels als Geiseln und strafe und foltere sie auf jede Weise, wenn etwas nicht nach seinem Wink und Willen geschehe. Er sei ein jähzorniger (*iracundus*) und unberechenbarer (*temerarius*) Barbar (*homo barbarus*), und sie könnten die Art seiner Herrschaft nicht länger ertragen ... (32,4) Das Schicksal der Sequaner [die Ariovist als Verbündeten in ihr Land geholt hatten] sei noch unglücklicher und bedrückender als das der übrigen. Sie allein wagten nicht einmal insgeheim, Klage zu erheben und um Unterstützung zu bitten, weil sie die Grausamkeit (*crudelitas*) Ariovists hier, wo er abwesend ist, genauso fürchteten, wie wenn er in aller Öffentlichkeit dabei wäre. Denn während die übrigen wenigstens die Möglichkeit zur Flucht hätten, müßten sie alle Greueltaten (*cruciatus*) Ariovists aushalten, da sie ihn in ihr Gebiet aufgenommen hätten und sich ihre Städte alle in seiner Gewalt befänden. (1,31,12–1,32,5)

In dieser Rede werden fast alle Vorurteile über einen *homo barbarus*, die die Antike kennt, bedient. Sie kommen aber nicht aus dem Munde Caesars, sondern aus dem eines Galliers, der offenkundig weiß, wovon er spricht. Es sind Ariovists Hochmut und Jähzorn, seine Grausamkeit und Unberechenbarkeit, die seine Gewaltherrschaft unerträglich machen. Und obwohl Ariovist abwesend ist – und Caesar anwesend –, wagen die Sequaner nicht einmal insgeheim zu klagen, so groß ist die Furcht vor dem Suebenkönig. Welchen Schrecken würde er wohl erst verbreiten, wenn er persönlich zugegen wäre?

Doch der Erzähler rückt Ariovist noch einen Schritt näher. Denn Caesar bleibt unerschrocken und schickt eine Gesandtschaft an den fürchterlichen Barbarenkönig höchstselbst, um eine Unterredung zu arrangieren. Zunächst läßt sich Ariovist nicht darauf ein, und weitere ergebnislose Briefwechsel folgen, wobei die anmaßenden Briefe des Ariovist den Bericht des Diviciacus zu bestätigen scheinen. Als nun Caesar in Richtung Rhein zieht, wo sich Ariovist bei Vesontio aufhält, machen plötzlich Gerüchte gallischer Händler über die Germanen die Runde:

> Sie erklärten beharrlich, die Germanen seien von ungeheurer Körpergröße, unglaublich tapfer und waffenerprobt, und wenn sie mit ihnen des öfteren zusammengestoßen seien, hätten sie nicht einmal die Mienen und den scharfe Blick ihrer Augen aushalten können. (1,39,1)

Durch die ausführliche Darstellung der irrationalen Germanenfurcht, die die römischen Soldaten so jäh befiel und der Caesar mit einer langen Rede begegnen mußte (S. 188 ff.), erhöht der Erzähler nochmals die Spannung.

Als Ariovist nun seinerseits eine Unterredung vorschlägt, willigt Caesar ein. Die Vorbereitungen zu diesem Treffen werden ausführlich dargelegt. Dann ist der Tag endlich da, an dem Caesar (und der Leser) Ariovist zu Gesicht bekommen werden. Der Ort der Begegnung, der Standpunkt der Heere und die Anzahl der Begleiter werden detailliert beschrieben, als ginge es um die Aufstellung für eine Schlacht:

> Es gab dort ein weites, ebenes Gelände, auf dem sich eine recht große Anhöhe befand. Sie lag etwa gleich weit von Ariovists und Caesars Lager entfernt. Dorthin kamen die beiden, wie vereinbart, zur Unterredung. Caesar ließ die Legion, die ihn zu Pferd begleitet hatte, 200 Schritt von der Anhöhe entfernt halten. In gleicher Entfernung stellten sich die Reiter Ariovists auf. Ariovist verlangte jedoch, daß sie in Begleitung von je zehn Soldaten die Unterredung vom Pferd aus führten. (1,43,1–3)

Es folgt ein Rededuell: auf der einen Seite Caesar, der als würdiger und selbstbewußter, dabei durchaus diplomatischer Vertreter Roms auftritt, auf der anderen Seite Ariovist, der hochmütig und anmaßend erscheint, weil er glaubt, mit Caesar auf gleicher Augenhöhe verhandeln und dieselben Grundsätze und Ansprüche erheben zu können wie dieser. Die Bemerkung, daß das Treffen durch feindliche Steinwürfe aus dem Hinterhalt ein jähes Ende fand, soll wirkungsvoll die Verschlagenheit der Germanen belegen. Als die römischen Soldaten später davon und vor allem von der für einen Barbaren unerhörten Anmaßung (*arrogantia*) Ariovists hören, fordern sie die Schlacht (1,46,4), zu der es auch kommt, die aber vom Erzähler erstaunlich kurz abgehandelt wird.

Der Erzähler hat die Figur des Germanenkönigs Ariovist in mehreren Erzählschritten entwickelt und dabei zu einem barbarischen Bösewicht aufgebaut: von der beiläufigen Charakterisierung der Germanen als kriegerisch schon im Proöm über die beunruhigenden Ausführungen des Diviciacus zu Ariovists grausamem Regiment in Gallien, dazu dessen hochmütige Briefe an Caesar, dann die Nachrichten von den hünenhaften Germanen, die Caesars Soldaten gar in Panik versetzen, bis schließlich zu der persönlichen Begegnung zwischen Ariovist und Caesar, die zum eigentlichen Höhepunkt des Konflikts stilisiert wird. Die Spannung steigt, je näher der Erzähler Ariovist kommt, und als Gipfel der negativen Figurenzeichnung erscheint nicht etwa die Grausamkeit, die Ariovist den Galliern gegenüber an den Tag legt, sondern seine *arrogantia*, mit der er Caesar gegenübertritt: Ein Barbar fühlt sich einem römischen Statthalter und Oberfeldherrn ebenbürtig. Im Grunde wird Ariovist wegen einer Politik verurteilt, die Rom selbst betreibt, und in gewisser Weise halten seine Briefe und mündlichen Äußerungen Rom einen Spiegel vor. Doch das dürfte wohl kaum ein römischer Leser so gesehen haben. Caesar jedenfalls referiert sie nicht in dieser Absicht, sondern stilisiert mit ausgesuchter Erzählkunst den Politiker Ariovist nach dem bekannten Typus des Barbaren und macht ihn, der immerhin den Titel ‹Freund des römischen Volkes› trägt, geradezu zum Inbegriff des anmaßenden Barbarenhäuptlings, der nur eine Sprache versteht, nämlich die der Waffen. Wer Ariovist wirklich war, werden wir wohl nie erfahren.

Ganz anders geht der Erzähler Caesar mit Vercingetorix um, dem Feldherrn des gesamtgallischen Heeres. Diesem Gegner gesteht er nicht nur Ebenbürtigkeit zu, sondern stilisiert ihn mit Absicht zu einem großen und ernstzunehmenden Gegenspieler, dessen Niederlage ihm großen Ruhm einbringen soll. Zu diesem Zweck beschränkt Caesar sich nicht auf eine geschickte Figurenzeichnung, sondern gestaltet das gesamte 7. Buch zu einem historischen Drama, auf dessen Höhepunkt es in und um Alesia zur alles entscheidenden Schlacht kommt. Dieses Meisterstück von erzählter und erfundener Handlung werden wir später noch näher zu betrachten haben (S. 217 ff.). Doch der respektablen Gestalt des Vercingetorix stellt Caesar eine barbarische Gegengestalt gegenüber, an der deutlich wird, daß die angeblich gallische Neigung zur Grausamkeit, die auch früher schon mehrfach, aber stets nur kurz angeklungen war, keine Grenzen kennt: Critognatus.

Die Situation ist folgende: Ein Teil der gallischen Truppen ist in Alesia durch einen römischen Belagerungsring eingeschlossen und wartet auf das Entsatzheer der Verbündeten. Als der Nahrungsmittelvorrat zur Neige geht, wird eine Versammlung einberufen, um über die verfahrene Lage zu beraten. Einige sprechen sich für eine Kapitulation aus, andere für einen Ausfall, solange die Kräfte noch reichen. Da hält der Arverner Critognatus, der, wie Caesar berichtet, von höchster Geburt und großem Einfluß gewesen sein soll, eine Rede. Es ist die einzige Stelle, an der Critognatus erwähnt wird, und es ist in der Forschung umstritten, ob es sich überhaupt um eine historische Person handelt. Seine Rede jedenfalls ist zweifellos eine freie Erfindung Caesars, der diese historiographische Darstellungsform wählt, um ein eindrucksvolles Bild von der barbarischen Gesinnung seines Gegners zu malen. Es ist die längste wörtliche Rede im *Bellum Gallicum*, und wie manche meinen, auch die rhetorisch beste. Deshalb sei sie hier ungekürzt wiedergegeben:

> «Ich werde nichts zu der Meinung derer sagen», erklärte er, «die die schmählichste Sklaverei mit Kapitulation bezeichnen, doch glaube ich, daß man sie nicht mehr als Bürger betrachten und zur Versammlung hinzuziehen sollte. Es geht mir um die, die für einen Ausfall sind. Obwohl in ihrem Vorschlag nach euer aller Meinung offensichtlich die Erinnerung an eure frühere Tapferkeit wohnt, so ist das doch keine Tapferkeit, sondern Verweichlichung, die unfähig ist, für kurze Zeit Entbehrungen zu ertragen. Man findet leichter Menschen, die bereit

sind, freiwillig in den Tod zu gehen, als solche, die geduldig Schmerz ertragen. Ich würde mich trotzdem dieser Meinung anschließen – so viel gilt bei mir unser Ansehen –, wenn ich sähe, daß es sich nur um den Verlust unseres Lebens handelte; wir müssen aber bei unserem Entschluß ganz Gallien berücksichtigen, das wir bestürmt haben, uns zu helfen. Was glaubt ihr, in welche Gemütsverfassung unsere Freunde und Verwandten geraten werden, wenn sie nach dem Tod von 80 000 Menschen an einer einzigen Stelle gezwungen werden, fast auf den Leichen selbst um die Entscheidung zu kämpfen? Ihr dürft die Männer eurer Unterstützung nicht berauben, die ihre eigene Gefahr vergessen haben, um euch zu retten; ihr dürft nicht aus Dummheit, Unbesonnenheit oder Willensschwäche ganz Gallien vernichten und ewiger Sklaverei anheimgeben. Oder zweifelt ihr an ihrer Treue und Entschlossenheit, weil sie nicht zu dem festgesetzten Termin gekommen sind? Wie also? Glaubt ihr, die Römer mühten sich zum Vergnügen täglich auf den äußeren Teilen ihrer Befestigungen ab? Wenn ihr von jenen nicht durch Botschaften Gewißheit erlangen könnt, weil jeder Zugang zur Stadt gesperrt ist, so nehmt das als Zeugnis dafür, daß ihre Ankunft näherrückt, denn die Feinde bleiben in Furcht und Schrecken davor Tag und Nacht bei ihrer Arbeit. Was also ist mein Rat? Das zu tun, was unsere Ahnen im Krieg gegen die Kimbern und Teutonen taten, der völlig anders aussah. Unsere Landsleute, die damals in die Städte zurückgetrieben worden waren und unter ähnlichem Mangel litten, hielten sich mit den Körpern derer am Leben, die aufgrund ihres Alters für den Krieg nicht mehr tauglich schienen, und ergaben sich den Feinden nicht. Auch wenn wir das Beispiel für diese Handlungsweise nicht hätten, müßte man es, glaube ich, um der Freiheit willen einführen und der Nachwelt als besonders schön überliefern. Denn wie könnte man den damaligen Krieg mit dem gegenwärtigen vergleichen? Zwar hatten die Kimbern Gallien völlig verwüstet und großes Unglück über unser Land gebracht, doch zogen sie irgendwann einmal aus unserem Gebiet ab und suchten andere Länder auf. Unsere Verfassung, unsere Gesetze, unsere Felder, unsere Freiheit ließen sie uns. Worauf aber gehen die Römer, die allein der Neid auf uns bewegt, weil sie uns als hochberühmt und kriegstüchtig kennen, sonst aus, und was wollen sie anderes, als sich in unserem Land und Stammesgebiet festzusetzen und uns in ewige Sklaverei zu

> bringen? Niemals haben sie Kriege mit einem anderen Ziel geführt. Selbst wenn ihr nicht wißt, was in weit entfernten Ländern geschieht, richtet euren Blick nur auf das angrenzende Gallien, das zur Provinz gemacht wurde, dessen Recht und Gesetz die Römer veränderten, das, den römischen Beilen unterworfen, in ewiger Sklaverei schmachtet. (7,77,3–16)

Die Absicht Caesars ist klar: Er will, wie er selbst sagt, die einzigartige und gottlose Grausamkeit (*crudelitas*) aufzeigen, zu der die Gallier in der Lage sind, und damit auch die ungebrochene Entschlossenheit und die unbedingte Bereitschaft seiner Feinde, mit allen Mitteln den Sieg zu erkämpfen. In merkwürdigem Kontrast zu dem barbarischen Plädoyer für den Kannibalismus steht jedoch der geordnete, ja gehobene Rahmen, in dem die Beratung in Alesia stattfindet. Eine Versammlung (*consilium*) wird einberufen, um über das Schicksal zu beraten (*de exitu ... consultare*), verschiedene Meinungen werden in gesitteter Debatte geäußert (*variis sententiis dictis*), Reden (*oratio*) gehalten. Der Leser mag den Eindruck gewinnen, als ginge es im Kriegsrat von Alesia wie im römischen Senat zu. Als dann mit Critognatus ein hoher Adeliger (*sommo ... ortus loco*) auftritt, der über große Autorität (*magna auctoritas*) verfügt und eine stilistisch geschliffene Rede hält, muß er sich vollends an Rom erinnert fühlen, zumal auch das vom Erzähler gebrauchte Vokabular an typische Senatsreden erinnert.

Daß Nicht-Römer, ja sogar Barbaren ihre Reden in bestem Latein (und Griechisch) halten, ist in der antiken historiographischen Tradition üblich und dem hohen literarischen Anspruch der Geschichtsschreiber geschuldet. Dennoch stellt sich die Frage, warum Caesar die längste und schönste Rede gerade einem Barbaren überläßt. Und: Ist diese Rede überhaupt so gut, wie immer behauptet wird?

Gewiß, sie ist in ausgezeichnetem Latein geschrieben und durch und durch rhetorisiert. Doch wie steht es mit ihrem Aufbau und der Stringenz der Argumentation? Was auf dem ersten Blick wie eine durchdachte und wohlkomponierte Rede aussieht, entpuppt sich bei genauerem Hinsehen als äußerer Schein. Denn es finden sich in ihr mehrere erhebliche Ungeschicktheiten und Denkfehler. Zunächst: Critognatus lehnt die bisher geäußerten Vorschläge, zu kapitulieren oder einen Ausfall zu machen, ab und befürwortet einen dritten Weg – auszuharren, bis das Entsatzheer eintrifft. Das ist, wie aus seiner eigenen Rede hervorgeht, nur eine Frage von Tagen. Sein Vorschlag müßte also lauten: Abzuwarten, die Rationen weiter zu kürzen und schlimmstenfalls die Versorgung der nicht Waffenfähigen einzustellen (dies war der Entschluss, den man tatsächlich faßte und durchführte, indem man die Mandubier auswies, vgl. S. 139 ff.). Statt dessen ruft er an der Stelle seiner Rede, wo er seinen Vorschlag (*consilium*) formuliert (7,77,12), sogleich zum Kannibalismus auf, als ob dieser eine notwendige Bedingung und als ob alle anderen Wege, ein längeres Durchhalten zu ermöglichen, schon durchdacht und verworfen wären. Zweitens: Seinen Vorschlag untermauert er mit einem Präzedenzfall der Vorfahren, die im Krieg mit den Kimbern und Teutonen in ihrer Not Menschenfleisch gegessen hätten. Das vorbildliche Beispiel (*exemplum*) der Ahnen ist in der römischen Adelsgesellschaft und für ihre Wertvorstellungen von größter Bedeutung als Ausdruck der ehrwürdigen Tradition (*mos maiorum*). Daher beziehen in Rom nicht nur Historiker wie beispielsweise Livius, sondern auch Redner oft und gern *exempla* vergangener Tugend in ihre Ausführungen ein. Ganz wie sie macht auch Critognatus Gebrauch von einem *exemplum*, allerdings einem, das die Vorfahren in einer Situation großer Bedrängnis und moralischer Schwäche zeigt. Wie mag der gallische *mos maiorum* sonst noch aussehen – so dürfte ein römischer Leser sich an dieser Stelle fragen –, wenn Critognatus diesen gräßlichen Präzedenzfall als maßgebliches *exemplum* rühmt? Dazu kommt, daß die Vorfahren nach seiner eigenen Argumentation Alternativen gehabt hätten: Entweder einen Ausfall zu wagen oder an Hunger zu sterben, Optionen, zu denen sich auch heute Critognatus, wie er sagt (77,6), entschließen könnte, wenn dadurch nicht das Entsatzheer geschwächt würde und die Freiheit ganz Galliens auf dem Spiel stünde. Die Kimbern und Teutonen haben nie wirklich die Freiheit der Gallier gefährdet, so Critognatus selbst, da sie ja weiterzogen (77,14). Wieso, fragt man sich, sind die Vorfahren dann nicht im Kampf tapfer gefallen oder haben, ohne zu freveln, den Hungertod gewählt? Drittens: Eine weitere Schwäche in der Argumentation des Critognatus besteht darin, daß er es zwar den Bundesgenossen nicht zumuten will, auf den bei einem Ausfall unvermeidlich entstehenden Leichenbergen zu kämpfen, wohl aber den in Alesia Eingeschlossenen, Leichen zu verzehren. Viertens: Es fällt auf, daß Critognatus den in Alesia eingeschlossenen Galliern, denen Zuspruch gewiß guttäte, nur negative Eigenschaften bescheinigt – Dummheit (*stultitia*) und Unüberlegtkeit (*temeritas*). Selbst ihre sicherlich berechtigte Einschätzung, daß sie mit einem mutigen Ausfall an ihre frühere Tapferkeit anknüpfen würden, weist er als falsch zurück und sieht darin nur den Ausdruck einer verweichlichten Haltung (*mollitia*) – wie anders geht Caesar in schwieriger Lage mit seinen Soldaten um! Fünftens: Im übrigen scheinen Wertbegriffe des Critognatus insgesamt verdreht. In der Art einer Moralpredigt eröffnet er einen Gegensatz zwischen *virtus* und *mollitia* und wirft seinen Landsleuten vor, daß sie nicht einmal «für kurze Zeit» Entbehrungen ertragen könnten – dabei plädiert er selbst keineswegs für Entbehrungen, sondern setzt Menschenfleisch auf die Speisekarte und erklärt dies zur wahren Tugend (*virtus*) der Ahnen. Fast möchte man hierin eine zynische Parodie auf die moralisierenden Tiraden erkennen, für die Cato berüchtigt war. In bezug auf sich spricht Critognatus von Würde (*dignitas*), Caesar hingegen wirft er Grausamkeit (*crudelitas*) vor. Auch der den Römern unterstellte Neid (*invidia*) auf die Kriegstüchtigkeit der Gallier wirkt seltsam deplaziert, zumal sogleich davon die Rede ist, daß die Römer jedes Land versklaven, also durchaus Kriegstüchtigkeit an den Tag legen. Die Urteile des Critognatus wirken daher insgesamt wie eine Verkehrung der tatsächlichen Zustände und wie eine Perversion römischer Wertvorstellungen.

Wie ist dieser Befund zu deuten? Critognatus hantiert offenbar mit Versatzstücken aus der römischen Wertewelt und versucht sich an römischer Rhetorik, was ihm aber nur äußerlich gelingt. In Wirklichkeit bietet er ein Zerrbild der römischen Beredsamkeit und Nobilität und entlarvt den Rat in Alesia als barbarisches Gegenstück zum römischen Senat. Caesar läßt ihn den Römer mimen, um den Barbaren um so mehr sichtbar zu machen.

Die Handlung

Im Zentrum des Geschehens steht Caesar. Er ist der omnipräsente Handlungsträger, der als einziger alles überblickt, entscheidet und in Gang setzt. Er allein ist es auch, der allen Ruhm erntet. Dreimal gewährt ihm der römische Senat für seine Siege mehrtägige Dankfeste. Er allein trägt aber auch die Verantwortung für das, was in Gallien geschieht. Das macht ihn politisch angreifbar. So ist es verständlich, daß er seine Taten nicht nur zu rühmen, sondern auch zu rechtfertigen sucht: Der Selbstinszenierung steht die Absicherung seines Handelns gegenüber, und beides erfordert gleichermaßen eine geschickte Gestaltung, manchmal Erfindung des Handlungsverlaufs.

Caesar legitimiert sein politisches Handeln niemals theoretisch; es gibt in seinem Werk keine verwaltungs- oder völkerrechtlichen Erörterungen oder gar eine philosophische Diskussion über den ‹Gerechten Krieg› (*bellum iustum*), auch keine historischen Abrisse, die die Vorgeschichte der aktuellen Problematik erklären können. Bisweilen verweist er auf Senatsbeschlüsse, Bündnisse oder schlicht auf die römische Verfahrenspraxis (*mos, consuetudo*; z. B. 1,8,3; 1,45,1). Vielmehr zieht er es vor, die Vorgänge so zu erzählen, daß sein Handeln jedem Leser als richtig oder notwendig erscheinen muß. Die Darstellung der Kriegshandlung ist ganz darauf ausgerichtet, sein Handeln als Feldherr ins beste Licht zu rücken.

Der Bericht vom Ausbruch des Gallischen Krieges ist ein Musterbeispiel politischer Legitimation, die Erzählung von seinem Ende das einer militärischen Erfolgsgeschichte. In beiden Fällen gehen Erzählung und Erfindung der Handlung ineinander über.

Wie der Krieg begann ... – Der Zug der Helvetier • Die Geschichte Galliens in den Jahrzehnten vor 60 v. Chr. war ereignisreich: Der Einfall der Kimbern und Teutonen Ende des zweiten Jahrhunderts hatte das Land in Unruhe versetzt; gallische Stämme rivalisierten und kämpften um die Vormachtstellung, schlossen Bündnisse untereinander, aber auch mit Germanen und Römern. Im Laufe der Zeit kristallisierten sich zwei verfeindete Lager heraus, von denen das eine von den Haeduern, das andere von den Sequanern angeführt wurde. Die Haeduer unterhielten diplomatische Beziehungen zu Rom und führten den Titel *frates consanguineique* – «Brüder und Blutsverwandte» des römischen Volkes (1,33,2; vgl. Cicero: Briefe an Atticus 1,19,2), die Sequaner hatten den Suebenkönig Ariovist, der von Rom den Titel ‹König› und ‹Freund des römischen Volkes› (1,35,2; 1,43,4) erhalten hatte, um militärische Unterstützung gebeten und ihm im Gegenzug Siedlungsland angeboten. Rom war also auch schon vor Caesar nördlich der Alpen präsent, ja man kann sagen, daß die römische Diplomatie auch den römischen Parteienkampf dorthin trug: Die Optimaten unterstützten die Haeduer, wie der Senatsbeschluß, der im Jahr 61 v. Chr. auf Bitten des Haeduers Diviciacus zustande kam, erkennen läßt, die Popularen die Sueben, was die Ehrung des Ariovist unter dem Konsulat Caesars bezeugt. Ansonsten wäre noch festzuhalten, daß die gallischen Allobroger, die im nördlichen Teil der römischen Provinz Gallia Transalpina siedelten, mehrfach durch Aufstände aufgefallen waren, während von den Helvetiern, zumindest seit dem Sieg des Marius über die Kimbern und Teutonen im Jahr 101 v. Chr., nichts dergleichen überliefert ist.

Soweit etwa läßt sich die politische Lage, die in Gallien vor Caesars Ankunft herrschte, unabhängig davon, was im *Bellum Gallicum* steht, rekonstruieren. Doch was dann geschah und weshalb es überhaupt zum Krieg kam, dafür ist der Bericht des Feldherrn selbst nahezu die alleinige Quelle. Auf den ersten Blick sind Caesars Ausführungen über die Ursachen und den Anlaß des Helvetierkrieges durchaus schlüssig. Die Helvetier, ein kriegerisches, nach Expansion strebendes Volk, fühlten sich in ihrem von natürlichen Grenzen umgebenen Siedlungsgebiet beengt und obendrein von den Germanen bedrängt und beschlossen auf Betreiben des Orgetorix, eines helvetischen Adeligen, auszuwandern, um die Herrschaft über ganz Gallien zu erlangen. Orgetorix traf überdies noch Geheimabsprachen mit dem Sequaner Casticus und dem (romfeindlichen) Haeduer Dumnorix, um sich deren Unterstützung zu sichern. Dieser Geheimbund flog auf, Orgetorix wurde von seinen Landsleuten des Verrats angeklagt, floh und kam dabei ums Leben. Obwohl damit der Urheber des Auswanderungsplanes tot war, hielten die Helvetier weiterhin an ihrem Beschluß fest, verbrannten, um jede Rückkehr unmöglich zu machen, ihre Dörfer und auch alle Vorräte, die sie nicht mitnehmen konnten, und versuchten zunächst auf einem bequemen Weg südlich der Rhône – gemeint ist der Abschnitt zwischen dem Genfer See und dem Zufluß der Saône –, der allerdings durch die römische Provinz führte, ihre Heimat zu verlassen. Das geschah zu Beginn des Jahres 58 v. Chr. Doch Caesar, der sogleich aus Rom herbeigeeilt war, verbot den Helvetiern den Durchzug mit der Begründung, daß dies nicht mit den politischen Grundsätzen Roms vereinbar sei. Daraufhin schlugen die Auswanderer einen anderen, schmaleren Weg nördlich der Rhône ein, der durch das Gebiet der Sequaner verlief, die den Durchmarsch nach Vermittlung des Haeduers Dumnorix erlaubt hatten. Zu diesem Zeitpunkt erfuhr Caesar, daß die Helvetier in das Land der Santonen ziehen wollten, das zwischen dem Zentralmassiv und dem Atlantik lag, und erkannte, wie er schreibt, die Gefahr, die von den kriegerischen Helvetiern für die Tolosaten ausging, deren Wohngebiete bereits zur römischen Provinz gehörten. Als dann die Haeduer und andere gallische Stämme sich darüber beschwerten, daß die Helvetier raubend und plündernd durch ihre Lande zögen, hob er weitere Truppen aus und griff die Helvetier an, als sie gerade im Begriff waren, den Fluß Arar (Saône) zu überqueren. Der Zufall wollte es, daß dabei ausgerechnet der helvetische Teilstamm der Tiguriner vernichtet wurde, der im Jahr 107 v. Chr. zusammen mit den Teutonen ein römisches Heer unter der Führung des Konsuls L. Cassius besiegt und gedemütigt hatte.

Der Erzähler präsentiert den Auszug der Helvetier als schlüssige Geschichte, die ihren Anfang nahm, als der «bei weitem vornehmste und reichste Mann» (1,2,1) der Helvetier, Orgetorix, sein kriegerisches Volk für die Idee begeisterte, ganz Gallien zu beherrschen. Caesar personalisiert also die geschichtstreibenden Kräfte und fokussiert sie auf die Figur des Orgetorix, dem er – als auktorialer Erzähler – ein einleuchtendes Motiv zuschreibt beziehungsweise unterstellt: Streben nach hegemonialer Macht, also ein Ansinnen, das jeden römischen Statthalter alarmieren muß. Das ebenso simple wie überzeugende Grundmotiv des Machtstrebens verfängt so wirkungsvoll, daß dem Leser in Caesars Version, wie Will Richter (Richter, 1977, 102 ff.) bemerkt hat, drei Unwahrscheinlichkeiten ganz entgehen. Zunächst: Machtstreben in dieser Form mag man einem Menschen zuschreiben, aber nicht einem ganzen Volk, das sich zudem fast 50 Jahre neutral und ruhig verhalten hat. Der Geograph Strabo etwa charakterisiert die Helvetier als ein Volk, das, obwohl es viel Gold besitze, friedliebend sei (7,293). Bei Caesar hingegen werden sie schon im Proöm als kriegerisch eingeführt, weil sie Nachbarn der Germanen und fast täglich in Kämpfe mit ihnen verwickelt seien. Zweitens: Wenn die Helvetier die Herrschaft über ganz Gallien anstreben wollten, wäre es geradezu widersinnig, wenn sie zuvor ihr fruchtbares und gut gesichertes Kernland aufgäben, statt es zum Ausgangspunkt ihrer Expansion zu machen. Drittens schließlich: Nach dem Tod des Orgetorix hielten die Helvetier an ihrem Auswanderungsplan fest, obwohl das von Caesar genannte Motiv, die Vorherrschaft über Gallien zu gewinnen, ohne die geistige Führung des gewieften und politisch vernetzten Orgetorix hinfällig und vollends unrealisierbar geworden sein dürfte.

Letztlich erschließt sich also aus Caesars Darstellung nicht recht, weshalb die Helvetier auswandern und warum sie gerade in das abgelegene Gebiet der Santonen ziehen wollten. Naheliegende

Auswanderungsgründe, wie Nahrungsmangel oder Flucht vor den Germanen, macht Caesar selbst unwahrscheinlich: Die Helvetier verfügten nämlich über große Vorräte und verbrannten sogar einen großen Teil ihres Getreides, den sie auf ihrer Wanderung nicht mitführen konnten; gegen die Germanen aber hatten sie sich stets erfolgreich verteidigt und ihnen sogar in deren eigenem Stammland Niederlagen bereitet. Auch für die moderne Forschung bleibt der Helvetierzug in vieler Hinsicht rätselhaft.

Um eine Vorstellung davon zu geben, inwieweit der Erzähler Caesar die Geschichte anders erzählt haben könnte, als sie sich wohl ‹in Wirklichkeit› ereignet hat, sei an dieser Stelle ein – zugegebenermaßen spekulativer, aber durchaus bedenkenswerter – Rekonstruktionsversuch skizziert. Der Historiker Stevens (Stevens, 1952, 169 ff.) schlägt folgendes Szenario vor: Die Haeduer hätten in ihrer Not, sich gegenüber den von den Germanen verstärkten Sequanern zu behaupten, von sich aus angeregt, einen Teil der kampferfahrenen Helvetier in ihr Land zu holen. Dafür spräche auch, daß sich der Haeduer Dumnorix bei den Sequanern für das freie Geleit der Helvetier einsetzte, und vielleicht sei er es auch gewesen, der das ferne Land der Santonen zum Ziel der Auswanderung erklärte, um die Sequaner zu täuschen. Es paßt auch in dieses Bild, daß es die Haeduer waren, die Caesar nach seinem Sieg über die Helvetier um sein Einverständnis baten, die mit den Helvetiern verbündeten Boier in ihrem Land anzusiedeln (1,28,5).

Was auch immer die Helvetier bewogen haben mag, ihre Heimat zu verlassen, der Erzähler tut alles, um sie selbst als aggressiv und ihren Marsch als Bedrohung für Rom erscheinen zu lassen. Die geschickt gezeichnete Figur des Orgetorix, dessen erklärtes Ziel die Vorherrschaft über Gallien ist, hilft ihm dabei, dem Helvetierzug eine machtpolitische Dimension zu geben, die er wohl nie hatte. Zudem erwähnt Caesar Hilfsgesuche der Haeduer und anderer Stämme, die ihn um Beistand gegen die Helvetier bitten (1,11). Hier fällt die Beiläufigkeit auf, mit der der Erzähler diesen zentralen Kriegsgrund abhandelt: Denn in der Tat läge bei Übergriffen der

Helvetier auf die Haeduer ein ‹Bündnisfall› vor, da die Haeduer unter dem Schutz Roms standen. Man fragt sich, warum der Erzähler an dieser Stelle nicht mehr vom Inhalt der Hilfsgesuche verrät, wie er es später tut, als die Haeduer, vertreten durch Diviciacus, Caesar zu einem Feldzug gegen die Sueben drängen. Vielleicht gab es gar keine besonderen Anschuldigungen gegen die Helvetier, sondern nur die Bitte an Caesar, dafür zu sorgen, daß der Helvetierzug geordnet verliefe. Und schließlich ist die vorgeschützte Sorge des Provinzstatthalters, daß das von den Helvetiern angestrebte Zielgebiet, das Land der Santonen, in unmittelbarer Nachbarschaft zur römischen Provinz liege und ihre Ansiedlung dort mithin zur Gefahr für die auf römischen Boden – in der Gegend von Toulouse – lebenden Tolosaten werden könnte, gänzlich abwegig. Die Santonen wohnten etwa 300 Kilometer Luftlinie von den Tolosaten entfernt, und dazwischen waren mindestens vier weitere Stämme ansässig. Doch Caesar konnte darauf setzen, daß die Geographie Galliens in Rom kaum bekannt war. Auch in diesem Zusammenhang erfindet der Erzähler den Raum so, wie er ihn braucht.

Die gesamte Geschichte vom Zug der Helvetier ist darauf angelegt, den Krieg zu legitimieren, der Caesars politisches Überleben in Rom sichern sollte. Geschickt unterlegt der Erzähler die faktischen Verhältnisse mit vermeintlichen Prämissen, Plausibilitäten und Motiven und steuert immer dort, wo sich Deutungsspielräume auftun, die Wahrnehmung des Lesers. Dabei geht es nicht unbedingt um grobe Verfälschungen, sondern um subtile Nuancierungen, die aber einen starken Einfluß darauf haben, wie sich die Dinge dem Leser darstellen. Will Richter urteilt treffend, wenn er schreibt:

> Das Arrangement der Argumente im Text ist derart, daß man sie nicht auf Anhieb erkennt und nur philologische Nachprüfung sie durchsichtig macht. Zunächst muß man bedenken, daß nur wenig wirklich Unzutreffendes zwischen sehr viel Richtigem und zum Teil sehr Genauem steht … Aber gerade die wesentlichen Motivationen sind entgegen dem äußeren Anschein im Dunkeln gehalten und/oder durch Surrogate kaschiert. (Richter, 1977, 114)

Politisch und juristisch besonders heikel war die eigenmächtige Eröffnung eines Eroberungskrieges, den Caesar um jeden Preis führen wollte und faktisch mit dem Helvetierkrieg in die Wege leitete. Daher macht er den Leser glauben, daß dieser Krieg nicht auf seine persönliche Initiative zurückging, sondern ihm durch die äußeren Umstände aufzwungen wurde, als ob er selbst lediglich seinen Verpflichtungen als Statthalter nachgekommen sei und unumgängliche militärische Maßnahmen eingeleitet habe. So sind die Ereignisse um den Auszug der Helvetier schon weit vorangeschritten, als Caesar mit ihnen konfrontiert wird (1,7). Er kann nur noch – so die Suggestion der Erzählung – auf das, was geschehen ist und geschieht, reagieren: In Rom erreicht ihn überraschend die Nachricht, daß die Helvetier durch die römische Provinz ziehen wollten. Caesar reagiert unverzüglich, eilt nach Norden und verbietet den Helvetiern den Durchzug. Bald darauf wird ihm gemeldet, daß die Helvetier durch das Land der Sequaner und Haeduer ziehen wollten, um sich bei den Santonen niederzulassen. Caesar sieht auch darin eine Gefahr für die römische Provinz und reagiert wieder: Er hebt in Oberitalien Truppen aus und führt sie über die Alpen; dann heißt es lapidar:

> Von dort führte er sein Heer durch das Gebiet der Allobroger in das der Segusiaver. Dies ist der erste Stamm, der jenseits der Rhône außerhalb der Provinz lebt. (1,10,5)

Hinter diesen beiden harmlosen Sätzen verbirgt sich nichts weniger als die Tatsache, daß Caesar – ohne Auftrag des Senats und nach eigenem Gutdünken – mit immerhin fünf Legionen die Grenze des römischen Reiches überschritten und eine militärische Offensive in Gang gesetzt hatte. Nun erreichen ihn Bittgesuche der Haeduer und anderer Stämme um Hilfe gegen die Helvetier. Caesar wird erneut zum Handeln gezwungen, holt die Helvetier, als sie über den Fluß Arar setzen, mit seinem Heer ein und macht einen Teil von ihnen nieder.

In der Erzählung vom Ausbruch des Helvetierkrieges erscheinen die Helvetier als unruhiges, kaum zu bändigendes Volk, Caesar hingegen als vorausdenkender Statthalter, der jedoch von den Ereignissen überrumpelt zu werden droht und auf die unentwegt eintreffenden Meldungen und Gesandtschaften schnell reagieren muß. Die Überschreitung der Provinzgrenze von seiner Seite, ein bedeutender politischer und militärischer Vorgang, wird nebenbei erwähnt, im Vordergrund stehen die Maßnahmen des Statthalters, der von den umtriebigen Helvetiern immer wieder aufs Neue zum Handeln genötigt wird. So wird dem Angreifer Caesar die passive Rolle zugewiesen, den angegriffenen Helvetiern aber die aktive. Die Botschaft der Geschichte lautet am Ende: Die Helvetier sind selbst an ihrem Untergang schuld.

Um diese dreiste Schuldzuweisung zu untermauern, bemüht der Erzähler, der sonst kein Zeichen von Religiosität erkennen läßt, sogar die Götter. Denn daß von allen helvetischen Stämmen ausgerechnet die Tiguriner die ersten Opfer des Krieges sind, wird folgendermaßen begründet:

> Es handelte sich dabei um die Bevölkerung des Gaues, der der tigurinische hieß, denn der Gesamtstamm der Helvetier gliedert sich in vier Teile oder Gaue. Dieser eine Gau hatte beim Auszug aus seinem ursprünglichen Heimatland – zur Zeit unserer Väter – den Konsul L. Cassius umgebracht und sein Heer unter das Joch geschickt. So wollte es der Zufall oder der Ratschluß der Götter, daß gerade der Teil der Helvetier als erster eine Strafe erhielt, der dem römischen Volk eine bedeutende Niederlage zugefügt hatte. Damit rächte Caesar nicht nur das Unrecht, das der römische Staat erlitten hatte, sondern auch persönliches, denn die Tiguriner hatten in derselben Schlacht, in der sie Cassius töteten, auch den Großvater seines Schwiegervaters L. Piso, den Legaten L. Piso, ums Leben gebracht. (1,12,4–7)

So rechtfertigt Caesar seinen Überfall auf die Helvetier mit Ereignissen, die vor fast 60 Jahren stattgefunden haben. Daß er dabei über so lange Zeiträume hinweg Zusammenhänge herstellt und ein – zumindest aus heutiger Sicht – an den Haaren herbeigezogenes Konstrukt von Ursache und Wirkung präsentiert, stört Caesar nicht, vielmehr bemüht er dasselbe Konstrukt wenig später ein zweites Mal, wieder mit dem Hinweis auf göttliches Wirken. So doziert er vor den helvetischen Gesandten, die nach der Schlacht mit ihm Friedensbedingungen aushandeln wollten, selbstgerecht:

> Es sei doch gewöhnlich so, daß die unsterblichen Götter den Menschen, die sie für ihre Verbrechen bestrafen wollten, eine Zeitlang günstige Umstände und längere Straffreiheit gewährten, um sie nach einer Wende ihres Glücks um so mehr leiden zu lassen. (1,14,5)

In seiner Not, einen auch in Rom vorzeigbaren Kriegsgrund zu finden, bringt Caesar die alte Vorstellung ins Spiel, daß sich die Götter beim Strafen Zeit lassen, um die nötige Fallhöhe herzustellen. Der Feldherr wird zum Erzählstrategen und zieht alle Register, um eine Geschichte zu konstruieren, die seinen Krieg legitimiert.

... und wie er endete. – Caesar gegen Vercingetorix • Seit dem Sieg über die Helvetier waren sieben Jahre vergangen. Caesar hatte nun, nachdem er in den letzten Jahren immer wieder Aufstände niederschlagen mußte, ‹ganz› Gallien von der römischen Provinz bis zum Ärmelkanal, vom Rhein bis zum Atlantik unterworfen. Da in Gallien die Lage ruhig schien (7,1,1), widmete sich Caesar im Winter 53/52 v. Chr. zunächst seinen Aufgaben als Provinzstatthalter und hielt in Oberitalien Gerichtstage ab. Dort erreichte ihn die Nachricht, daß P. Clodius, einer der Popularen und wichtiger Parteimann Caesars, ermordet worden sei. Daraufhin beschloß der Senat, überall in Italien die Wehrpflichtigen zu vereidigen, was Caesar zum Anlaß nahm, auch in seiner Provinz Truppen auszuheben.

All dies berichtet uns Caesar zu Beginn des 7. Buches. Es ist eine der wenigen Stellen, an denen er einige Worte über die römische Innenpolitik verliert – und das nicht ohne Grund. Caesar konstruiert nämlich im folgenden einen Zusammenhang zwischen den politischen Unruhen in Rom und dem großen Gallieraufstand, der das Jahr 52 beherrschen wird: Unter den Galliern, die den Verlust ihrer Freiheit noch nicht verwinden könnten, habe sich das Gerücht verbreitet, Caesar könne wegen der unsicheren Lage in Rom nicht nach Gallien zu seinem Heer kommen. Diese (falsche) Einschätzung habe die Stämme ganz Galliens dazu veranlaßt, sich unter der Führung des Vercingetorix gegen ihn zu erheben. Damit gibt Caesar seinen innenpolitischen Gegnern in Rom eine Teilschuld an dem großen Aufstand des Jahres 52 v. Chr. Daß aber zwischen dem Tod des Clodius und der Erhebung Galliens wirklich ein Zusammenhang bestand, darf bezweifelt werden.

Wie dem auch sei – schon nach wenigen Sätzen ist der Erzähler Caesar dabei, sich mit seiner Version des siebenten Kriegsjahres nicht nur seinen Platz in der Geschichte zu sichern, sondern auch auf die römische Tagespolitik einzuwirken, wie überhaupt seine in dieser Zeit getroffene Entscheidung, sieben Bücher über den Gallischen Krieg herauszugeben, in erster Linie den aktuellen innenpolitischen Entwicklungen in Rom geschuldet ist. Denn Caesars Amtszeit lief ab, und er würde keine weitere Verlängerung mehr bekommen. Er brauchte immer dringender den entscheidenden militärischen Erfolg, um vor seinen Gegnern in Rom bestehen zu können. Das 7. Buch bekam dadurch eine besondere Stellung: Es war das letzte des *Bellum Gallicum*, und die letzten Kriege, die es beschrieb, mußten seine Größe erweisen, der letzte Sieg Gültigkeit haben.

So ist es nicht verwunderlich, daß nicht nur der Feldherr, sondern auch der Erzähler Caesar in den letzten Kapiteln noch einmal alles gibt. Kein Buch des *Bellum Gallicum* ist so anschaulich erzählt und so durchkomponiert wie das siebente. Die Kriegsberichterstattung gerät stellenweise zur historiographischen Monographie, mit plastischen Figuren, bewegenden Szenen und – in Ansätzen – mit einer dramatisch angelegten Steigerung der Erzählung bis zu einer fast epischen Schilderung der großen Entscheidungsschlacht um Alesia.

Der Inhalt ist folgender: Vercingetorix, ein junger Fürst aus dem Stamm der Arverner und Anführer der gallischen Erhebung, ist ein ernstzunehmender Gegner Caesars, der umfassend plant und konsequent handelt. Er verfolgt eine neue Gesamtstrategie, die Caesar empfindlich trifft – ihn systematisch zu isolieren und ihn von seinen Verbündeten und Hilfsquellen abzuschneiden. Vercingetorix kann nicht nur Stämme, die ohnehin Rom feindlich gesinnt sind, für den Aufstand gewinnen, sondern umwirbt auch gezielt Stämme, die mit Caesar verbündet sind. Außerdem läßt er zahllose Dörfer evakuieren und mit ihren Vorräten in Flammen aufgehen, damit das römische Heer sie nicht nützen kann. Die Taktik geht zunächst auf: Caesar gerät trotz erfolgreicher Einnahme einiger Städte (Vellaunodunum, Cenabum, Noviodonum) immer wieder in ernste Versorgungsschwierigkeiten und berichtet darüber auch offen. Er kann vorübergehend kein Getreide für seine Soldaten beschaffen (7,17,3), ist zeitweise von der Provinz abgeschnitten und verliert verbündete Gallier – am Ende fallen sogar die Haeduer ab, die schon lange vor Caesar in engem Kontakt mit Rom standen und als einziges Volk in Gallien den ehrenvollen Titel ‹Brüder und Blutsverwandte› des römischen Volkes trugen (1,33,2; vgl. Cicero: Briefe an Atticus 1,19,2). Trotz der widrigen Umstände gelingt es Caesar, Avaricum und andere Städte zu nehmen und Vercingetorix in einer Reiterschlacht zu schlagen. Dieser zieht sich daraufhin mit 80 000 Mann nach Alesia zurück, das Caesar sogleich mit einem gewaltigen Belagerungsring einschließt. Kurz vor Abschluß der Schanzarbeiten entsendet Vercingetorix seine Reiterei, die bei allen gallischen Stämmen Soldaten für ein großes Entsatzheer ausheben sollen. Als dieses schließlich eintrifft, kommt es zu einer großen Schlacht, die mit einem Sieg Caesars endet.

Caesars Berichterstattung wirkt sachlich, detailliert und durchaus ehrlich, da er eigene Rückschläge zugibt und die militärischen Fähigkeiten des Vercingetorix anerkennt, den er geradezu als ebenbürtigen Gegner zeichnet. Doch durch geschickte Figurenzeichnung und subtile Verwendung versteckter Leitmotive stellt der Erzähler sicher, daß der Leser keine Sympathien für den gallischen Feind entwickelt.

Zunächst zur Charaktisierung der Figuren: Schon die Einführung der Gestalt des Vercingetorix nutzt Caesar, um ihn, trotz seiner vornehmen Herkunft, zu desavouieren. Bereits sein Vater habe nach Alleinherrschaft gestrebt und sei deshalb von seinem eigenen Stamm ums Leben gebracht worden. Vercingetorix selbst gerät, wie Caesar behauptet, wegen seiner romfeindlichen Pläne mit seinen Verwandten in Konflikt und wird von ihnen aus seiner Heimatstadt Gergovia vertrieben. Doch er hebt «unter Armen und Verbrechern» (7,4,3) Soldaten aus, kehrt nach Gergovia zurück, verbannt seine Widersacher aus der Stadt und setzt sich an die Spitze des Aufstandes.

Dann organisiert er im großen Stil die Aufstellung eines stämmeübergreifenden Heeres. Caesar lobt zwar sein überlegtes Vorgehen – ein ungewöhnliches Kompliment an einen Nicht-Römer –, betont aber auch seine außerordentliche Strenge:

> Durch harte Strafen zwang er auch die Zögernden zum Gehorsam, denn bei größeren Vergehen ließ er die Schuldigen nach Anwendung aller Arten von Foltern verbrennen, bei weniger schwerwiegenden Anlässen ließ er ihnen die Ohren abschneiden oder ein Auge ausstechen und schickte sie nach Hause zurück, um den anderen einen Beweis seiner Strenge zu geben und sie durch die Härte der Strafe in Schrecken zu versetzen. (7,4,9 f.)

Vercingetorix wird nicht nur als grausam dargestellt, sondern auch als ein Feldherr, der Gehorsam bisweilen mit brutaler Gewalt erzwingen muß. Auch später, als er während der Belagerung in Alesia die Getreidezuteilung an seine Soldaten rationieren muß, um eine Hungersnot zu vermeiden, kommt er nicht ohne Drohungen aus:

> Er gab den Befehl, das gesamte Getreide zu ihm zu bringen, und setzte die Todesstrafe für die fest, die dieser Anordnung nicht nachkämen. (7,71,6)

Das harte Vorgehen des Vercingetorix rückt nicht nur die Sache, für die er sich einsetzt, in ein schlechtes Licht – was ist das für ein Freiheitskampf, dessen Kämpfer mit solchen Methoden unter Druck gesetzt werden müssen? –, sondern auch die Kämpfer selbst, da sie offenbar weder Disziplin noch Ausdauer kennen. Mit derartigen wie nebenbei eingestreuten Zusatzinformationen schafft Caesar auch eine Kontrastfolie, vor der er sich selbst als den idealen Feldherrn stilisieren kann, dem die Soldaten in jeder Situation folgen. Zwar kommt es auch im römischen Heer zu einer Hungersnot, doch der römische Feldherr und seine pflichtbewußten Legionen geben ein ganz anderes Bild ab als der gallische Gegner und sein ungehorsamer Haufen:

> Als Caesar während der Belagerungsarbeiten die einzelnen Legionen ansprach und sagte, er werde die Belagerung aufgeben, wenn sie den Nahrungsmangel als zu hart empfänden, forderten alle von ihm, dies nicht zu tun. Sie hätten unter seinem Kommando mehrere Jahre lang ihren Dienst als Soldaten so versehen, daß sie keine Schande auf sich nähmen und niemals unverrichteter Dinge abzögen. Dies allerdings würden sie als eine Schmach ansehen, wenn sie die begonnen Belagerungsarbeiten im Stich ließen. Lieber wollten sie alle Härten aushalten ... (7,17,4–7)

Die Rollen scheinen hier vertauscht. Der Feldherr bietet an aufzugeben, die Soldaten fordern durchzuhalten. Die Fürsorge Caesars steht der Grausamkeit des Vercingetorix gegenüber. Bei anderer Gelegenheit läßt Caesar sogar dann Nachsicht walten, als die Soldaten seinen Befehl mißachtet und deshalb bei der Erstürmung von Gergovia eine empfindliche Niederlage herbeigeführt haben – selbstverständlich nur aus übergroßem Kampfeseifer und nicht etwa aus Mangel daran. Ähnlich wie in seiner Rede im 1. Buch (S. 188 f.), zeigt Caesar bei Ungehorsam Strenge, zugleich aber Verständnis für die Gefühle seiner Soldaten. So lobt er in diesem Zusammenhang trotz allem die Tapferkeit seiner Soldaten und tröstet sie zuletzt auch noch:

> So sehr er auch die Größe ihres Mutes bewundere ..., so sehr müsse er andererseits ihre Disziplinlosigkeit und Anmaßung verurteilen, da sie

> offenbar glaubten, den Sieg und den Ausgang von Kämpfen besser beurteilen zu können als ihr Oberbefehlshaber. Er halte bei einem Soldaten Gehorsam und Disziplin nicht weniger für wünschenswert als Tapferkeit und Mut. Gegen Ende seiner Rede stärkte er wieder die Zuversicht seiner Soldaten und sagte, sie sollten aus diesem Anlaß nicht den Mut verlieren und nicht der Tapferkeit des Feindes zurechnen, was auf das ungünstige Gelände zurückzuführen sei. (7,52,3–53,1)

Caesars Verhältnis zu seinen Soldaten ist von gegenseitigem Respekt und Vertrauen geprägt, er droht ihnen nicht, sondern macht ebenso klare wie offene Ansagen. Zwischen Vercingetorix und seinem Heer herrscht dagegen keineswegs uneingeschränktes Vertrauen. Als der gallische Feldherr seine Fußsoldaten für kurze Zeit zurückläßt, um allein mit seiner Reiterei eine Offensive durchzuführen, bezichtigen sie ihn nach seiner Rückkehr des Verrats (7,20). Der Erzähler hebt diesen unerhörten Vorgang noch zusätzlich hervor, indem er die Ansprache, mit der sich Vercingetorix vor seinem Heer verteidigt, ausführlich wiedergibt – zunächst in indirekter, dann sogar in direkter Rede. Zum Beweis, daß er die Wahrheit gesprochen hat, führt Vercingetorix römische Gefangene vor, die er vorher hat foltern lassen, damit sie die gewünschten Antworten geben. Ein Feldherr, der vor seinem Heer des Verrats beschuldigt wird und dann auch noch zu einer List greifen muß, um es wieder für sich und seine Sache zu gewinnen, ist das genaue Gegenbild zu dem Idealbild des Feldherrn, das Caesar von sich selbst präsentiert.

Überhaupt spielen bei den Galliern Betrug und Bestechung eine große Rolle: Vercingetorix muß angeblich auf Lügen und auf Geldgeschenke zurückgreifen, um die gallische Allianz zustande zu bringen (7,31,1 f.), und auch andere gallische Adelige können ihre Anhänger nur mit List und Tücke mobilisieren und bei der Stange halten (7,38; 7,63,2). Diesem Verhalten der Anführer entspricht auch der Wankelmut der übrigen Gallier, den auszumalen der Erzähler nicht müde wird. In lebendigen Szenen zeichnet er immer wieder ein anschauliches Bild von ihrer Unentschlossenheit und Unbeständigkeit: Bald fallen sie von Caesar ab, bald von den Ihren, bald ändern sie ihre Pläne und Taktiken (7,42 f.). Bei seiner Charakterisierung der Gallier steht Caesar allerdings vor einem gewissen Dilemma. Zeichnet er sie als zu unstet, zu unmotiviert und zu unorganisiert, dann stellen sie keine respektablen Gegner mehr dar, was seine Leistung als Feldherr schmälert. Daher gibt er die Tapferkeit der Gallier offen zu und rückt einmal sogar ein kleines Exempel gallischen Heldentums ein: An vorderster Front, wo die Geschosse dicht wie Hagel einschlagen, hält ein Gallier seine Stellung, bis er fällt und sogleich von einem anderen ersetzt wird, bis auch dieser getroffen und sein Platz von dem nächsten übernommen wird; und so geht es fort, bis zum Ende der Schlacht (7,25).

Im 7. Buch vervollständigt Caesar zudem das Bild, das er von den Galliern zeichnet, dadurch, daß er verstärkt die Zivilbevölkerung einbezieht. In diesem Zusammenhang schenkt er erstmals den Frauen der Gallier seine besondere Aufmerksamkeit und gesteht ihnen mitunter sogar eine beachtliche Rolle im Kriegsgeschehen zu. Einmal erweckt er gar den Anschein, als wären die gallischen Soldaten ganz dem Willen ihrer Frauen ausgeliefert: Die Stadt Avaricum wird von Caesar belagert, und Vercingetorix läßt sie verteidigen. Als die Verteidiger merken, daß sie scheitern werden, fassen sie in Abstimmung mit Vercingetorix den Plan, in der Stille der Nacht aus der Stadt zu fliehen und sie – mitsamt der nicht wehrfähigen Bevölkerung – den Römern zu überlassen. Doch sie haben die Rechnung ohne die Frauen gemacht:

> Schon bereiteten sie [die Soldaten] dieses Unternehmen nachts vor, als die Frauen plötzlich auf die Straße stürzten und sich weinend den Männern zu Füßen warfen. Sie baten flehentlich, sie selbst und ihre gemeinsamen Kinder nicht den Feinden zu einem schrecklichen Tod auszuliefern, da ihre von Natur aus schwachen Kräfte sie an einer Flucht hinderten. Als sie jedoch sahen, daß die Männer bei ihrem Vorsatz blieben, weil in höchster Gefahr die Furcht kein Mitleid kennt, begannen sie zu schreien und den Römern die bevorstehende Flucht anzuzeigen. Hierdurch erneut in Schrecken versetzt, fürchteten die Gallier, die römische Reiterei werde die Wege besetzen, und gaben ihr Vorhaben auf. (7,26,3–5)

Die «schwachen» Frauen haben also die militärische Strategie der Kämpfer (und des Vercingetorix) durchkreuzt und den geplanten Abzug verhindert. Der Erzähler hat mit dieser kleinen Einlage einen raffinierten Weg gefunden, die Gallier dumm aussehen zu lassen, ohne damit insgesamt den militärischen Ruhm der Römer zu schmälern.

Auch bei der Belagerung der Stadt Gergovia gerät die Zivibevölkerung in den Blick des Erzählers – wiederum die Frauen, die diesmal den Part übernehmen, ein eindrucksvolles Beispiel gallischer Wankelmütigkeit abzugeben: Caesars Soldaten bestürmen die Stadt, und plötzlich entsteht bei den Bewohnern das Gerücht, der Feind sei schon innerhalb der Stadtmauern. Da geschieht folgendes:

> Die Frauen warfen von der Mauer Kleider und Silber herab, beugten sich mit entblößter Brust hinüber, streckten die Hände aus und beschworen die Römer, sie zu verschonen und nicht, wie sie es bei Avaricum gemacht hätten [vgl. 7,28,4], selbst bei Frauen und Kindern keinen Halt zu machen. Einige ließen sich sogar an den Händen von der Mauer herab und lieferten sich den Soldaten aus. (7,47,5 f.)

Es ist bemerkenswert, wie ungeschönt Caesar die Not der Frauen schildert, die sich lieber freiwillig dem Feind ergeben, als bei der erwarteten Eroberung von ihm vergewaltigt oder ermordet zu werden. Wenig später stellt sich aber heraus, daß von auswärts gallische Truppen zu Hilfe eilen und die Verteidigung der Stadt wieder aufbauen können. Das sorgt für einen Gesinnungswandel unter den Frauen:

> Als die Zahl [der eintreffenden gallischen Soldaten] bedeutend angewachsen war, begannen die Frauen, die kurz zuvor den Römern von der Mauer herab die Hände entgegengestreckt hatten, jetzt die Ihren zu beschwören. Sie zeigten sich ihnen nach gallischer Sitte mit aufgelöstem Haar und stellten ihre Kinder vor sich hin. (7,48,3)

Die Tradition der Gallierinnen, auf diese Weise ihre Männer im Kampf anzuspornen, ist auch sonst belegt. Caesar nimmt der

Geste jedoch jedes Pathos und alles Anrührende, indem er die Gallierinnen von einem Augenblick zum nächsten, gleichsam auf Knopfdruck, das Programm wechseln läßt. Bei Avaricum wollten die Männer die Frauen im Stich lassen, um ihr eigenes Leben zu retten, hier ist es umgekehrt. Beides fügt sich nahtlos in das von Caesar gezeichnete Bild vom Wankelmut der Gallier. Der schamlose Opportunismus der Gergovierinnen bestätigt zudem ein klassisches Vorurteil über die Unglaubwürdigkeit von Frauentränen und macht die Not der Eingeschlossenen lächerlich.

Schon diese wenigen Beispiele zeigen, daß Caesar im 7. Buch in höherem Maß als in den vorigen auf eine ausgeprägte, vielfältige und detailreiche Schilderung von Figuren und Ereignissen Wert legt – welcher Leser der bisherigen Bücher hätte wohl erwartet, daß der Kommentarienschreiber Caesar sich über «entblößte Brüste» und «aufgelöstes Frauenhaar» auslassen würde? Die Ausführlichkeit und Lebendigkeit der Erzählung steht jedoch im Zusammenhang mit der Sonderstellung, die das 7. Buch auch hinsichtlich seiner Komposition einnimmt. Es ist nicht nur rhetorisiert und mit historiographischen Erzählformen angereichert, sondern weist auch Ansätze einer – ebenfalls der antiken Geschichtsschreibung entlehnten – dramatischen Struktur auf: Die Ereignisse sind als ein sich zuspitzender Antagonismus zwischen Caesar und Vercingetorix gestaltet, der in der Schilderung der Schlacht um Alesia seinen Höhepunkt findet.

In diesem Drama wird die militärische Strategie, die Vercingetorix verfolgt, gleichsam zu einem literarischen Motiv umfunktioniert, das immer wieder anklingt und schließlich auf dem Höhepunkt der Erzählung, der Schlacht um Alesia, eine zentrale Rolle spielt – die Politik der verbrannten Erde und das Motiv des Hungers.

Dies belegt ein kurzer Durchgang durch das 7. Buch. Es wurde bereits erwähnt, daß Vercingetorix das Ziel verfolgte, Caesars Heer vom Getreidenachschub abzuschneiden und deshalb die Gallier aufrief, ihre Vorräte zu vernichten. Der Erzähler unterrichtet seine Leser über diesen Plan des gallischen Feldherrn durch eine indirekte Rede:

> Es sei daher notwendig, alle Gehöfte und Dörfer, auf die man stoße, in Brand zu setzen, und zwar von den Grenzen der Boier ab im Bereich des gesamten Gebietes, wohin sich vermutlich die Römer wenden könnten, um Futter zu beschaffen ... (9) Es sei aber zudem nötig, die Städte in Brand zu stecken. (7,14,5–9)

Die Strategie des Vercingetorix fand bei seinen Soldaten Zustimmung, und der Erzähler kann berichten:

> Nachdem dieser Vorschlag allgemein gebilligt worden war, wurden an einem Tag mehr als 20 Städte der Biturigen in Brand gesetzt. (7,15,1)

So wohlüberlegt diese Strategie auch war und so sehr Caesar durch sie tatsächlich in Bedrängnis gebracht wurde, so konterkariert sie doch auch ein wenig den Patriotismus der Gallier, die ihre Liebe zur Heimat darin bekunden, daß sie diese vernichten. Vielleicht hat auch deshalb der Erzähler – entgegen seiner sonstigen Gewohnheit, die Darstellung auf das militärisch Relevante zu reduzieren –, im 7. Buch mehrfach die Schönheit der gallischen Städte hervorgehoben, um das Selbstzerstörerische des gallischen Freiheitskampfes zu unterstreichen. Jedenfalls werden die Härte des Vercingetorix gegen das eigene Land und sein unbedingter Wille, die Römer zu besiegen, deutlich. Der Gallier bekennt sich stolz zu dieser seiner Strategie, die den eigenen Leuten zwar alles abverlangt, aber auch den Feind zermürbt:

> Dank meiner Bemühungen wurde, wie ihr seht, ein so großes, siegreiches Heer durch Hunger fast aufgerieben. (7,20,12)

Wenn der Erzähler dem gallischen Feldherrn gerade dieses Selbstlob in den Mund legt, zumal in wörtlicher Rede, nutzt er die auf Hunger setzende Militärstrategie des Vercingetorix auch dafür, die Figur des Vercingetorix als hart und gnadenlos zu zeichnen. Der Erzähler fährt denn auch fort, von der unerbittlichen Umsetzung dieser Strategie zu berichten:

> Da sie glaubten, die Stadt Noviodonum nicht halten zu können, steckten sie sie in Brand, damit sie den Römern nicht mehr nützen könne. Auf Schiffen brachten sie so viel Getreide weg, wie es in der Eile möglich war, das übrige verbrannten sie oder warfen es in den Fluß. (7,55,7 f.)

Und kurz vor der Schlacht um Alesia erklärt Vercingetorix dem Heer noch einmal seine Strategie der verbrannten Erde, diesmal wieder in indirekter Rede:

> Da er über außerordentlich viele Reiter verfüge, sei es vielmehr leicht, die Römer an der Getreide- und Futterbeschaffung zu hindern. Sie sollten mit Gleichmut ihr eigenes Getreide vernichten und ihre Gehöfte anzünden. (7,64,2 f.)

Dadurch, daß der Erzähler dem Leser immer wieder die gallische Strategie, ihr eigenes Land zu zerstören, um die Römer auszuhungern, vor Augen führt, unterstellt er den Galliern, obwohl sie für das Ideal eines freien Vaterlandes kämpfen, eine verbissene, ja brutale Gesinnung und verleiht dem gesamten Gallieraufstand eine besondere Düsternis. Doch er geht noch weiter und läßt das Hungermotiv in allen entscheidenden Momenten des Kriegsverlaufs anklingen: Die Erhebung der Gallier beginnt mit der Ermordung der römischen Händler, die sich in Cenabum niedergelassen haben. Namentlich wird nur der Ritter C. Fufius Cita genannt, «der im Auftrag Caesars die Getreideversorgung geleitet hat.» (7,3,1) Dann übernimmt Vercingetorix die Führung der Bewegung und gibt seine Losung der verbrannten Erde aus, der weit über zwanzig Städte und zahllose Dörfer und Gehöfte zum Opfer fallen. Nur eine Stadt wird verschont – Avaricum. Auf Bitten der Bewohner läßt sich Vercingetorix erweichen, in diesem Falle von der Zerstörung abzusehen – was sich als ein fataler Fehler herausstellt. Caesar kann die Stadt einnehmen und sein halbverhungertes Heer wieder zu Kräften kommen lassen. Im Grunde wird Vercingetorix paradoxerweise sein Mitleid – der Begriff *misericordia* fällt ausdrücklich – zum Verhängnis. Befänden wir uns in einem Drama, dann wäre die Entscheidung, Avaricum zu schonen, der schicksalhafte Irrtum des tragischen Helden. Denn von da an greift die Strategie des Vercingetorix nicht mehr so recht, und Caesar rückt unaufhaltsam vor, bis es zur Belagerung von Alesia kommt. Die Ironie des Schicksals – beziehungsweise des Erzählers – will es so, daß nun Vercingetorix in Alesia mit 80 000 Mann von aller Getreidezufuhr abgeschnitten ist und damit Opfer genau jener Hungerstrategie zu werden droht, die er eigentlich für Caesar und seine Soldaten ausersehen hatte. In dieser Situation hält nun Critognatus seine berühmte und bereits beschriebene Rede (S. 204 ff.), in der er zum Kannibalismus aufruft. Zieht man in Betracht, welche militärische Bedeutung dem Hunger im Kriegsgeschehen des 7. Buches zukommt, erhält diese Aufforderung des Critognatus im Gesamtzusammenhang nochmals eine neue Dimension. Spätestens an dieser Stelle wird der Hunger von einer militärischen Strategie zum literarischen Leitmotiv; so gesehen, erreicht die Strategie des Vercingetorix in der Rede des Critognatus ihren zynischen und pervertierten Höhepunkt. Oder mit anderen Worten: Die Rede des Critognatus ist Caesars literarische Antwort auf die militärische Strategie des Vercingetorix.

An einer militärischen Antwort läßt es Caesar, das versteht sich, ebenfalls nicht fehlen. Nach vielen Kämpfen und Offensiven, in denen sich der Gallier durchaus auch als fähiger Stratege erwiesen hat, besiegt Caesar ihn in der Schlacht um Alesia. Die gesamte Dynamik des Handlungsgeschehens gipfelt in dieser Schlacht, in der die Römer aus ihrem von Caesar vorsorglich angelegten Belagerungsring nach zwei Seiten zugleich kämpfen müssen – gegen die aus der Stadt strömenden Gallier und gegen das Entsatzheer. In der Schilderung macht der Erzähler Anleihen bei der historisch-dramatischen Darstellungstechnik, um die Spannung vor der Entscheidung zu steigern: Das riesige Entsatzheer der vereinigten Stämme Galliens, das Alesia von der Belagerung Caesars befreien soll, hat sich versammelt, so wie es der in Alesia eingeschlossene Vercingetorix befahl. Es sind 8000 Reiter und 250 000 Fußsoldaten (7,76,3) – der Erzähler beläßt es nicht bei der einfachen Nennung der Gesamtzahl, sondern liefert einen eindrucksvollen Katalog, wieviele Soldaten welcher Stamm stellte, und steigert damit die Erwartung des Lesers. Die Gallier sind bei weitem in der Überzahl und deswegen siegesgewiß:

> Voll Begeisterung und Zuversicht brachen alle nach Alesia auf, und es gab nicht einen unter ihnen, der nicht glaubte, der Feind könne den bloßen Anblick einer solchen Menge nicht aushalten. Diese Ansicht wurde noch dadurch gestärkt, daß es sich um einen Kampf nach zwei Seiten handeln würde, wenn gleichzeitig ein Ausfall aus der Stadt erfolgte und draußen eine derartige Zahl von Reiterei und Fußvolk erschiene. (7,76,5 f.)

Das römische Heer scheint in der Falle zu sitzen, der Feind ist in der Übermacht und voll Zuversicht. Der Erzähler baut im Heer der Gallier eine zum Ausgang der Schlacht konträre Stimmung auf, um den folgenden römischen Sieg um so glänzender erscheinen zu lassen. Der literarisch gebildete Leser ahnt, daß die sichere Hoffnung der Feinde auf einen Sieg Ausdruck von Vermessenheit und Hybris sein muß. Es kommt zur Schlacht, und der Erzähler inszeniert sie wie ein Spektakel. Den Kampf eröffnen die Reiter, während das Fußvolk noch in der Rolle des Zuschauers bleibt:

> Von allen Lagern, die sich auf den Anhöhen ringsum befanden, hatte man einen guten Ausblick, und die Soldaten verfolgten gespannt den Verlauf des Kampfes ... Da das Geschehen vor den Augen aller stattfand und weder heldenhaftes noch schmähliches Verhalten verborgen bleiben konnte, stachelten Ruhmgier und Furcht vor Schande beide Seiten zu höchster Tapferkeit an. (7,80,2–5)

Die Reiterschlacht findet gleichsam in einer Arena mit Publikum statt, das sich ringsum in den Rängen drängt – effektvoller hätte der Erzähler das Finale des gallischen Krieges nicht präsentieren können.

Im Anschluß an die Schlachtschilderung, in der übrigens das persönliche Eingreifen Caesars – im rotleuchtenden Feldherrngewand – den Höhepunkt und die Entscheidung bringt (7,87 f.), nimmt der Erzähler unvermittelt wieder die Tonlage des schlichten Kommentarienschreibers ein. Kein Wort zum Sieg, kein Fazit. Vercingetorix wird gefangengesetzt, Caesar verteilt die Legaten auf die Winterlager, und mit der kurzen Notiz, daß Caesar in Rom ein 20tägiges Dankfest gewährt wird, endet das letzte Buch seines *Bellum Gallicum*. Der Feldherr Caesar hat alle Aufgaben mit Bravour bewältigt, der Erzähler alles berichtet – es gibt, so scheint es, nichts mehr hinzuzufügen.

Der Leser glaubt das siegreiche Ende des Gallischen Krieges gelesen, ja miterlebt zu haben. Doch es gibt ein 8. Buch, das von Hirtius, einem der Legaten Caesars, Jahre später verfaßt wurde; es enthält die Ereignisse des achten und neunten Jahres von Caesars Prokonsulat. Es beginnt zwar mit dem Satz:

> Nach der Unterwerfung ganz Galliens hatte Caesar den Wunsch, daß sich die Soldaten in der Ruhe der Winterlager von den übermäßigen Anstrengungen erholten, denn im vergangenen Sommer hatte er ununterbrochen Krieg geführt. (8,1,1)

Aber schon der nächste Satz wirft uns zurück in die nur allzu vertraute Welt des Gallischen Krieges:

> Doch erhielt er die Nachricht, daß mehrere Stämme zur gleichen Zeit zum Krieg rüsteten und sich insgeheim miteinander verschworen. (8,1,1)

Kein Jahr ohne gallische Verschwörung; und auch nach dem großen Sieg von Alesia war es nicht anders – the same procedure as every year: Noch im bittersten Winter mußte Caesar seine Legionen wieder ausrücken lassen, um mehrere Aufstände zwischen Niederrhein und Atlantik niederzuschlagen.

Es wird deutlich, daß die Schlacht um Alesia alles andere war als eine endgültige Entscheidung. Doch Caesars dramatische Erzählkunst, die er im letzten Buch entfaltet, konnte dem Leser diesen Eindruck so sehr vermitteln, daß man bis heute die Meinung finden kann, in Alesia habe der Gallische Krieg im wesentlichen sein Ende gefunden. Es ist also der Schriftsteller Caesar, der das Ende des Gallischen Krieges zu bestimmen vermochte, nicht der Feldherr.

Fazit

Die Selbsterfindung Caesars

Abb. Seite 233:
Denar (ca. 44 v. Chr.),
Vorderseite:
Bekränzter Kopf Caesars,
Münzlegende:
CAESAR DICT
PERPETUO

Wir sind am Ende unserer Betrachtungen angelangt und haben dabei ein Stück Wegs auf der Grenzlinie zwischen Geschichte und Literatur zurückgelegt. Unterwegs mußten wir feststellen, daß es nicht immer ganz einfach zu entscheiden war, ob wir es gerade mit dem Gallischen Krieg oder mit Caesars Büchern über den Gallischen Krieg zu tun haben. Caesar hat eben beides ‹geschrieben›: Geschichte und Literatur.

Auch er selbst ist uns sowohl als historische Person wie auch als literarische Figur begegnet und hat uns nicht selten vor die unlösbare Frage gestellt, mit wem von beiden wir es eigentlich zu tun haben. Darauf hat er es aber angelegt – eine perfekte Selbstinszenierung, bei der nicht mehr auszumachen ist, wo die Inszenierung beginnt und wo sie aufhört. Vielleicht liegt seine Kunst der Selbstdarstellung gerade darin, daß er sich nicht nur inszeniert, sondern sich kraft seiner Selbstinszenierung neu erfindet. Doch worin könnte die Selbsterfindung Caesars bestehen?

Bevor Caesar nach Gallien aufbrach, war der berühmteste Feldherr Roms nicht er, sondern Pompeius. Das änderte sich mit dem Gallischen Krieg grundlegend – wozu seine Darstellung dieses Krieges nicht wenig beitrug. Denn Caesar tritt in seinen Büchern nicht als Politiker, sondern als Feldherr in Erscheinung, und als solcher hat er sich so überzeugend in Szene gesetzt, ja erfunden, daß er bis heute neben Alexander dem Großen und Napoleon als einer der herausragenden Feldherren der Weltgeschichte gilt. Den Politiker, den man in Rom nur allzu gut kannte und fürchtete, mußte er nicht mehr neu erfinden, und er hätte es – fern von der politischen Bühne Roms – auch nicht gekonnt. Im übrigen ging es ihm sicherlich nicht um ein neues politisches Profil (eine Vorstellung, die für einen *nobilis* ohnehin nicht in Frage gekommen wäre), sondern um Ehre und Ruhm, was in Rom vor allem an militärische Leistungen gekoppelt war. Außerdem wußte Caesar nur zu gut, daß in den letzten Jahrzehnten kein Politiker zu den wahrhaft Großen zählte, der nicht Veteranen zu seiner Klientel rechnen konnte. Ohne Heeresklientel würde er weder seinen zahlreichen innenpolitischen Gegnern – die konservativen Kräfte des Senats haßten ihn wegen seines chaotischen Konsulats noch immer – die Stirn bieten noch sich mit Pompeius messen können. Und letzteres war unumgänglich, da das Bündnis der Triumvirn längst zerbrochen und Pompeius ein Mann des Senats geworden war. Wollte Caesar seine Macht sichern, war er also gut beraten, sich in erster Linie als fähiger Feldherr zu präsentieren, dem seine Soldaten blind folgten – notfalls, wie es dann auch geschah, sogar gegen Rom. In zweiter Linie war ihm bei seiner Darstellung des Gallischen Krieges gewiß auch daran gelegen, in seinen zugewiesenen Provinzen einen umsichtigen Statthalter und im eroberten Gallien einen guten Gouverneur abgegeben zu haben – doch das ist nur ein Nebenthema.

Seine *Commentarii* dienten mithin als Propaganda für die beeindruckende Bilanz insbesondere des Feldherrn. Caesar hat nach sieben Jahren den gewaltigen Gallienfeldzug zu einem erfolgreichen Abschluß gebracht, seinen großen Gegner Vercingetorix besiegt und ‹ganz› Gallien erobert – so die Botschaft. Diese Erfolgsbilanz ist jedoch nicht nur dem überragenden Feldherrn Caesar zu verdanken, sondern auch, wie wir gesehen haben, dem glänzenden Schriftsteller, dessen erzählerisches Können den überragenden Feldherrn erst geschaffen hat. Was einen guten Feldherrn ausmacht, hat Cicero einmal dargelegt. Im Jahr 66 v. Chr. kam er in einer Rede, in der er sich für die Übertragung eines außerordentlichen Kommandos an Pompeius einsetzte, zu dem Ergebnis, daß dieser alle entscheidenden Feldherrntugenden in seiner Person vereinige (Cicero: Über den Oberbefehl des Gnaeus Pompeius 28–29; 49): Strategie und Voraussicht (*consilium*), Energie und Schnelligkeit (*celeritas*), Tapferkeit (*fortitudo*), Autorität (*auctoritas*) und Glück (*fortuna*). Es sind dieselben Tugenden, die Caesar, der Pompeius nacheiferte, auch für sich beansprucht. Zunächst *consilium*: Viele Passagen des *Bellum Gallicum* legen dar, wie umsichtig Caesar jede Aktion anging. Ganz gleich, wie überraschend sich eine Chance oder eine Gefahr auftut, Caesar ergreift stets die nötigen Vorsichts- und Sicherheitsmaßnahmen; auch im kleinen ist er genau: so legt er – bisweilen sogar ermüdend detailliert – dar, wie er die Getreideversorgung sicherte, wohin er Truppen verlegte und Gesandte schickte, wann und wie er die Lager auf- und abbauen ließ. Doch auch diese logistischen Aufgaben gehören ganz entscheidend zum Kriegshandwerk, ebenso wie die schier unerschöpfliche Vielzahl unterschiedlicher Bau- und Belagerungswerke, die Caesar zu ersinnen und zu konstruieren vermag – all dies belegt das professionelle und planvolle Vorgehen des Feldherrn.

Dann *celeritas*: Ebenso wichtig wie die Umsicht sind energisches und rasches Handeln – für Caesar kein Widerspruch. Gerade Schnelligkeit führt er besonders oft als Grund für Erfolge an: Immer wieder betont er, daß der Feind nicht mit seiner schnellen Ankunft gerechnet habe und deshalb in Verwirrung geraten oder gar sofort geflohen sei.

Drittens *auctoritas*: Darüber viel zu sagen, scheint kaum nötig. Wie Caesars Reden an die Soldaten im 1. und 7. Buch (S. 188 f. und 221 f.) gezeigt haben, verbindet er Strenge gegen Ungehorsam mit großem Verständnis für fast alles andere, und die (angeblich) nie nachlassende Begeisterung seiner Soldaten belegt auf das Eindrucksvollste den Erfolg dieses Führungsstils.

Sodann *fortitudo*: Tapferkeit hingegen ist für Caesar vor allem eine soldatische Tugend, die Freund wie Feind an den Tag legen können. Gewiß beweist auch Caesar Mut, wenn er in kritischen Momenten, wie in der Nervierschlacht oder in der Entscheidungsschlacht um Alesia, selbst in den Kampf eingreift, doch die eindringlichsten Beispiele für Tapferkeit findet er bei seinen Soldaten, wie dem Adlerträger am britannischen Strand, den Centurionen Vorenus und Pullo und vielen anderen.

Schließlich *fortuna*: Alle Vorzüge des Charakters und des Intellekts genügen nicht, wenn nicht ein weiteres Element hinzukommt, das rational nicht faßbar und doch real ist – das Kriegsglück. Caesar hält sich sehr viel zugute auf seine Fortune, jenes persönliche Glück, das zeigt, daß er vom Schicksal begünstigt ist. Es war diese Eigenschaft, der Soldaten vor allem vertrauten und der sie folgten; und diese Eigenschaft kommt im gesamten *Bellum Gallicum* ausschließlich Caesar zu. Insgesamt kann man also feststellen, daß der Selbstdarsteller Caesar darauf achtet, jede einzelne Feldherrntugend aufzuweisen, die Cicero in Pompeius, Caesars Vorbild, Partner und Gegenspieler, in idealer Weise vereinigt sah.

Zu den Aufgaben des Feldherrn gehört also mehr, als Schlachten zu schlagen, und auch mehr, als der Katalog der Feldherrntugenden erkennen läßt. Daher ist es nur auf den ersten Blick überraschend, wie wenig Raum die eigentlichen Schlachtschilderungen im *Bellum Gallicum* einnehmen. Caesar betreibt intensiv Bündnispolitik und kümmert sich auch darum, was nach den Siegen kommt. Er gibt sich als Patron und Diplomat, der überall in die unstete Politik der Gallier eingreifen muß, und verweist auf die zahlreichen Wohltaten, die er seinen Verbündeten und politischen Zöglingen in Gallien zugute kommen läßt. Jene Stämme aber, die sich nach ihrer Kapitulation – oder der ihrer Nachbarstämme – gegen ihn erheben, bezichtigt er der Verschwörung und bekämpft sie gnadenlos. Er agiert und argumentiert, als wäre er schon der Statthalter einer neuen Provinz Gallia, und präsentiert sich als die Autorität, die in ganz Gallien Ordnung schafft. Auch hier ist die Botschaft nach Rom klar: Caesar ist im Begriff, in Gallien eine neue Klientel aufzubauen – und das bedeutet Geld, Hilfsquellen und auch Hilfstruppen und somit eine erhebliche Stärkung seiner künftigen Position in Rom. Caesar erfindet sich, wenn man so will, gerade in der Rolle neu, die man von ihm in Rom noch nicht beziehungsweise noch nicht in dem

Maße kannte: in der Rolle des großen Feldherrn, der – ähnlich wie Pompeius – Heere und Provinzen hinter sich weiß. Das Bild, das er von sich zeichnet, dürfte man in Rom mit gemischten Gefühlen aufgenommen haben – Respekt vor der Leistung, aber auch Sorge über den erheblichen Machtzuwachs, in jedem Fall die beunruhigende Erkenntnis, daß Caesar im Hinblick auf seine großen Verdienste Ansprüche stellen wird: auf das erneute Konsulat, auf weitere Ehren – und vielleicht auch auf die Alleinherrschaft.

So ist denn in dem Feldherrn, den er im *Bellum Gallicum* vorstellt, der ehrgeizige Aristokrat stets gegenwärtig. Er ist nicht nur Oberbefehlshaber, sondern auch, wie es dem Selbstverständnis eines *nobilis* entspricht, unbedingter Repräsentant Roms. Wenn er spricht, dann spricht er für sich und für Rom. Wer sein Feind ist, ist auch der Feind Roms, wer sein Freund, auch der Roms. Soweit er sein Handeln überhaupt explizit legitimiert, beruft er sich auf die römische Tradition (*mos* oder *consuetudo*), die eben die des Adels ist. Er agiert im vollen Bewußtsein seiner Machtfülle, die er als gesetzt ansieht. Sein aristokratisches Selbstverständnis verbietet ihm apologetische Anwandlungen. Eigenmächtigkeiten, wie die Eröffnung des Angriffskrieges gegen die Helvetier, übergeht er mit Stillschweigen oder rühmt sich ihrer ungerührt und bedenkenlos, wie bei der völkerrechtlich anstößigen Gefangennahme der Gesandtschaft der Usipeter und Tencterer. Sein Handeln ist entschieden, souverän, aber auch skrupellos. Unrechtsbewußtsein den freien Völkern gegenüber, die er unterwirft, verspürt er nicht, gleichwohl er das Streben nach Freiheit als menschliches Grundanliegen mehrfach anerkennt und einmal sogar als Sentenz formuliert:

> Da er wußte, daß die Gallier in der Regel alle geneigt sind, einen Umsturz herbeizuführen, und sich aufgrund ihrer wankelmütigen Gesinnung schnell zu einem Krieg aufstacheln lassen, daß aber auch allgemein die menschliche Natur (*natura*) von Freiheitsdrang (*libertatis studium*) erfüllt ist und Sklaverei haßt, glaubte er, sein Heer in einzelnen Einheiten über größere Gebiete verteilen zu müssen ... (3,10,3)

Ein Caesar kann so über die menschliche Natur denken und schreiben – und doch nicht die mindeste Notwendigkeit empfinden, sein eigenes Handeln dazu in Beziehung zu setzen. Er hält es nicht für nötig, dem Freiheitsbegriff einen anderen Wert (etwa Wohlstand, Sicherheit oder ähnliches) gegenüberzustellen oder sonst in irgendeiner Weise die Eroberung Galliens ideologisch zu überhöhen. Die Interessen Roms und seine eigenen sind das alleinige Maß der Dinge. Was er tut, wird allenfalls erklärt, niemals gerechtfertigt oder gar moralisch diskutiert. Wenn es die militärische Notwendigkeit verlangt, dann begeht er eben einen Völkermord, ohne ihn zu beschönigen.

Ein Vergleich mit Hirtius, der Caesars *Bellum Gallicum* um ein Buch ergänzt hat, steht dazu in einem aufschlußreichen Kontrast. Im Jahr 51 v. Chr. war – trotz des Sieges bei Alesia – die Serie der gallischen Aufstände ungebrochen, und da Caesar danach wegen der politischen Entwicklungen in Rom nicht mehr länger in Gallien bleiben konnte, statuierte er nach dem Fall von Uxellodunum zur Abschreckung ein drakonisches Exempel: Er ließ allen waffenfähigen Einwohnern die Hand abschlagen. Hätte Caesar das 8. Buch geschrieben, dann hätte er diese Grausamkeit vermutlich nicht verschwiegen, sondern zur Kenntnis gebracht und vielleicht kurz auf die Unumgänglichkeit der Maßnahme hingewiesen. Hirtius hingegen meint, Caesars Strafaktion umständlich durch eine einleitende Bemerkung erklären zu müssen:

> Da Caesar wußte, daß seine Milde allgemein bekannt war, brauchte er den Eindruck nicht zu fürchten, er sei aufgrund seiner grausamen Natur zu hart vorgegangen. Er sah jedoch nicht, wie er das Ziel seiner Pläne erreichen sollte, wenn sich noch mehr Stämme an verschiedenen Orten zu einem solchen Vorgehen entschlössen. Daher glaubte er, er müsse die übrigen durch eine exemplarisch harte Bestrafung der Einwohner abschrecken. Er ließ deshalb allen, die Waffen getragen hatten, die Hände abhauen, schenkte ihnen aber das Leben, um die Strafe für ihre Schlechtigkeit augenfälliger werden zu lassen. (8,44,1 f.)

Zu einer ähnlichen ‹Entschuldigung› eines harten Vorgehens hat sich der *nobilis* Caesar in seinen sieben Büchern niemals herabgelassen. Daß Hirtius die ‹bekannte Milde› (*clementia*) Caesars ins Feld führt, geht im übrigen wohl weniger auf die Erfahrungen des Gallischen Krieges zurück als auf die des darauffolgenden Bürgerkrieges, in dem Caesar die Devise ausgab: «Dies soll die neue Art des Siegens sein, daß wir uns mit Mitleid und Großzügigkeit wappnen» (überliefert bei Cicero: Briefe an Atticus 9,7 c). Seinen Mitbürgern und Standesgenossen gegenüber legte Caesar ein anderes Verhalten an den Tag als gegenüber den Galliern; er glaubte, daß Milde (*clementia*) ihm mehr nützen würde als nackte Gewalt. Zur Verblüffung seiner Gegner propagierte er diese Tugend nicht nur, sondern praktizierte sie auch, und die *clementia Caesaris* wurde zu einem Schlagwort, das ihn selbst überdauern sollte. Es war vermutlich dieses Schlagwort, an das Hirtius dachte, als er die Grausamkeit von Uxellodunum damit in Einklang zu bringen suchte.

Daß Caesar seinen militärischen Lorbeer nicht nur mit dem Schwert, sondern auch mit der Feder erfochten hat, war Gegenstand dieses Buches. Seine literarische Selbstinszenierung, die ihn als erfolgreichen Feldherrn feiert, verlieh seinen politischen Ansprüchen erheblichen Nachdruck. Er hatte Verdienste vorzuweisen, deren Anerkennung und Würdigung er notfalls mit seinen treu ergebenen Soldaten würde einfordern können. Er, der nun siegreich aus Gallien zurückkehrte, war eben nicht mehr derselbe, der im Jahr 59 v. Chr. das Konsulat bekleidet hatte: Nach seinem turbulenten und umstrittenen Konsulat war es Caesars Ziel, durch die Eroberung ‹ganz› Galliens seine Reputation – der aristokratische Ausdruck dafür ist *dignitas* (Würde) – wiederherzustellen. Seine *Commentarii* sollten ihrerseits dazu beitragen, daß der Gallische Krieg die Öffentlichkeit erhielt, die Caesar brauchte, um sich gegen seine politischen Gegner in Rom in Position zu bringen.

So war der Plan – doch ging er auf? Hatten die *Commentarii* den politischen Erfolg, den sich Caesar von ihnen versprach? Gewiß, sie machten den Gallischen Krieg zu einem der großen Kriege der Weltgeschichte und Caesar zum Inbegriff eines Feldherrn. Aber im tagespolitischen Geschäft Roms verfehlten sie ihr Ziel. Caesar wurde trotz seiner Verdienste, die in seinen *Commentarii* nachzulesen waren, das zweite Konsulat verweigert. Das Ansehen des Aristokraten drohte durch diesen Affront irreparabel beschädigt zu werden, seine politische Laufbahn schien am Ende. Doch Caesar war eben nicht nur ein glänzender Schriftsteller, sondern tatsächlich auch ein fähiger Feldherr mit einem auf ihn eingeschworenen Heer. So vertraute er als Feldherr wieder einmal auf seine Fortune und überschritt, um seine Ehre zu retten, den Rubicon mit den Worten: «Der Würfel sei geworfen.»

Zusammenfassung der Bücher 1–8 des *Bellum Gallicum*

Buch 1

Im Jahre 58 v. Chr. wird die römische Provinz Gallia Transalpina immer wieder von Aufständen heimgesucht. Auslöser für das Eingreifen Caesars sind jedoch letztlich die Auswanderungspläne der Helvetier nach dem Tod ihres Anführers Orgetorix, da sie zunehmend von den Germanen bedrängt werden. Mit Hilfe von zusätzlichen Truppen aus Aquileia schafft Caesar es, die Helvetier im Rhônetal aufzuhalten, und kommt so zugleich dem Hilferuf der Haeduer und Allobroger nach, die ihm im Gegenzug Unterstützung in Form von Lebensmittellieferungen versprechen. Deren Ausbleiben zwingt Caesar zu Verhandlungen mit Liscus und Diviciacus, verhindert aber letzten Endes seinen Sieg über die Helvetier und deren Kapitulation bei Bibracte nicht.

Im Sommer desselben Jahres kann sich Caesar ein zweites Mal als Schutzherr für die gallischen Stämme einsetzen, als die Haeduer ihn gegen die nach Süden vordringenden Sueben um Unterstützung bitten. Zwei Gesandtschaften Caesars an deren Anführer Ariovist, die Besetzung Vesontios und eine persönliche Unterredung der beiden bleiben zunächst wirkungslos. Trotz einer drohenden Meuterei seiner Soldaten gelingt Caesar schließlich der Sieg über den Suebenfürsten, was ihm viel Anerkennung in Gallien und Rom einbringt.

Buch 2

Im Frühjahr 57 v. Chr. beginnt Caesar mit zwei weiteren Legionen die Unterwerfung der Belger im Norden. Nach der Überschreitung des Flusses Aisne und dem Einfall der verbündeten Haeduer bei den Bellovacern befreit er die Remer in der Stadt Bibrax von der belgischen Belagerung. Die Belger müssen nach einer weiteren Niederlage gegen Caesar ihr Bundesheer auflösen und sich zurückziehen. Caesar hingegen unterwirft nach und nach weitere belgische Stämme, wie die Suessionen und die Nervier, und erobert die Stadt der germanischen Atuatuker. Zur gleichen Zeit bezwingt sein Legat P. Licinius Crassus die Küstenvölker im Nordwesten. Nach der Kapitulation einiger rechtsrheinischer Stämme schlägt Caesar sein Winterlager im Gebiet der Sequaner auf, und der Senat beschließt für ihn ein 15tägiges Dankfest.

Buch 3

Im darauffolgenden Jahr 56 v. Chr. greift Caesar die Veneter auf dem Gebiet der heutigen Bretagne an, die sich gegen seinen Legaten Crassus auflehnen. Da seine Angriffe zu Lande erfolglos sind, läßt er Schiffe auf der Loire bauen, mit deren Hilfe Brutus schließlich den gewünschten Sieg auf See für Caesar erringt. Unterdessen erreicht Crassus die Unterwerfung beinahe ganz Aquitaniens. Caesar selbst muß dieses Kriegsjahr mit einem erfolglosen Angriff gegen die Moriner und Menapier in Flandern beenden.

Buch 4

Das Jahr 55 v. Chr. ist durch zwei große Kriegseinheiten geprägt. Zu Beginn sind dies die Kämpfe gegen die Germanen, auf die Caesar sich einläßt, nachdem die germanischen Usipeter und Tencterer die Menapier angegriffen haben. Er weist eine germanische Gesandtschaft ab und erleidet eine Niederlage durch die germanische Reiterei. Erst nach der Festnahme einer weiteren Gesandtschaft gelingt ihm der Sieg, gefolgt von einem Brückenbau und dem Übergang über den Rhein.

Anschließend bereitet Caesar seine erste Britannienexpedition vor, wobei schwere Sturmschäden an seiner Flotte Überfahrt und Landung verzögern. In Britannien gelingt es ihm, Angriffe gegen sein Lager abzuwenden und den Frieden vor seiner Rückkehr nach Gallien zu erneuern. Dort erwarten ihn vor dem Bezug des Winterlagers abermals Kämpfe mit Morinern und Menapiern, sowie ein 20tägiges Dankfest, das der Senat für ihn beschlossen hatte.

Buch 5

Im Sommer 54 v. Chr. rüstet sich Caesar zu seiner zweiten Britannienexpedition, bei der er die Themse überschreitet und die Stadt des Cassivellaunus einnimmt. Noch vor der Abfahrt jedoch läßt er Dumnorix, den römerfeindlichen Bruder des Haeduerführers Diviciacus, aufgrund seiner Unzuverlässigkeit töten. In Britannien selbst unterwirft er einige der dort ansässigen Völker und kehrt nach Friedensverhandlungen wieder zurück nach Gallien.

Zu Beginn des Winters entstehen dann Unruhen in Mittel- und Nordwestgallien. Nach der Ermordung des Tasgetius kommt es zum Aufstand der Eburonen unter Ambiorix und zur darauffolgenden Vernichtung von 15 römischen Kohorten einschließlich der beiden Legaten Sabinus und Cotta. Anschließend überfallen Eburonen, Nervier und einige weitere Stämme das Winterlager des Legaten Q. Cicero, der Caesar zu Hilfe ruft. Durch Caesars rasches Eingreifen kann der Sieg errungen und weitere Angriffe auf die Lager des Labienus und des L. Roscius verhindert werden.

Buch 6

Das nächste Jahr (53 v. Chr.) beginnt mit der Unterwerfung der Nervier und Menapier sowie mit Labienus' Sieg über die Treverer. Nach dem folgenden zweiten Rheinübergang schiebt Caesar den Gallier- und Germanenexkurs ein, in dem er auf die Unterschiede zwischen ihnen bezüglich der Lebensweise, der Religion, des Ackerbaus, der politischen Gegebenheiten usw. eingeht. Im Sommer beginnt dann Caesars Rachekrieg gegen Ambiorix und die Eburonen, wobei Ambiorix ihm letztlich entkommt. Zur gleichen Zeit versuchen die Germanen einen weiteren Angriff auf das Lager des Cicero in Atuatuca, den Caesar durch seine Rückkehr ins Lager abwenden kann. Vor dem Bezug der Winterlager und Caesars Aufbruch nach Oberitalien läßt er noch den Senonenfürsten Acco hinrichten.

Buch 7

Das siebente Kriegsjahr (52 v. Chr.) steht ganz im Zeichen des großen gallischen Aufstands unter Vercingetorix. Caesar ergreift schnell Gegenmaßnahmen, indem er mit seinem Heer über die Cevennen ins Arvernergebiet zieht, auf dem Weg dorthin mehrere Städte einnimmt und schließlich die Stadt Avaricum belagert und erobert. Diese war eine der wenigen Städte, die die Gallier nicht aus taktischen Gründen niedergebrannt hatten. Im weiteren Verlauf, da Vercingetorix nicht aufgibt, teilt sich das römische Heer auf, kann dabei den Abfall der Haeduer jedoch nicht verhindern und muß einen mißglückten Angriff auf die Stadt Gergovia verkraften. Anschließend vereinigen Caesar und Labienus ihre Truppen wieder, um mit Unterstützung germanischer Reiterei eine Belagerung der Stadt Alesia vorzunehmen, in der sich Vercingetorix befindet. Trotz des Aufbietens eines gallischen Entsatzheeres muß Vercingetorix nach schwierigen Kämpfen kapitulieren. Bevor für Caesar abermals ein 20tägiges Dankfest durch den Senat beschlossen wird, unterwirft er den Stamm der Haeduer und Arverner und richtet sein Winterlager in Bibracte ein.

Buch 8

(von Aulus Hirtius; vorangestellt ist ein Brief des Hirtius an L. Cornelius Balbus)
Das letzte Kriegsjahr (51 v. Chr.) ist durch mehrere Aufstände verschiedener gallischer Völker geprägt, die Caesar allesamt mit Hilfe seiner Legaten niederschlagen kann und die so zur völligen Eroberung Galliens führen. Dabei unterwirft er die Bellovacer und läßt noch einmal nach Ambiorix suchen. Seine Legaten besiegen Dumnacus und den Stamm der Karnuten, wobei sie die Stadt Uxellodunum erobern und äußert grausam gegen die Bevölkerung dort vorgehen. Das Jahr endet mit der Unterwerfung der Treverer durch Labienus und der des Atrebaten Commius.

50 v. Chr. legt Caesar die eroberte Provinz Gallien in die Hände des Labienus. Hirtius endet mit einer kurzen Darstellung der Ereignisse und Streitigkeiten zwischen Caesar und dem Senat, die letztlich den Bürgerkrieg auslösen.

Anmerkungen

Zu: Historische Voraussetzungen (S. 15): Moderne Gesamtdarstellungen bei Bringmann (2002) und (2003); zur Aristokratie Roms Syme (1939, dt. 1992) 16–31, der einen noch heute gültigen Einblick in die Eigenheiten der römischen Politik bietet; zu den einzelnen römischen Adelsfamilien vgl. immer noch Münzer (1920); vgl. ferner Gelzer (1943) Bd. 2, 5–55 und Christ (1979); wichtige Analysen zur untergehenden Republik Meier (1997) und Hölkeskamp (2004); neuere gute Überblicke bieten Baltrusch (2004), Linke (2005) und Blösel (2015).
Zu: Austariert – Staat in den Händen von Großklans (S. 20): *Zur Staatsdefinition:* Im Gegensatz zur stoischen Staatsdefinition, auf der Ciceros Definition basiert, modifiziert Cicero diese dahingehend, daß das Volk nicht einfach *unter* ein staatliches Recht gestellt wird, sondern dieses *selbst* konstituiert (vgl. Cic. rep. 1,39). – *Zur römischen* nobilitas*:* Gelzer (1912) und Syme (1939, dt. 1992) 17. • *Zu den römischen Wertvorstellungen:* Thome (2000), Hölkeskamp (2004) 169–198. • *Zum Zusammenhang von* status civitatis, ius *und* mos *bei den römischen Historikern* vgl. z. B.: Cic. Sest. 98; Sall. hist. 1,3 (M): *relatus inconditae olim vitae mos, ut omne ius in viribus esset*; Tac. ann. 1,4,1: *igitur verso civitatis statu nihil usquam prisci et integri moris*; Tac. ann. 3,28: *continua per viginti annos discordia, non mos, non ius.* • *Zu den* exempla *in der Geschichtsschreibung:* Gärtner (2001).
Zu: Aus dem Lot – Republik zwischen Revolution und Reformstau (S. 33): Vgl. allgemein Linke (2005). • *Zu den Ständen:* Auch wenn sich die Begriffe Senatoren- bzw. Ritterstand in der Forschung eingebürgert haben, gehören Senatoren und Ritter demselben Stand (und derselben Steuerklasse) an. Man sollte im Hinblick auf den *ordo equester* bzw. *senatorius* vielleicht besser von ritterlichem Rang und senatorischer Würde sprechen. • *Zu den Gerichtshöfen:* Unter Sulla wurden die Gerichtshöfe (*quaestiones*) wieder den Senatoren gegeben (81 v. Chr.). Unter dem ersten Konsulat des Pompeius und des Crassus (70 v. Chr.) wurden die Richterplätze zu je einem Drittel auf Senatoren, Ritter und Ärartribunen aufgeteilt. Mit dem Schlagwort der *concordia*

ordinum (Eintracht der Ränge) versuchte Cicero in seinem Konsulat (63 v. Chr.) eine große, neu definierte optimatische Mehrheit gegen den popularen Revolutionär Catilina zu schaffen – mit nur vorübergehendem Erfolg.

Zu: Außerordentliche Kommandos – Pompeius und das erste Triumvirat (S. 42): Zur Bedeutung der außerordentlichen Kommandos für die politische Karriere vgl. Blösel (2015). – Zu Sulla vgl. Christ (2002); zu Pompeius Syme (1939, dt. 1992) 32–47, Gelzer (1984) 212–223. • *Zum Triumvirat:* Es ist unklar, ob das Triumvirat vor oder nach der Wahl Caesars zum designierten Konsul zustande kam. Die Bezeichnung erstes Triumvirat ist eigentlich irreführend, weil sie suggeriert, es handle sich hierbei um ein vom förmlich vom Senat eingesetztes Dreimännerkollegium wie etwa das zweite Triumvirat, in dem Octavian, Antonius und Lepidus vom Senat beauftragt wurden, die Republik wiederherzustellen. Das sogenannte erste Triumvirat war hingegen eine private Absprache dreier Männer.

Zu: Außer Kontrolle – Unter ‹Julius und Caesar› (S. 67): *Zur Biographie Caesars:* Sihler (1912), Strasburger (1938), Gelzer (1960), Rasmussen (1967), Dahlmann (1968), Gesche (1976), Meier (1982), Will (1992), Christ (1994), Canfora (2001), Dahlheim (2005), Elbern (2008), Griffin (2009), Will (2009); gute und knappe Übersichten bieten Baltrusch (2004) und Jehne (2015). • *Wichtige erhaltene Quellen:* Schriften Caesars und Ciceros, Sallust (Verschwörung Catilinas), Plutarch (Viten des Caesar, des Pompeius und des Crassus), Sueton (Caesar-Vita), Cassius Dio, Appian, Velleius Paterculus, Orosius. Dazu treten unter anderem Fragmente aus Livius und Florus (vgl. Mensching [1988] 29–31, mit Lit.). Die späteren Quellen hängen, was den Gallischen Krieg betrifft, größtenteils von Caesar ab. Allein Asinius Pollio, der Caesars Feldzüge zum Teil begleitet hat, bildet eine Ausnahme, doch sein Werk ist nicht überliefert und sein Einfluß auf die spätere Historiographie umstritten. • *Zum Namen Caesars:* Suerbaum (2013). • *Zur Vorgeschichte des* Bellum Gallicum*:* Stoeßl (1950), Hoffmann (1952), Richter (1977) 102–116, Wimmel (1980/82). • *Zur Bedeutung des Triumvirats:* Plutarch setzt das Triumvirat des Jahres 60 v. Chr. an den Anfang des politischen Erdbebens, das 49 v. Chr. in den Bürgerkrieg mündete. Auch Asinius Pollio, ein für uns fast verlorener Historiker, der den Bürgerkrieg schilderte, sieht in der Konstellation des ersten Triumvirats die eigentliche Ursache für den Untergang der Republik (vgl. Horaz, *Carmen* 2,1,1 ff.: *motum ex Metello consule* [also 60 v. Chr.] …).

Zu: Nachrichten aus dem Norden – Caesars *Commentarii* (S. 81): *Zu antiken Vorstellungen vom Norden:* Timpe (1989), Schadee (2008). • *Zum Oceanus:* Romm (1992), Anzinger (2015, mit weiterer Lit.).

Zu: Die Erfindung einer Gattung (S. 85): Klotz (1910) 1–26, Oppermann (1933), Knoche (1951), Bömer (1953), Adcock (1956), Gelzer (1963) 307–335, Rasmussen (1963), Oppermann (1967) 499–506, Seel (1967b) 11–27, Gärtner (1975), Mutschler (1975), Richter (1977), Mensching (1988), Will (1992) 80–87, Welch/Powell (1998), Scholz (1999), Pelling (2006), Kraus (2009). • *Zum Titel:* Klotz (1910) 1–3, Barwick (1938) 128 f., Knoche (1951) 225, Oppermann (1967) 499, Mensching (1988) 9 rekonstruieren den Titel *Commentarii rerum gestarum belli Gallici*, Richter (1977) 41–45 postuliert den Titel *Commentarii de bello Gallico*. • *Zur Überlieferungsgeschichte:* Oppermann (1967) 509–511, Seel (1967b)

27–37, Hering (1987) V–XV, Mensching (1988) 25–27 (mit Lit.). • *Zu den Interpolationen:* Barwick (1938) 1–99. 128–130, Hering (1956), Berres (1970). • *Zum Adressaten:* Mensching (1988) 31–36, Rüpke (1992), Lieberg (2009). • *Zum Wandel in der Zusammensetzung des Senats:* Gelzer (1960) 270. • *Zur Entstehung und Datierung:* Rasmussen (1963) 150–159, Oppermann (1967) 506–509, Seel (1967) 12, Mensching (1988) 27–29, Wiseman (1998); in der älteren Literatur wird bisweilen die Ansicht vertreten, daß Caesar die sieben Bücher des *Bellum Gallicum* Jahr für Jahr veröffentlicht hat (z. B. Barwick [1938] 100–128, und ders. [1952] und [1955] und Adcock [1959] 59–62). • *Zur Abgrenzung der* Commentarii *von den Senatsberichten:* Beachtenswert ist hierzu eine Stelle bei Sueton, dem als Sekretär und Archivar der Kaiser Trajan und Hadrian (ca. 114–118 n. Chr.) eine große Zahl der Schriften Caesars vorlagen (inklusive Dramen und Gedichte) und der bei der Aufzählung der Werke ganz klar zwischen den *Commentarii* und den Senatsberichten (*epistulae*) unterscheidet (Suet. Iul. 56,1–2 und 6); interessant ist hierbei seine Bemerkung, daß Caesar die Senatsberichte anders als üblich gestaltet hat (Suet. Iul. 56,6): «Auch seine Senatsberichte existieren noch, die er als erster, wie es scheint, in eine neue Form gegossen hatte: die seitenweise Darstellung in Form eines Notizbuches (*memorialis libellus*), während früher Konsuln und Feldherren Schriftliches auf einem großen Querbogen (*transversa charta*) notierten und absandten.» Diese *libelli memoriales* (vgl. die griechische Gattung des *hypomnema*) sind bei Sueton nicht identisch mit den *Commentarii.* • *Zu Caesar als Historiker:* Gelzer (1963), Gärtner (1975) 63–118, Kraus (2009); zur Subjektivität der antiken Historiographie Heldmann (2011); zur Theorie der Geschichtsschreibung: In seiner Schrift *De historia conscribenda* (ca. 165 n. Chr. entstanden) unterscheidet Lukian beim Verfassen eines Geschichtswerks drei Arbeitsschritte (hist. conscr. 47 f.): die Materialsammlung (*synagoge*), den Rohentwurf (*hypomnema*) und das stilistisch ansprechend ausgearbeitete Werk mit Vorwort, Erzählungen, Exkursen (*historia*). Die Gattung *commentarius* entspricht in etwa dem *hypomnema* (vgl. dazu Avenarius 1956, 71–164 und Homeyer 1965). • *Zu Ciceros* Commentarii*:* Cicero sandte folgenden Personen Berichte über sein Konsulat: Pompeius (Cic. Sull. 67, Schol. Bob. Cic. Planc. 85), Archias und Thyillus (Arch. 28, Att. 1,16,15), Poseidonios und Atticus (Att. 1,19,10–20,6; 2,1,1), Lucceius (fam. 5,12). – Auch für die Kaiserzeit sind Bittschreiben dieser Art belegt: So sandte L. Verus, der als Feldherr Marc Aurels die Parther besiegte, 165 n. Chr. einen Brief an seinen Lehrer, den Historiker M. Cornelius Fronto, und bot ihm an, einen *commentarius* anzufertigen (Fronto, ad Verum Imp. 1,2; vgl. Adcock [1959] 11 f.). • *Zur Kanzlei Caesars:* Gelzer (^{6}1960) 122 f., Rambaud (1953) 58, Malitz (1987), Mensching (1988) 39–41 (mit Lit. und Stellen). • *Zum Stil (und seinem Verhältnis zu Caesars Charakter):* Oppermann (1931), Eden (1962), Rasmussen (1963) 10 f., der zum Verhältnis Stil und Charakter Buffon zitiert, Pelling (2006) 15 f. • *Zur* elegantia Caesaris*:* Deichgräber (1950), Nordling (1992) 8–16. • *Zu Satzbau und Wortschatz:* Klotz (1910) 4–9, Barwick (1938), Rasmussen (1963) 57, Richter (1977), 180–190, Mensching (1988) 75–87. • *Zu Hirtius:* Klotz (1910) 149–180, Bojkowitsch (1924 ff.), Barwick (1938) 172–178, Gärtner (1975) 118–122, Richter (1977) 191–199, Rüpke (1992) 202–207, Patzer (1993), Pelling (2006) 18 f., Cluett (2009), Gaertner/Hausburg (2013) 21–30, 169–184. Das Proöm des 8. Buches ist an Cornelius Balbus gerichtet und damit ihm gewidmet. Daher wird das Proöm auch als der sogenannte Balbus-Brief bezeichnet. • *Zur Erzähltechnik:* Ihm (1892/93), Wyss (1930), Schlicher (1936), Rasmussen (1963), Mutschler (1975), Görler (1976) und (1977), Richter (1977), Latacz (1978), Maier (1987), Mensching (1988) 43–87, Schönberger (1988), Glücklich (1990), Lohmann (1990), Reijgwart (1993), Mannetter (1996), Oldsjö (2001), Holzberg (2004), Nousek (2004). • *Zu den Sentenzen:* Preiswerk (1945). • *Zu den Rückverweisen des Erzählers:* Mensching (1988) 48 f. (mit Stellen), zu den fehlenden Vorverweisen Klotz (1910) 13 f.; Bellum Gallicum *für Leser gedacht:* Klotz (1910) 9 f. • *Zum Zusammenhang von Rhetorik und Geschichtsschreibung:* vgl. Cic. Leg. 1,5, orat. 37. 207, ferner Wiseman (1979) 40. Sall. Catil. 8 betont die Bedeutung der Historiographie für den Nachruhm. • *Zu den Reden:* Oppermann (1933) 72–85, Murphy (1949), Rasmussen (1963, mit weiterer Literatur 170 f.), Schieffer (1972) (Critognatus), Mutschler (1975) 84–86, Städele (1981), Mensching (1988) 55–62, Nordling (1991), Dangel (1995), James (2000), Kraus (2010), Pausch (2010), Tsitsiou-Chelidoni (2010) 125–155. • *Zu den Exkursen und zur Ethnographie:* Norden (1920), Klotz (1910) 26–56, ders. (1934), Richter (1959; zu den Elchen), Rasmussen (1963) 79–104, Seel (1967b) 37–43 (zu den Elchen), Zeitler (²1998), Holzberg (1987), Mensching (1988) 62–66, Dobesch (1989), Kremer (1994) 202–218, Lund (1995) und (1996), Aili (1995), Henke (1998), Jervis (2001), Hutter (2002), Holzberg (2004), Riggsby (2006) 47–71. • *Zu den Einzelepisoden:* Wyss (1930), Rasmussen (1963) 27–29 (Pullo und Vorenus), Gärtner (1975) 173 f., Mutschler (1975) 86 f. und passim, Koster (1978) (Pullo und Vorenus), Brown (2004).

Zu: Die Erfindung der Geschichte (S. 162): Rambaud (1953), Walser (1956), Oppermann (1967) 511–522, Montgomery (1973), Collins (1972), Stiewe (1976), Richter (1977) 96–101 (mit Lit.), Renger (1985), Christ (1994) 284, Enenkel/Pfeijffer (2005). – Die einzige weitere ausführlich erhaltene Quelle zum Gallischen Krieg ist Cassius Dio, vgl. dazu Richter (1977) 98 f., Anm. 10. • *Zu Caesars Politik in Gallien:* Stoeßl (1950), Gelzer (1960), dessen Darstellung der historischen Faktenlage immer noch unübertroffen ist, ders. (1963), Szidat (1971), Maier (1978), Lieberg (1998), Welch/Powell (1998), Sichermann (2007), Kraus (2010). • *Zur Geographie:* Gallien: Harmand (1973) 552 ff., Drinkwater (1983), Wolters (1990), Freyberger (1999), Williams (2001); die römische Provinz im Süden von Gallien, die Caesar nur als *(nostra) provincia* (unsere Provinz) bezeichnet, hieß in republikanischer Zeit Gallia Transalpina (oder Ulterior zur Abgrenzung von der oberitalischen Provinz Gallia Cisalpina oder Citerior), ab Augustus jedoch Gallia Narbonensis; Belgium: Barwick (1955), Wightman (1985), besonders 10–14; Britannien: Brodersen (1998) und (2003); Raumkonzept: Rambaud (1974), Riggsby (2006) 21–45, Schadee (2008); Rheingrenze: Walser (1956), Seel (1967b) 42, Schulz (1998); Britannien: Korb (2001). • *Zum Proöm:* Jäkel (1952), Latacz (1978), Dobesch (2000), Riggsby (2006) 28–32. • *Zur Diskussion von Anfangsworten als Titelersatz:* Schröder (1999) bes. 16–20 (mit Lit.). • *Zu den Druiden:* Brunaux (2009). • *Zur Dreiteilung Galliens:* Die Frage nach den Hintergründen der geographischen Einteilung, die Caesar in seinem Proöm vornimmt, berührt die Diskussion der Quellen, die Caesar für seine geographischen und ethnologischen Exkurse herangezogen hat. Sicher war Poseidonios (vgl. dazu Malitz [1983]) eine wichtige Quelle; sein Werk ist allerdings bis auf wenige Fragmente verloren, hatte aber einen erheblichen Einfluß auf Strabo, der nach Caesar schrieb. Das Problem ist nun, welche Informationen bei Strabo auf Caesar und welche auf Poseidonios zurückgehen. Vgl. dazu die akribische Studie von Hering (1954), ferner Vogel (1882) bes. 519 ff., Norden (1920) 365 ff., Klotz (1910), der bezüglich Strabo annimmt, daß er Caesar nicht direkt, sondern vermittelt über Timagenes von Alexandria rezipiert, Barwick (1938) 35–48 und 87–92, der hingegen glaubt, daß die Hauptquelle Strabos Poseidonios ist, und Radt (2006) Bd. 5, 401. – Ich glaube aber, daß diese Quellenfragen für unsere Ausführungen hier nicht entscheidend sind, denn die Dreiteilung Galliens geht, wie ich meine, eindeutig auf Caesar zurück. Es gibt keinen Beleg dafür, daß sie vor Caesar existierte. Im übrigen setzt diese Dreiteilung ein territoriales Denken voraus, also ein Denken in Provinzen, das für das vorrömische Gallien weder belegt ist noch seiner Struktur, die von (wandernden) Stämmen und Stammesverbänden bestimmt ist, entspricht. Caesar hat Poseidonios und andere als ethno-geographische Quelle für das gallische Flußsystem und die Namen von Städten und Stämmen, Bergen, Seen und Flüssen benutzt, die Dreiteilung aber, die für Strabo und andere nach Caesar selbstverständlich war, ist allein sein Werk. • *Zur Figurenzeichnung:* Mensching (1988) 49–55. • *Zu Caesars Soldaten:* Münzer (1923), Vogt (1955), Mensching (1984) (Considius), Glücklich (1990), Welch (1998), Brown (2004), Kraus (2009) 168–171, Schulz (2010) (Labienus). • *Zu Caesars Feinden:* Diller (1935) (Ariovist), Gutenbrunner (1953) (Ariovist), Walser (1956) (Germanen), Rasmussen (1963) 36–40 (Vercingetorix), Doblhofer (1967) (Ariovist, Ambiorix), Seel (1967) (Ambiorix), Schulte-Holtey (1969), Koutroubas (1972), Schieffer (1972) (Critognatus), 47–54. 153 f. (Critognatus), Christ (1974) (Ariovist), Heubner (1974), Richter (1977) 76–78 (Critognatus), Gardner (1983) (Gallier), Maier (1993) (Germanen), Storch (1993), Lund (1995), Rawlings (1998) (Gallier als Krieger), Goudineau/Fellmann (2000) (Vercingetorix), Andreocci (2008) (Germanen), Bleckmann (2009) (Germanen), Tsitsiou-Chelidoni (2010) (Critognatus), Suerbaum (1997) (Mandubier), Porte (2013) (Vercingetorix). – Die Rede des Critognatus wird in der Forschung im Gegensatz zu meiner Interpretation nahezu durchgängig zwar als grausam, aber argumentativ gelungen bewertet. Mehrfach wird sogar angemerkt, daß man an dieser Rede den Glanz der verlorenen Reden Caesars erahnen könne. Meines Erachtens trifft das allenfalls auf Sprache und Stil, nicht aber auf den Gedankengang und die Argumentation zu. • *Zu den Usipetern und Tencterern:* Norden (1920) 87 ff., Gelzer (1960) 116–119 (auch zu Catos Verurteilung). • *Zum* bellum iustum*:* Albert (1980), Rüpke (1990), Siebenborn (1990), Ramage (2001). • *Zum Helvetierkrieg:* Klotz (1915) 1–7, Stoeßl (1950), Hoffmann (1952), Jäkel (1952), Stevens (1952), Walser (1956) und (1998), Richter (1977) 102–116, Latacz (1978), Lohmann (1993), Fischer (2004). • *Zu den Schlachtenschilderungen:* Görler (1980) (Nervier), Maier (1993) (Nervier).

Zu: Fazit: Die Selbsterfindung Caesars (S. 235): Montgomery (1973), Mutschler (1975), Richter (1977), Ramage (2002 und 2003), Enenkel/Pfeijffer (2005), Will (2008). • *Zu den Feldherrntugenden:* Ploeger (1975). • *Zu Caesars Glück:* Erkell (1944), Bömer (1966), Seiffert (2012) (*celeritas*). • *Zu Caesars* clementia*:* Treu (1948), Dahlmann (1967). • *Zum Schlußzitat:* Diese Worte soll Caesar auf Griechisch gesprochen haben (vgl. Plut. Caes. 32; Suet. Iul. 32 f.).

Literaturverzeichnis

Textausgaben

Die Übersetzungen wurden aus folgenden Ausgaben entnommen (gelegentlich mit kleinen Abweichungen):

Arend, W., Geschichte in Quellen. Altertum, München ^{4}1989 [Appian]

Ax, W., Cicero, Mensch und Politiker. Auswahl aus seinen Briefen, Stuttgart 1953 [Briefe an Atticus]

Ax, W., Plutarch. Griechische und römische Heldenleben, Wiesbaden 1996

Anderson, W. A, Gaius Sollius Modestus Sidonius Apollinaris, Epistulae et carmina – Poems and Letters. Lat.-engl., London 1963–1965

Blank-Sangmeister, U., Marcus Tullius Cicero, Epistulae ad Quintum fratrem, Stuttgart 1993

Borst, J., Publius Cornelius Tacitus, Historiae – Historien. Lat.-dt., Mannheim ^{7}2010

Büchner, K., Marcus Tullius Cicero, Vom rechten Handeln. Lat.-dt., Düsseldorf u. a. ^{4}2001

Deißmann, M., Gaius Julius Caesar, De Bello Gallico – Der gallische Krieg, Stuttgart 1980 [^{2}1991]

Drexler, H., Polybius, Geschichte, 2 Bde., Zürich 1961–1963

Eisenhut, W., Gaius Sallustius Crispus, Opera – Werke. Lat.-dt., Düsseldorf ^{3}2006

Fear, A. T., Orosius, Seven books of history against the pagans. Liverpool 2010

Forbiger, A., Strabo, Geographica, Wiesbaden 2005

Fuhrmann, M., Marcus Tullius Cicero, Die politischen Reden. Lat.-dt., 2 Bde., München 1993

Guggenbühl, G./Weiss, O., Quellen zur Geschichte des Altertums, Zürich ^{2}1953 [Appian]

Heller, E., Publius Cornelius Tacitus, Annalen. Lat.-dt., Mannheim ^{6}2010

Hillen, H. J., Titus Livius, Ab urbe condita VII – Römische Geschichte VII. Lat.-dt., Düsseldorf u. a. 1997

Hout, M. P. J. van den, Marcus Cornelius Fronto, Epistulae, Leipzig 1988

Kasten, H., Marcus Tullius Cicero, Epistulae ad Atticum – Atticus-Briefe. Lat.-dt., München [4]1990

Kasten, H., Marcus Tullius Cicero, Epistulae ad familiares – An seine Freunde. Lat.-dt., Düsseldorf u. a. [6]2004

Klotz, A., Gaius Iulius Caesar, Commentarii Belli Alexandri, Belli Africani, Belli Hispaniensis, Stuttgart 1982

König, R., Gaius Plinius Secundus, Naturalis Historia – Naturkunde. Buch VII. Lat.-dt., Zürich 1996

Kytzler, B., Marcus Tullius Cicero, Brutus. Lat.-dt., München 1977

Landmann, G. P., Thukydides, Geschichte des Peloponnesischen Krieges, Zürich u. a. 1993 [[1]1959]

Martinet, H., Gaius Suetonius Tranquillus, Die Kaiserviten, Berlin [4]2014

Nickel, R., Marcus Tullius Cicero, De legibus – Über die Gesetze. Lat.-dt., München [3]2004

Nickel, R., Marcus Tullius Cicero, De re publica – Der Staat. Lat.-dt., Mannheim 2010

Radermacher, L., Marcus Fabius Quintilianus, Institutio Oratoria, Bücher 7–12, Leipzig 1959

Schäublin, C., Marcus Tullius Cicero, De divinatione – Über die Wahrsagung, Lat.-dt., Berlin [3]2013

Schoeck, G., Zeitgenosse Cicero. Ein Lebensbild aus zeitgenössischen Quellen, Zürich u. a. 1977 [Briefe an Atticus]

Seel, O., Marcus Iunianus Iustinus, Historiarum Philippicarum Pompei Trogi, Stuttgart 1985

Stegemann, V., Der gallische Krieg. Caesar, mit Hinweisen von G. Wirth, München 1978

Vahlen, J., Quintus Ennius, Ennianae poesis reliquiae, Leipzig 1928

Veh, O., Cassius Dio, Römische Geschichte, Düsseldorf 2007

Weinreich, O., Gaius Valerius Catullus, Sämtliche Gedichte, Zürich 1969

Weiterführende Literatur

Adcock, F. E., Caesar as man of letters, Cambridge 1956 [dt. unter dem Titel: Caesar als Schriftsteller, Göttingen [2]1959]

Aili, H., Caesar's Elks and other mythical creatures of the Hercynian forest, in: Asztalos, M./Gejrot, C. (Hgg.), Symbolae Septentrionales. Festschrift für J. Öberg, Stockholm 1995, 15–37

Albert, S., Bellum iustum. Die Theorie des ‹gerechten Krieges› und ihre praktische Bedeutung für die auswärtigen Auseinandersetzungen Roms in republikanischer Zeit, Kallmünz 1980

Andreocci, P., Die Germanen bei Caesar, Tacitus und Ammian. Eine vergleichende Darstellung, Freiburg 2008

Anzinger, S., Post Oceanum nihil. Albinovanus Pedo und die Suche nach einer anderen Welt, RhM 158.3–4 (2015) 326–407

Avenarius, G., Lukians Schrift zur Geschichtsschreibung, Meisenheim/Glan 1956

Baltrusch, E. (Hg.), Caesar, Darmstadt 2007

Baltrusch, E., Caesar und Pompeius, Darmstadt 2004

Barwick, K., Caesars Commentarii und das Corpus Caesarianum, Leipzig 1938

Barwick, K., Kleine Studien zu Caesars Bellum Gallicum, RhM 98 (1955) 41–72

Barwick, K., Wann und warum hat Caesar seine Commentarii über den Gallischen Krieg geschrieben?, AU 1.4 (1952) 23–40

Barwick, K., Zur Entstehungsgeschichte des Bellum Gallicum, in: Rasmussen (1967) 255–277 [vgl. ders. 1955]

Berres, T., Die geographischen Interpolationen in Caesars Bellum Gallicum, Hermes 98 (1970) 154–177

Bleckmann, B., Die Germanen. Von Ariovist bis zu den Wikingern, München 2009

Blösel, W., Die römische Republik. Forum und Expansion, München 2015

Bojkowitsch, A., Hirtius als Offizier und als Stilist I–III, WS 44 (1924/25) 178–188, 45 (1926/27) 71–81 und 221–232

Bömer, F., Caesar und sein Glück, Gymnasium 73 (1966) 63–85; gekürzt auch in: Rasmussen (1967) 89–115

Bömer, F., Der Commentarius. Zur Vorgeschichte und literarischen Form der Schriften Caesars, Hermes 81 (1953) 210–250

Bringmann, K., Geschichte der römischen Republik. Von den Anfängen bis Augustus, München 2002 [[2]2010]

Bringmann, K., Krise und Ende der römischen Republik (133–42 v. Chr.), Berlin 2003

Brodersen, K., Das römische Britannien. Spuren seiner Geschichte, Darmstadt 1998

Brodersen, K., ‹Splendid Isolation›. Wie Caesar Britannien zur Insel machte, in: Kussl, R. (Hg.), Spurensuche, München 2003, 85–98

Brown, R. D., Virtus consili expers. An interpretation of the centurions contest in Caesar, De bello Gallico 5,44, Hermes 132 (2004) 292–308

Brunaux, J.-L., Druiden. Die Weisheit der Kelten, Stuttgart 2009

Cancik, H., Disziplin und Rationalität. Zur Analyse militärischer Intelligenz am Beispiel von Caesars Bellum Gallicum, Saeculum 37 (1986) 166–181

Canfora, L., Caesar. Der demokratische Diktator. Eine Biographie, München 2001 [it. zuerst 1999]

Christ, K., Caesar. Annäherung an einen Diktator, München 1994

Christ, K., Caesar und Ariovist, Chiron 4 (1974) 251–292

Christ, K., Krise und Untergang der römischen Republik, Darmstadt 1979

Christ, K., Sulla. Eine römische Karriere, München 2002

Cluett, R., The continuators. Soldiering on, in: Griffin (2009) 192–205

Collins, J. H., Caesar as political propagandist, in: Temporini, H. (Hg.), Aufstieg und Niedergang der römischen Welt, Bd. I,1, Berlin u. a. 1972, 922–966

Dahlheim, W., Julius Caesar. Die Ehre des Kriegers und die Not des Staates, Paderborn 2005

Dahlmann, H., Cicero, Caesar und der Untergang der res publica libera, Gymnasium 75 (1968) 337–355

Dahlmann, H., Clementia Caesaris, in: Rasmussen (1967) 32–47 [zuerst 1934]

Dangel, J., Stratégies de parole dans le discours indirect de César (De bello Gallico). Étude syntaxico-stylistique, in: Longrée, D. (Hg.), De usu. Études de syntaxe latine, Louvain-la Neuve 1995, 95–113

Deichgräber, K., Elegantia Caesaris. Zu Caesars Reden und Commentarii, Gymnasium 57 (1950) 112–123; auch in: Rasmussen (1967) 208–223

Diller, H., Caesar und Ariovist, Humanistisches Gymnasium 46 (1935) 189–202; auch in: Rasmussen (1967) 189–207

Dobesch, G., Caesar als Ethnograph, Wiener humanistische Blätter 31 (1989) 18–51

Dobesch, G., Caesar, Commentarii über den gallischen Krieg, Buch 1, Kapitel 1. Eine Sensation, Wiener humanistische Blätter 42 (2000) 5–43; auch in: Archaeologica Austriaca 84–85 (2000–2001) 23–39

Doblhofer, E., Caesar und seine Gegner Ariovist und Ambiorix. Zur Interpretation von BG I 35–36, 43–44, V 27, AU 10.5 (1967) 35–58

Drinkwater, J. F., Roman Gaul. The three provinces, 58 BC–AD 260, London u. a. 1983

Eden, P. T., Caesar's style. Inheritance versus intelligence, Glotta 40 (1962) 74–117

Elbern, S., Caesar. Staatsmann, Feldherr, Schriftsteller, Mainz 2008

Enenkel, K./Pfeijffer, I. L. (Hgg.), The manipulative mode. Political propaganda in antiquity. A collection of case studies, Leiden 2005

Erkell, H., Caesar und sein Glück, Eranus 42 (1944) 57–69; auch in: Rasmussen (1967) 48–60

Fischer, F., Caesars strategische Planung für Gallien. Zum Verhältnis von Darstellung und Wirklichkeit, in: Heftner, H./Tomaschitz, K. (Hgg.), Ad fontes, Wien (2004) 305–315

Fränkel, H., Über philologische Interpretation am Beispiel von Caesars Gallischem Krieg, in: Ders., Wege und Formen frühgriechischen Denkens, München 1960, 294–312 [zuerst 1933]; auch in: Rasmussen (1967) 165–188

Fraschetti, A., Caesar. Eine Biographie, Stuttgart 2015 [zuerst it. 2005]

Freyberger, B., Südgallien im 1. Jahrhundert v. Chr. Phasen, Konsequenzen und Grenzen römischer Eroberung (125–27/22 v. Chr.), Stuttgart 1999

Gaertner, J. F./Hausburg, B. C., Caesar and the Bellum Alexandrinum. An analysis of style, narrative technique and the reception of Greek historiography, Göttingen 2013

Gardner, J. F., The Gallic Menace in Caesars propaganda, Greece and Rome 30 (1983) 181–189

Gärtner, H.-A., Beobachtungen zu Bauelementen in der antiken Historiographie, besonders bei Livius und Caesar, Wiesbaden 1975

Gärtner, H.-A., Die *exempla* der römischen Geschichtsschreiber im Zeitalter des Historismus, in: Most, G. W. (Hg.), Historicization – Historisierung, Göttingen 2001, 223–239

Gelzer, M., Caesar als Historiker, in: Ders., Kleine Schriften, Bd. 2, Wiesbaden 1963, 307–335; auch in: Rasmussen (1967) 438–473

Gelzer, M., Caesar. Der Politiker und Staatsmann, Wiesbaden ^{6}1960
Gelzer, M., Die Nobilität der römischen Republik, hg. J. von Ungern-Sternberg, Stuttgart ^{2}1983 [zuerst 1912]
Gelzer, M., Pompeius. Lebensbild eines Römers, Stuttgart ^{2}1959 [Ndr. 1984]
Gelzer, M., Vom römischen Staat, 2 Bde., Leipzig 1943 [zuerst 1920]
Gesche, H., Caesar, Darmstadt 1976
Glücklich, H.-J. (Hg.), Caesar als Erzählstratege, AU 33.5 (1990)
Glücklich, H.-J., Soldaten für Caesar? Vier Szenen aus den Commentarii, AU 33.5 (1990) 74–81
Görler, W., Caesar als Erzähler (am Beispiel von BG II 15–27), AU 23.3 (1980) 18–31
Görler, W., Die Veränderung des Erzählerstandpunktes in Caesars Bellum Gallicum, Poetica 8 (1976) 95–119
Görler, W., Ein Darstellungsprinzip Caesars. Zur Technik der Peripetie und ihrer Vorbereitung im Bellum Gallicum, Hermes 105 (1977) 307–331
Goudineau, C./Fellmann, R. u. a. (Hgg.), Caesar und Vercingetorix, Mainz 2000
Griffin, M. T. (Hg.), A companion to Julius Caesar, Oxford 2009
Gundolf, F., Caesar. Geschichte seines Ruhms, Berlin 1924
Gutenbrunner, S., Ariovist und Caesar, RhM 96 (1953) 97–101
Harmand, J., Une composante scientifique du Corpus Caesarianum. Le portrait de la Gaule dans le De Bello Gallico I–VII, ANWR I 3 (1973) 523–595
Heldmann, K., Sine ira et studio. Das Subjektivitätsprinzip der römischen Geschichtsschreibung und das Selbstverständnis antiker Historiker, München 2011
Henke, R., Jägerlatein in Caesars Bellum Gallicum. Original oder Fälschung?, Gymnasium 105 (1998) 117–142
Hering, W., C. Iulii Caesaris commentarii rerum gestarum vol. 1, Bellum Gallicum, Stuttgart u. a. 1987
Hering, W., Die Interpolation im Prooemium des Bellum Gallicum, Philologus 100 (1956) 67–99
Hering, W., Strabo über die Dreiteilung Galliens, Wiss. Zeitschrift der Univ. Rostock 4 (1954) 289–333
Heubner, F., Das Feindbild in Caesars Bellum Gallicum, Klio 56 (1974) 103–182
Hoffmann, W., Zur Vorgeschichte von Caesars Eingreifen in Gallien, AU 1.4 (1952) 5–22
Hölkeskamp, K.-J. (Hg.), Eine politische Kultur (in) der Krise? Die letzte Generation der römischen Republik, München 2009
Hölkeskamp, K.-J., Senatus populusque Romanus. Die politische Kultur der Republik – Dimensionen und Deutungen, Stuttgart 2004
Holzberg, N., Der Feldherr als Erzählstratege. Caesar über Caesar und die Germanen, in: Hose, M. (Hg.), Große Texte alter Kulturen. Literarische Reise von Gizeh nach Rom, Darmstadt 2004, 175–193
Holzberg, N., Die ethnographischen Exkurse in Caesars Bellum Gallicum als erzählstrategisches Mittel, Anregung 33 (1987) 85–98
Homeyer, H., Lukian. Wie man Geschichte schreiben soll, München 1965

Hutter, S., Vestis virum reddit. Zur Beurteilung des äusseren Erscheinungsbildes von Fremdvölkern in der Ethnographie der späten Republik und frühen Kaiserzeit, Bern u. a. 2002

Ihm, G., Die stilistische Eigenart des VII. Buches von Caesars Bellum Gallicum, Philologus Suppl. 6 (1892/93) 767–777

Jäkel, W., Der Auswanderungsplan der Helvetier. Interpretationen zu Caesar B. G. I,1–6, AU 4.1 (1952) 40–57

James, B., Speech, authority, and experience in Caesar, Bellum Gallicum 1.39–41, Hermes 128 (2000) 54–64

Jehne, M., Caesar, München 1997 [⁵2015]

Jervis, A., Gallia Scripta. Images of Gauls in Julius Caesar's Bellum Gallicum, Pennsylvania 2001

Klotz, A., Cäsarstudien. Nebst einer Analyse der Strabonischen Beschreibung von Gallien und Britannien, Leipzig u. a. 1910

Klotz, A., Der Helvetierzug, Neue Jahrbücher für das klassische Altertum 35 (1915) 609–632

Klotz, A., Geographie und Ethnographie in Caesars Bellum Gallicum, RhM 83 (1934) 66–96

Knoche, U., Caesars commentarii, ihr Gegenstand und ihre Absicht, Gymnasium 58 (1951) 139–160; auch in: Rasmussen (1967) 224–254 [zitiert nach Rasmussen]

Kohns, H. P., Der Verlauf der Nervierschlacht. Zu Caesar Bellum Gallicum II 15–27, Gymnasium 76 (1969) 1–17

Korb, S., Die römische Eroberung Britanniens von 55 v. Chr. bis 84 n. Chr., Osnabrücker Online-Beiträge zu den Altertumswissenschaften 4 (2001) 1–33

Koster, S., Certamen centurionum (Caes. Gall. 5.44), Gymnasium 85 (1978) 160–178

Koutroubas, D. E., Die Darstellung der Gegner in Caesars Bellum Gallicum, Heidelberg 1972

Kraus, C. S., Divide and conquer. Caesar, De bello gallico 7, in: Kraus, C. S./Marincola, J./Pelling, C. (Hgg.), Ancient historiography and its contexts, Oxford u. a. 2010, 40–59

Kraus, C. S., Reden und Schweigen in Caesars Bellum Gallicum, in: Fuhrer, T./Nelis, D. (Hgg.), Acting with words. Communication, rhetorical performance and performative acts in Latin literature, Heidelberg 2010, 9–30; englische Version in: Berry, D. H./Erskine, A. (Hgg.), Form and function in Roman oratory, Cambridge 2010, 247–263

Kraus, C. S., The bellum Gallicum, in: Griffin (2009) 159–174

Kremer, B., Das Bild der Kelten bis in augusteische Zeit. Studien zur Instrumentalisierung eines antiken Feindbildes bei griechischen und römischen Autoren, Stuttgart 1994

Latacz, J., Zu Caesars Erzählstrategie (BG I 1–29: Der Helvetierzug), AU 21.3 (1978) 70–87

Lendon, J. E., Julius Caesar. Thinking about battle and foreign relations, Histos 9 (2015) 1–28

Lieberg, G., Caesars Politik in Gallien. Interpretationen zum Bellum Gallicum, Bochum 1998
Lieberg, G., Epilogus vel retractatio. Quo consilio Caesar ‹Bellum Gallicum› ediderit, quaeritur, VoxLat 45 (2009) 351–352
Linke, B., Die römische Republik von den Gracchen bis Sulla, Darmstadt 2005
Lohmann, D., Bibracte – Lesermanipulation im Bellum Helveticum, AU 36.1 (1993) 37–52
Lohmann, D., Leserlenkung im Bellum Helveticum. Eine ‹kriminologische Studie› zu Caesar, B. G. I 15–18, AU 33.5 (1990) 56–73
Lund, A. A., Caesar als Ethnograph, AU 39.2 (1996) 12–24
Lund, A. A., Die Erfindung der Germanen, AU 38.2 (1995) 4–20
Maier, F., Caesar im Unterricht. Unterrichtsprojekte, Hilfsmittel, Textinterpretationen, Bamberg 1983 [³1992]
Maier, F., Die Nervierschlacht als Gestaltungsobjekt. Ein Beitrag zu Caesars Erzählstrategie im Bellum Gallicum, in: Neumeister, C. (Hg.), Antike Texte in Forschung und Schule, Frankfurt a. M. 1993, 173–180
Maier, F., Furor Teutonicus im Bellum Gallicum, in: Neukam, P. (Hg.), Motiv und Motivation, München 1993, 47–71
Maier, F., Herrschaft durch Sprache. Caesars Erzähltechnik im Dienste der politischen Rechtfertigung (BG IV 24–31), Anregung 33 (1987) 146–154
Maier, U., Caesars Feldzüge in Gallien (58–51 v. Chr.) in ihrem Zusammenhang mit der stadtrömischen Politik, Bonn 1978
Malitz, J., Die Historien des Poseidonios, München 1983
Malitz, J., Die Kanzlei Caesars – Herrschaftsorganisation zwischen Republik und Prinzipat, Historia 36 (1987) 51–72
Mannetter, D. A., Narratology in Caesar, Diss. Madison (DA 56, 1996, 4757A)
Meier, C., Caesar, Berlin 1982
Meier, C., Res publica amissa. Eine Studie zur Verfassung und Geschichte der römischen Republik, Frankfurt a. M. ³1997 [zuerst 1966]
Mensching, E., Caesars Bellum Gallicum. Eine Einführung, Frankfurt a. M. 1988
Mensching, E., Zu den Auseinandersetzungen um den Gallischen Krieg und der Considius-Episode (BG I 21–22), Hermes 112 (1984) 53–65
Meusel, H., C. Iulii Caesaris Commentarii De Bello Gallico, erklärt von F. Kraner, W. Dittenberger, H. Meusel, Bd. 1 (Buch 1–4) Berlin ¹⁷1913, Bd. 2 (Buch 5–7) Berlin ¹⁷1920, Bd. 3 (Buch 8 und Register) Berlin ¹⁷1920 (Nachdrucke 1960 ff.)
Mommsen, T., Römische Geschichte, 3 Bde., Leipzig 1854 ff.
Montgomery, H., Caesar und die Grenzen. Information und Propaganda in den Commentarii de Bello Gallico, SO 49 (1973) 57–92
Morrell, K., Cato, Caesar and the Germani, Antichthon 49 (2015) 73–93
Münzer, F., Caesars Legaten in Gallien, Klio 18 (1923) 200 f.
Münzer, F., Römische Adelsparteien und Adelsfamilien, Stuttgart 1920
Murphy, C. T., The use of speeches in Caesar's Gallic war. Caesar's indirect discourse reveals formally contrived speeches, CJ 45 (1949) 120–127
Mutschler, F.-H., Caesars Kommentarien im Spannungsfeld von sozialer Norm und

individuellem Geltungsanspruch, in: Haltenhoff, A./Heil, A./Mutschler, F.-H., O tempora, o mores! Römische Werte und römische Literatur in den letzten Jahrzehnten der Republik, München u. a. 2003, 93–117

Mutschler, F.-H., Erzählstil und Propaganda in Caesars Kommentarien, Heidelberg 1975

Nolan, D., Caesar's Exempla and the Role of Centurions in Battle, in: Armstrong, J. (Hg.), Circum Mare. Themes in ancient warfare, Leiden 2016, 34–64

Norden, E., Der Germanenexkurs in Caesars Bellum Gallicum. Die ethnographischen Abschnitte Caesars über Suebi und Germani (1920), in: Ders. (1920); auch in: Rasmussen (1967) 116–137

Norden, E., Die Germanische Urgeschichte in Tacitus' Germania, Stuttgart 1920 (Ndr. 1974) 84–97; auch in: Rasmussen (1967) 116–137

Nordling, J. G., Indirect discourse and rhetorical strategies in Caesar's Bellum Gallicum and Bellum civile, Wisconsin 1991

Nousek, D. L., Narrative style and genre in Caesar's Bellum Gallicum, Rutgers 2004

Oldsjö, F., Tense and aspect in Caesar's narrative, Uppsala 2001

Oppermann, H., Caesar, der Schriftsteller und sein Werk, Leipzig u. a. 1933

Oppermann, H., Caesars Stil, Neue Jahrbücher f. Wiss. und Jugendb. 7 (1931) 111–125

Oppermann, H., Probleme und heutiger Stand der Caesarforschung, in: Rasmussen (1967) 485–522

Patzer, A., Aulus Hirtius als Redaktor des Corpus Caesarianum. Eine grammatisch-historische Analyse der epistula ad Balbum, WJA 19 (1993) 111–130

Pausch, D. (Hg.), Stimmen der Geschichte. Funktionen von Reden in der antiken Historiographie, Berlin 2010

Pelling, C., Judging Julius Caesar, in: Wyke (2006) 3–26

Ploeger, H., Studien zum literarischen Feldherrnporträt römischer Autoren des 1. Jahrhunderts v. Chr., Kiel 1975

Porte, D., Vercingétorix. Celui qui fit trembler César, Paris 2013

Preiswerk, R., Sententiae in Caesars Commentarien, MH 2 (1945) 213–226

Radt, S., Strabons Geographika. Mit Übersetzung und Kommentar, 5 Bde., Göttingen 2006

Ramage, E. S., Aspects of propaganda in the De bello Gallico. Caesar's virtues and attributes, Athenaeum 91 (2003) 331–372

Ramage, E. S., The ‹bellum iustum› in Caesar's De Bello Gallico, Athenaeum 89 (2001) 145–170

Ramage, E. S., The populus Romanus, imperium, and Caesar's presence in the De bello Gallico, Athenaeum 90 (2002) 125–146

Rambaud, M., L'art de la déformation historique dans les commentaires de César, Paris 1953 [²1966]

Rambaud, M., L'espace dans le récit Césarien, in: Chevallier, R. (Hg.), Littérature Gréco-Romaine et géographie historique, Paris 1974, 111–129

Rasmussen, D. (Hg.), Caesar (Wege der Forschung), Darmstadt 1967

Rasmussen, D., Caesars Commentarii. Stil und Stilwandel am Beispiel der direkten Rede, Göttingen 1963

Rasmussen, D., Das Autonomwerden des geographisch-ethnographischen Elements in den Exkursen, in: Ders. (1967) 339–371; auch in: Ders. (1963) 79–104

Rawlings, L., Caesar's Portrayal of Gauls as Warriors, in: Welch/Powell (1998) 171–192

Reijgwart, E. J., Zur Erzählung in Caesars Commentarii. Der ‹unbekannte› Erzähler des Bellum Gallicum, Philologus 137 (1993) 18–37

Renger, C., Täuschung über Quantitäten oder Aufhellung von Qualitäten? Zu Methode und Absicht tendenziöser Darstellung in Caesars Bürgerkrieg, Gymnasium 92 (1985) 190–198

Richter, W., Achlis. Schicksale einer tierkundlichen Notiz (B. G. VI,27), Philologus 103 (1959) 281–296

Richter, W., Caesar als Darsteller seiner Taten. Eine Einführung, Heidelberg 1977

Riggsby, A. M., Caesar in Gaul and Rome. War in words, Austin 2006

Romm, J. S., The edges of the earth in ancient thought. Geography, exploration, and fiction, Princeton 1992

Rüpke, J., Gerechte Kriege – gerächte Kriege. Die Funktion der Götter in Caesars Darstellung des Helvetierzuges, AU 33.5 (1990) 5–13

Rüpke, J., Wer las Caesars bella als commentarii?, Gymnasium 99 (1992) 201–226

Schadee, H., Caesar's construction of Northern Europe. Inquiry, contact and corruption in De bello Gallico, CQ 58 (2008) 158–180

Schieffer, R., Die Rede des Critognatus (B. G. VII 77) und Caesars Urteil über den Gallischen Krieg, Gymnasium 79 (1972) 477–494

Schlicher, J. J., The development of Caesar's narrative style, CPh 31 (1936) 212–224

Scholz, U., Der commentarius und Caesars Commentarii, in: Neukam, P. (Hg.), Musen und Medien, München 1999, 82–97

Schönberger, O., Darstellungselemente in Caesars Bellum Gallicum 7,25–26, Gymnasium 95 (1988) 141–153

Schröder, B.-J., Titel und Text. Zur Entwicklung lateinischer Gedichtüberschriften. Mit Untersuchungen zu lateinischen Buchtiteln, Inhaltsverzeichnissen und anderen Gliederungsmitteln, Berlin u. a. 1999

Schulte-Holtey, G., Untersuchungen zum gallischen Widerstand gegen Caesar, Münster 1969

Schulz, M.-W., Caesar und Labienus. Geschichte einer tödlichen Kameradschaft. Caesars Karriere als Feldherr im Spiegel der Kommentarien sowie bei Cassius Dio, Appianus und Lucanus, New York u. a. 2010

Schulz, M.-W., Caesar. Karriere eines Feldherrn, Heimbach 2015

Schulz, M.-W., Die Germanen und der Rhein als biologische Grenze. Ein roter Faden durch das Gesamtwerk des B. G., AU 41.4–5 (1998) 5–17

Seel, O., Ambiorix. Beobachtungen zu Text und Stil in Caesars Bellum Gallicum, in: Rasmussen (1967) 279–338 [zuerst 1960]

Seel, O., Caesar-Studien, Stuttgart 1967b

Seiffert, P., Celeritas Caesaris als Darstellungsprinzip im Bellum Gallicum, Pegasus-Onlinezeitschrift 2012 (2) 88–124

Sichermann, S., Caesars Aussagen zu Politik und Sozialstruktur der Gallier im Exkurs und im Bericht. Ein Vergleich, Erlangen 2007

Siebenborn, E., Bellum iustum. Caesar in der abendländischen Theorie des Gerechten Krieges, AU 33.5 (1990) 39–55

Sihler, E. G., C. Julius Caesar. Sein Leben nach den Quellen kritisch dargestellt, Leipzig 1912

Städele, A., Barbarenreden. Ein Beitrag zur Behandlung des römischen Imperialismus im Lateinunterricht, Anregung 27 (1981) 18–31

Stevens, C. E., The Bellum Gallicum as a work of propaganda, Latomus 11 (1952) 3–18, 165–179

Stiewe, K., Wahrheit und Rhetorik in Caesars Bellum Gallicum, WJA 2 (1976) 149–163

Stoeßl, F., Caesars Politik und Diplomatie im Helvetierkrieg, ESHG 8 (1950) 5–36

Storch, H., Feinddarstellung – Selbstdarstellung. Interpretierende Lektüre von B. G. IV 1–15, AU 36.6 (1993) 52–63

Strasburger, H., Caesars Eintritt in die Geschichte, München 1938

Strasburger, H., Caesar im Urteil seiner Zeitgenossen, Historische Zeitschrift 175 (1953), 225–264, ²1968 (= Studien zur Alten Geschichte, hg. W. Schmitthenner u. a., Bd. 1, Hildesheim 1982, 343–421)

Suerbaum, W., Caesar – rettender und Verderben bringender Kaiser-Name, DASiU 61.2 (2013) 6–18

Suerbaum, W., Zivilisten zwischen den Fronten. Die Mandubier vor Alesia (Caes. Gall. 7,78) und Muslime in Srebrenica. Ein Beispiel für (un)moralische Geschichtsschreibung, Anregung 43 (1997) 17–24

Syme, R., The Roman Revolution, Oxford 1939 (dt. Stuttgart 1957, überarbeitete und erweiterte Ausgabe München 1992 [danach zitiert]; neue Übersetzung Stuttgart 2003)

Szidat, J., Caesars diplomatische Tätigkeit im Gallischen Krieg, Stuttgart 1971

Thome, G., Zentrale Wertvorstellungen der Römer, 2 Bde., Bamberg 2000

Timpe, D., Caesars gallischer Krieg und das Problem des römischen Imperialismus, Historia 14.2 (1965) 189–214; auch in Baltrusch (2007) 107–135

Timpe, D., Entdeckungsgeschichte des Nordens in der Antike, RGA (Reallexikon der Germanischen Altertumskunde), Bd. 7 (1989) 307–389

Torigian, C., The Logos of Caesar's Bellum Gallicum, especially as revealed in its first five chapters, in: Welch/Powell (1998) 45–60

Treu, M., Zur clementia Caesars, MH 5 (1948) 197–217

Tsitsiou-Chelidoni, C., Macht, Rhetorik, Autorität. Zur Funktion der Reden Caesars und seiner Gegner in De Bello Gallico, in: Pausch (2010) 125–155

Vogel, A., Jahresberichte. 48: Strabon 1 & Strabon 2, Philologus 39 (1880) 326–351 & Philologus 41 (1882) 309–340, 508–531

Vogt, J., Caesar und seine Soldaten, AU 2.7 (1955) 53–73 [zuerst 1940]

Walser, G., Bellum Helveticum. Studien zum Beginn der Caesarischen Eroberung von Gallien, Stuttgart 1998

Walser, G., Caesar und die Germanen, Wiesbaden 1956

Walser, G., Caesars Entdeckung der Germanen und die Tendenz des Bellum Gallicum, Schweizer Beiträge zur allgemeinen Geschichte 11 (1953) 5–26

Welch, K., Caesar and his officers in the Gallic war commentaries, in: Welch/Powell (1998) 85–110

Welch K./Powell, A. (Hgg.), Julius Caesar as artful reporter. The war commentaries as political instrument, London 1998

Wightman, E. M., Gallia Belgica, Berkeley u. a. 1985

Will, W., Caesar, Darmstadt 2009

Will, W., Julius Caesar. Eine Bilanz, Stuttgart 1992

Will, W., Veni, vidi, vici. Caesar und die Kunst der Selbstdarstellung, Darmstadt 2008

Williams, J. H. C., Beyond the Rubicon. Romans and Gauls in republican Italy, Oxford 2001

Wimmel, W., Caesar und die Helvetier, RhM 123 (1980) 126–137 & RhM 125 (1982) 59–66

Wiseman, T. P., Clio's cosmetics. Three studies in Greco-Roman literature, Leicester 1979

Wiseman, T. P., The publication of the De bello Gallico, in: Welch/Powell (1998) 1–9

Wittke, A.-M./Olshausen, E./Szydlak, R., Historischer Atlas der antiken Welt, Stuttgart u. a. 2007

Wolters, R., Römische Eroberung und Herrschaftsorganisation in Gallien und Germanien. Zur Entstehung und Bedeutung der sogenannten Klientel-Randstaaten, Bochum 1990

Wülfing, P., Caesars Bellum Gallicum. Ein Grundtext europäischen Selbstverständnisses, AU 34.4 (1991) 68–84

Wyke, M. (Hg.), Julius Caesar in western culture, Oxford u. a. 2006

Wyss, E., Stilistische Untersuchungen zur Darstellung von Ereignissen in Caesars bellum Gallicum, Bern 1930

Zeitler, W. M., Zum Germanenbegriff Cäsars. Der Germanenexkurs im sechsten Buch von Caesars Bellum Gallicum, in: Beck, H. (Hg.), Germanenprobleme in heutiger Sicht, Berlin u. a. ^{2}1998, 41–52

Register der Namen und geographischen Begriffe

Stellenindex

Zeittafel

Zeitangabe v. Chr.

125–121	Etablierung der römischen Provinz Gallia Transalpina
120–101	Zug der Kimbern und Teutonen nach Süden
107	Niederlage des Konsuls Cassius gegen die helvetischen Tiguriner
102/100	Geburt Caesars
73	Militärtribunat Caesars
70	Konsulat des Pompeius und des Crassus
63	Caesar wird *Pontifex maximus*
62	Caesars Prätur
61 (60?)	Caesars Proprätur in Hispania Ulterior
	Ariovists Sieg über die Haeduer in der Schlacht bei Magetobriga
	Aufstand der Allobroger
	Tod des Helvetiers Orgetorix
61–58	Auswanderungsplanung der Helvetier
60	1. Triumvirat (Caesar, Pompeius, Crassus)
	Aufenthalt des Haeduers Diviciacus in Rom
59	Konsulat des Caesar und des Bibulus
Frühjahr	Agrargesetze Caesars
58–50	Prokonsulat Caesars in Gallien
58	Aufstände in der römischen Provinz Gallia Transalpina
Frühjahr	Aufbruch Caesars aus Rom
Sommer	Kapitulation der Helvetier bei Bibracte
	Caesars Sieg über Ariovist

57	
Frühjahr	Zug Caesars gegen die Belger
Herbst	Bezwingung der Küstenvölker im Nordwesten durch P. Licinius Crassus
56	Konferenz von Lucca (Caesar und Pompeius)
	Kämpfe mit nordwestlichen Seestaaten
Sommer	Unterwerfung Aquitaniens durch P. Licinius Crassus
Spätsommer	Erfolglose Angriffe Caesars gegen Moriner und Menapier.
55	Konsulat des Pompeius und des Crassus
Winter	Rheinüberschreitung der Usipeter und Tencterer
Frühjahr u.	Kampf mit Germanen
Sommer	1. Rheinüberschreitung Caesars
	1. Britannienexkursion
54	Tötung des Haeduers Dumnorix
Sommer	2. Britannienexkursion
	Überschreitung der Themse, Einnahme der Stadt des Cassivellaunus
	Unruhen in Mittel- und Nordwestgallien
Winter	Aufstand der Eburonen unter Ambiorix
	Untergang der römischen Legaten Sabinus und Cotta
53	
Frühjahr	Unterwerfung der Nervier und Menapier, Sieg des Labienus über die Treverer
	2. Rheinüberschreitung
Sommer	Angriff germanischer Stämme auf das römische Lager in Atuatuca
	Vergeltungskrieg gegen die Eburonen, Flucht des Ambiorix
Herbst	Hinrichtung des Senonen Acco
52	
Frühjahr	Erhebung gallischer Stämme unter Vercingetorix
	Belagerung und Einnahme der Stadt Avaricum durch Caesar
Sommer	Schlacht um Alesia, Kapitulation des Vercingetorix
	Unterwerfung der Haeduer und Arverner
51	
Frühjahr	Unterwerfung der Bellovacer
Sommer	Sieg über Dumnacus
	Unterwerfung der Carnuten
50	Übergabe der Provinz Gallien an Labienus